掌握形成性评价

促进学生学习的七种高支持性实践策略

[美] 布伦特·达克
[美] 卡丽·霍姆伯格◎著
洪成文　等◎译

Mastering Formative Assessment Moves

7 High-Leverage Practices to
Advance Student Learning

北京师范大学出版集团
BEIJING NORMAL UNIVERSITY PUBLISHING GROUP
北京师范大学出版社

北京市版权局著作权合同登记号:01-2020-2028

图书在版编目(CIP)数据

掌握形成性评价:促进学生学习的七种高支持性实践策略/(美)布伦特·达克,(美)卡丽·霍姆伯格著;洪成文等译. —北京:北京师范大学出版社,2024.1
ISBN 978-7-303-28927-1

I.①掌… Ⅱ.①布…②卡…③洪… Ⅲ.①课堂教学-教学评估 Ⅳ.①G424.21

中国国家版本馆 CIP 数据核字(2023)第 035710 号

图 书 意 见 反 馈　gaozhifk@bnupg.com　010-58805079
营 销 中 心 电 话　010-58802755　010-58800035
北师大出版社教师教育分社微信公众号　京师教师教育

ZHANGWO XINGCHENGXING PINGJIA:CUJIN XUESHENG
XUEXI DE QIZHONG GAOZHICHIXING SHIJIAN CELÜE

出版发行:北京师范大学出版社　www.bnupg.com
　　　　　北京市西城区新街口外大街 12-3 号
　　　　　邮政编码:100088
印　　刷:北京溢漾印刷有限公司
经　　销:全国新华书店
开　　本:710 mm×1000 mm　1/16
印　　张:17
字　　数:325 千字
版　　次:2024 年 1 月第 1 版
印　　次:2024 年 1 月第 1 次印刷
定　　价:68.00 元

策划编辑:鲍红玉　　　　　　　　责任编辑:孟　浩
美术编辑:焦　丽　　　　　　　　装帧设计:焦　丽
责任校对:陈　荟　　　　　　　　责任印制:马　洁

献给加州大学圣克鲁斯分校的鲍勃、贝蒂娜和蒂姆,是你们让我永记公立教育的真正目的。超越肤浅的真实,追求教育真正的基石,永不懈怠。

——布伦特·达克(Brent Duckor)

献给琼·欧文,一个脚步从不停歇,富有专业、服务意识,对所有人都很热情的朋友。

——卡丽·霍姆伯格(Carrie Holmberg)

致 谢

　　每一部著作都是关于某一问题数年研究的结果。形成性评价对我们多数人来说并不陌生。多年来，我们在很多场合探讨这个话题，并且有很多人参与。

　　首先我们要感谢圣何塞州立大学教育学院的师范生及毕业生。这是因为本书作为职前教育课程使用的教材，是在182人参与的评估课上成型的。正是由于他们的真诚参与、犀利批评、旺盛的求知欲以及持续的耐心，我们才勾勒出《掌握形成性评价：促进学生学习的七种高支持性实践策略》这本书的轮廓。这182人勇于迎接挑战，拓展了我们关于形成性评价的思考——他们在学习过程中充分借鉴新手教师和老教师的经验，最终将其纳入自己的知识体系——对此我们感激不尽。他们现在已经成为教师、部门负责人、校长、教学导师。我们由衷地感谢考特尼·阿恩特(Courtney Arndt)、纳塔莉亚·巴贝拉(Natalia Babella)、萨拉·巴斯(Sarah Bass)、安德鲁·克里斯琴(Andrew Christian)、蒂姆·斯黛拉(Tim Ciardella)、马尔科·德拉·马乔里(Marco Della Maggiore)、保罗·杜德(Paul Durdle)、艾丽·芬奇(Ally Finch)、凯拉·格拉斯伯纳(Kaila Glassburner)、玛丽·古斯塔夫森(Mary Gustafson)、乔恩·欣索恩(Jon Hinthorne)、尼克·本多(Nick Honda)、克里斯·约翰逊(Chris Johnson)、切尔西·卡瓦诺(Chelsea Kavanaugh)、埃丽卡·金(Erica King)、埃米莉·拉(Emily La)、科里·里金斯(Corey Liggins)、西尔维娅·刘(Sylvia Liu)、玛丽亚·梅萨(Maria Mesa)、萨拉·米歇尔(Sarah Michelet)、奥妮特·莫拉莱斯(Onette Morales)、

1

卡尔·庞齐奥（Carl Ponzio）、拉斯·拉莫斯（Russ Ramos）、曼尼·瓦斯克斯（Manny Vasquez）、布雷特·维克斯（Brett Vickers）、罗伊·沃尔顿（Roy Walton）、温·西（Wen Xi）、茱莉娅·耶格尔（Julia Yeager）。在他们的帮助下，我们得以从不同的视角对本书的框架予以思考。

我们也要感谢数学和科学学科的同事们。在他们的帮助下，我们得以在中学课堂中进行研究。他们分别是玛丽·平克（Marie Pink）、米凯拉·麦克纳（Mikaela McKenna）、史蒂文·雪莉（Steven Shirley）、詹姆斯·斯佩里（James Sperry）、黛安娜·威尔莫特（Diana Wilmot）。他们每个人都在学区教师专业发展研讨会、国家及州会议以及其他会议中传播着形成性评价的理念。

当与新的读者分享我们的研究和发现时，我们也要感谢太平洋西北部的朋友们。在俄勒冈州，我们受到学区领导的热烈欢迎，包括拉格兰德市的雷塔·多兰（Reta Doland）和阿斯托利亚市的梅利莎·林德（Melissa Linder），以及那些无私奉献、任劳任怨的教师。我们尤其要感谢俄勒冈州教育厅的克里斯滕·麦克林（Cristen McClean）和德里克·布朗（Derek Brown）。他们给予我们宝贵机会，以分享促进教师专业发展的新工具、新方法和新资料。

在加利福尼亚州，我们在市区、郊区和农村的学区中都发现了形成性评价的追随者。专业协会、跨区联合会，包括东部联盟（East Side Alliance），都邀请我们加入他们的团队，对学习评价进行深入的研究。这里我们要特别感谢西艾德的罗伯特·林奎特（Robert Linquanti）和尼尔·芬克尔斯坦（Neil Finkelstein）、州首席中学领导委员会的玛格丽特·赫里蒂奇（Margaret Heritage）及她的团队；硅谷教育基金会的曼尼·芭芭拉（Manny Barbara）；圣克拉拉县教育办公室的安杰莉卡·拉姆齐（Angelica Ramsey）、塞西里奥·迪马斯（Cecilio Dimas）、贝尔纳黛特·萨拉格里诺（Bernadette Salagrino）；加州教育政策分析中心的戴维·普兰克（David Plank）。他们给予我们从公立学校教师教育项目的多元化视角来讲述我们的故事的机会。当时正值州大学系统努力获取发展资源、知名度和支持的关键时刻，他们依旧能邀请我们去讲述我们的故事，实属难得。

当然，我们不能忘记我们故事起始的地方，以及那些使其在美国督导与课程发展协会出版公司出版成为可能的人们。2014 年由教育领导力出版社出版的《形成性评价的七个妙招》（*Formative Assessment in Seven Good Moves*）是本书成书的基础。我们还要感谢教育领导力出版社的主编玛吉·谢勒（Marge Scherer）。玛格致力于将我们的形成性评价行动框架作为"使评价更为周全"的议题予以推荐，并介绍给严谨的出版公司。以此为基础，我们和美国督导与课程发展协会出版公司的编辑简妮·奥斯特塔格（Genny Ostertag）和达西·拉塞尔(Darcie Russell)建立了深厚的友谊，他们给予我们莫大的信任。简妮拥有丰富的经验、卓越的分析能力，并且理解我们的愿景；达西眼光犀利，能敏锐地察觉问题的关键并予以完美的表达。虽然我们存在一些不足，但是美国督导与课程发展协会出版公司团队仍不断对我们这些新手作者保持耐心和给予我们关爱。

家人、朋友、同事是帮助我们完成这项长期工程的幕后英雄。我们庆幸拥有信守承诺的伙伴们，他们最终可以和我们共享此书出版的喜悦。如果没有家人芭芭拉·拿卡哈林(Barbara Nakakihara)和鲍勃·霍姆伯格(Bob Holmberg)的支持，我们无法获得现在著作出版的喜悦。我们的家人悉尼(Sydney)、薇薇安(Vivian)、贺兹(Haze)激励和推动我们对形成性评价进行更深入的思考。无数次早上开车途中、餐桌旁、徒步中的讨论都一点点完善着形成性评价行动框架。感谢他们有益的反馈，他们也了解到形成性评价对于学习的重要性。

我们也要感谢米莎·衫浦(Misa Sugiura)和洛里·卡皮齐(Lorri Capizzi)一直以来的支持，他们阅读了我们每一次的修改稿。在截止日期即将来临，而我们面临着来自家庭、学校、工作的各种压力时，他们让我们充满希望。他们提醒我们工作没有捷径，有限的时间和资源永远不应是专业诚信和个人诚信的敌人。

多年来，来自大学、教育研究机构的其他朋友和同事总是认真倾听我们的观点。感谢马克·威尔逊(Mark Wilson)教授和理查德·沙威尔森(Richard Shavelson)教授，他们坚定地支持本书中的观点和原理。感谢罗伯塔·奥奎斯特(Roberta Alqhuist)、保罗·安蒙(Paul Ammon)、卡洛斯·阿亚拉(Carlos Ayala)、温迪·巴伦(Wendy Baron)、戴维·伯利纳(David Berliner)、蒂姆·博斯特(Tim Boerst)、卡伦·德雷尼(Karen Draney)、马克·费尔顿(Mark Felton)、布鲁斯·富勒(Bruce Fuller)、玛丽·吉尔哈特(Maryl Gearhart)、玛格丽特·赫里蒂奇、琼·赫尔曼(Joan Herman)、卡罗琳·休伊-霍夫斯特(Carolyn Huie-Hofstetter)、乔纳森·洛弗尔(Jonathan Lovell)、德博拉·鲍尔(Deborah Ball)、黛安娜·迈耶(Diane Mayer)、帕梅拉·莫斯(Pamela Moss)、丹·珀尔斯坦(Dan Perlstein)、吉姆·波帕姆(Jim Popham)、乔安妮·贝克尔(Joanne Becker)、玛利亚·上特勒斯(María Santelices)、李·舒尔曼(Lee Shulman)、德布·西格曼(Deb Sigman)、基普·泰勒兹(Kip Téllez)、迈克·蒂姆斯(Mike Timms)、玛丽·瓦纳(Mary Warner)。他们使我们获得了很多关于教师发展和教学的领悟。

我们要特别感谢约翰·哈蒂(John Hattie)，他的慷慨和理性使我们铭记这项工作的重要性以及我们未来仍需要努力的方向。很多学者和教育领导者都曾针对公立教育中优秀的、有效的做法撰写过文章，他们从未忘记形成性评价对学生学业和学生发展的重要影响。

序　言

本书对于读者来说的确有耳目一新之感。它源于生活——来自很多新老教师的真实教学案例，展现了在教学和评价相结合的实践探索中教师如何看待自己。促进学生发展的理念对我们来说并不陌生，但是作者利用新的理论框架捕捉到一些新视角，将其称为形成性评价实践探索中的教师发展。我们不需要罗列这种分析视角的好处，相反我们需要听到新一代学者的新观点、新思想。本书为我们提供了开启全新对话的机会。

在美国、澳大利亚、英国，关于评价内涵的争执已持续数年，我们希望跨越各自的边界去交流。我们会通过不同的方式讨论评价的内涵——针对不同的读者、不同的时间、不同的地方。鲍勃·斯塔克（Bob Stake）曾说：一名厨师为确保味道恰到好处而去品尝一味汤，这就是形成性评价。一个顾客坐下来品尝这味汤并对其进行评价，这就是总结性评价。形成性评价发生于学习过程中，总结性评价则发生在特定时间段的最后节点。对于学校、教师或学生来说，形成性评价和总结性评价都很重要。

当然，在品尝汤的问题上，厨师和员工通过收集不同顾客的反馈，以呈现最好的菜品，也是很不错的策略。从这一点来说，形成性评价的过程将指引我们获得理想的总结性评价。两种评价的目的各有千秋，尽管实施路径有所不同。

如同迈克尔·斯克里文（Michael Scriven）很多年前创造形成性评价和总结性评价这两个概念，现在的评价理论也对形成性评价和总结性评价进行了清晰的区分。斯克里文认为形成性评价和总结性评价的区别关乎目的、目标、时间以及信息在组织或系统内的应用方式。形成性评价侧重推动和引导利益相关者的行为；总结性评价致力于说明已经发生的事情，其价值更多地与目标绩效或结果相关。

在斯克里文完成其著作后不久，布卢姆（Bloom）关于教育评价作用的研究便借鉴了斯克里文的多个观点。形成性评价和总结性评价的概念也由此被创造出来。不过，这个评价的两分法演变成了我们现在常见的"文字游戏"，即将评价分为形成性评价和总结性评价两种。这种表述方式——并非基于任何测量工具的目标、用途、时间和信息使用——成为我们现在划分评价类型的决定性因素。教育评价专家几乎没有重视斯克里文首创的这些概念及其操作方法。相反，我们为教育评价戴上了很多桂冠——一套套规范、依据和指标体系，采用很多未经证明却自以为有效的总结性测量工具。

现在，对于中小学生来说，评价等同于分数和等级。校长或者政府官员针对学生应该掌握的知识和技能提出了一系列要求。他们利用评价对学生做出区分。总结性评价成为主要的区分方法：学习已经结束，分数或等级就是反馈。

布伦特·达克和卡丽·霍姆伯格通过一系列基于课堂评价信息的观察来反驳形成性评价与总结性评价之间对立的观点；他们的证据主要是通过师生互动和对话所收集的质性数据；他们主要依托真实的学习环节为学生提供获得进步的可能。

作者所做的不止于此，他们并没有将自己陷入考试、小测验、家庭作业等评价概念争论的旋涡中，而是迎难而上，去收集和使用各种数据。在本书中，课堂评价信息是通过课堂学习中的互动收集而来的。他们不再关注某次考试评价本身，而是强调评价的过程。他们的教育评价开始重新关注课堂教学行为。

达克和霍姆伯格曾问道：为什么要再出一本关于形成性评价的著作？为什么是现在？它的内容是对已有研究的重复吗？众所周知，形成性评价对学生的生活和学习确实有重要影响。那么，为什么还有这么多人如此重视总结性评价？为什么还在过度强调分数和等级？为什么要过度强调使用商业机构推出的一些"只有宽度、没有深度"的测试来检查教师的工作？为什么没有为教师提供与课程及当下教学需求相匹配的成长性评价？

数十年来，形成性评价的研究都居于有效教学的中心。和很多人一样，我在工作中也发现学习评价会对学生学习产生实质性的影响（Hattie, J.，2012）。可见的、有效的结果来自那些对学生学习持续、反复进行评价的教师。本书关注的是这种学习评价信息的质量。

我们需要摆脱的偏见是，不要通过证明总结性评价如何不好来论证形成性评价的优越性。相反，我们要最大限度地进行形成性评价，以便对学生的学习产生最好的结果评价。正如本书所言，这意味着对教学决策的深层理解、在教学之前进行思考与反思和认真的倾听，并且让学生了解教师在反馈之前的倾听。作者进一步提醒我们，形成性评价思维意味着发展一种指向学生的、开放的、复杂的表达、倾听和思考能力。

我在新西兰工作期间带领一个团队建立了小学和高中的国家评价体系。这个评价体系需要为教师、学生、家长及学校领导者提供最新的评价信息，并且说明学生目前的水平、发展的方向以及进一步发展的计划。工作的重点是为教师提供其教学影响（尤其是长期影响）的反馈信息——他们影响到哪些学生？影响了什么？哪些影响更重要？我们的评价方式主要是向教师反馈他们对学生成绩提高的影响。我们的目标是通过形成性评价信息为教师提供他们在促进学生发展及自身发展方面所取得的进步。

评价的首要功能是通过为学生提供反馈来支持学生的学习，这些反馈包括他们达成目标的情况、做得如何和他们的计划等。这需要学生参与、理解评价，并据此调整自己的学习方法。其核心是促使学生发展其自我评价能力，并且积极获得、分析、运用评价信息，以此来调整自己的学习。

本书提出的一个核心问题是如何为那些在形成性评价中挖掘反馈信息的教师提供支持(Sadler, D. R., 1989)。达克和霍姆伯格通过有关形成性评价的文献整理提炼出高效的、相互关联的、实时的教学策略，以此为教师和学生提供评价信息，并且阐明良好的教学与良好的反馈之间的内在关系。形成性评价不是要求教师教了多少学生，让学生学习了多少，而是让他们看到基于课堂教学的评价如何丰富多样，就像做饭、跳舞、现场演奏一样，是一种鲜活的、丰富的、能有效指向形成性评价目的的评价。

贯穿本书的主题是教师对教学法应用的熟练程度；聚焦点将从教师的说转向教师的听；更关注学生对反馈的理解；更关注及时性学习决策的本质。发展这些能力，并用以促进学生的学习，说起来容易，做起来难。教师在这些领域的进步需要长期的钻研、努力和奉献以及外在的支持。

达克和霍姆伯格的探索对教师发展具有同样的价值。他们主张帮助教师通过观察来提升自己。教师的观察将帮助其改变自身的教学行为。"看见"教师做出教学决策的过程非常难，我们必须努力观察教师对学生的影响。这的确是一个思想上的转变。达克和霍姆伯格提供了关于教学实践的描述及想法——由七个实践策略构成的概念性框架，这将使那些难以"看见"的过程更容易被看见、讨论起来更为方便。教师可以利用这些策略相互交流，这将是本书的价值之所在。

诸多形成性评价策略强调教师的倾听，通过学生的眼睛去发现他们的学习情况，检查学生有没有明白教师提供的反馈。提供反馈是重要的，但是更重要的是看学生有没有明白反馈的内容。也就是说，反馈对于学生来说有没有用。这些对教师来说非常有价值，前提是他们希望提出更具策略性的问题，减少谈话时间，利用停顿和倾听途径，同时希望学生自由地表达他们的理解。

作者也提醒我们，建立高度信任的关系十分重要。这样学生才能敢说"我不知道"，同时善于听取同学或教师形成性评价的反馈。这种基于行动的框架每时每刻都会对学生的理解进行检查，以了解学生的理解程度。这个过程非常重视对学生学习经验的解释、分类以及评价(被称作"归档")，这样才能让教师更容易做出有效的教学决策。达克和霍姆伯格将自己以及每个读者称为教师教育者(teacher educators)；形成性评价的力量在于"未开启"，我们每个人都有权去启动它。

本书强调的是教师深厚的教育学知识，强调从讲述向倾听的转变，强调学生能够理解教师的反馈，强调理解教学过程中从倾听到做决策的本质价值。作者通过对新手教师的多年研究发现，他们关于形成性评价的知识只是停留在书本层面。作者认为教师作为个体，局限在自己的学科规则之中，从数学、艺术、体育到外语、历史、科学、英语或音乐。当新手教师分享他们的故事时，我们可以看出他们对预备、提问、停顿、追问、回溯、标记、整理这七个实践策略的理解程度远比我们想象的要低。要了解他们对七个实践策略的理解程度，有必要了解他们在大学课堂的学习及实习期间的收获，了解他们是如何思考与行动的，了解他们的动机及其强化方式是什么，以及了解他们对成为形成性评价者的意义的理解。

形成性评价不仅需要教师与学生之间建立信任关系，也需要学生之间建立信任关系。他们可以相互帮助，发现彼此理解错误的地方，共同探索改进的策略。教师不能只停留在表层知识的传授上，还需要使学生之间建立联结，在不同思想建立联结的过程中挖掘快乐和培养创造力。这些实践需要那些专家型教师(expert teachers)对课程内容保持热情、激情及进行反思、探究，需要他们理解课程。这些专家型教师以及他们指导的教师需要注意因材施教，尤其要关注他们的目标以及所有学生的进步。

对于从事教师指导、研究课堂教学和学校发展的人来说，这七个实践策略可为其提供形成性评价的专门技术。做指责有学习困难(成绩下降、知识缺乏、动机不足、注意力不集中等)的学生的教师，非常容易；说"我都教了，但是他们不爱学"之类的话，非常容易；宣布"记住，8周后我将对你进行测试，看看你学会了没有"，非常容易；对形成性评价仅做一般性描述便开始进行教学应用，认为理论与实践从来都不相联系，也很容易。达克和霍姆伯格告诉我们，不要草率下结论。他们还提供了一个新的实践模式和严谨的理论框架，将教学与实时的、嵌入式的评价密切结合在一起。

很多年前，迪伦·威廉（Dylan Wiliam）和保罗·布莱克（Paul Black）建议我们不要采用形成性评价、总结性评价的表述。他们在英国的经验表明这些词很容易被误用。政府开始对所有的事情都采用这样的表述，希望明确所有评价责任。教育系统和政策制定者也会误用这些词，在评估那些数据驱动的政策时缺乏对形成性评价、总结性评价的认真考量。

在一个崇尚大数据和快速解决问题的时代，达克和霍姆伯格基于师生学习共同体的实际对评价反馈进行了少有的探索，阐明了评价信息的重要价值，而不管它们是形成性的，还是总结性的。更激动人心的是，他们通过七种思维和形成性评价实践研究，大大推进了该领域的研究，为现在的课堂教学展现了形成性评价价值最大化的丰富想法和策略。太棒了！

约翰·哈蒂

名誉教授，墨尔本教育研究院墨尔本教育研究中心主任

导　言

为什么现在还要出版一本关于形成性评价的著作呢？以往的研究不是已经说得很全面了吗？每个人都知道课堂上的形成性评价可以改变学生的生活，使其取得更好的成绩，是不是？

数十年来的研究已经阐明形成性评价或形成性评估（formative evaluation，英国、新西兰、澳大利亚采用这一表述）是有效教学的核心。哈蒂以及其他学者提出，学习评价将会促使学生的学业成绩发生根本性变化（Hatti，J.，2012）。最直接有力的证据来自教师每一分钟、每一小时以及日复一日的课堂教学中的过程性评价。

如果里克·斯蒂金斯（Rick Stiggins）以及其他教育研究者了解形成性评价的价值，如果教师认识到形成性评价在实践中的效果，我们为什么还要在这么多年后重提"形成性评价"这一老话题呢？

挑　战

矛盾之处在于大多数关于形成性评价对学生影响的量化数据无不是建立在单调的工作、关于课堂质性数据的理解与使用的基础上的。运用留言条、词语网络、画廊漫步、同行反馈、速写、分享以及其他策略所产生的质性数据，因为很难量化，所以不能为教学决策提供参考。只有谨慎地收集课堂教学的相关数据，才能为学生提供更好的形成性反馈。

我们撰写此书是为了解决以下问题：如果形成性评价

的形成性证据无法捕捉，甚至无法观测，我们将怎么办？如果形成性评价的结果是每个人都觉得好，我们将怎么办？如果形成性评价蜕变为另外一种考查学生理解程度的手段，我们又将怎么办？

上述疑问的确存在。形成性评价会模糊教学和评价之间的界限。多数人将评价等同于作业、测验等。但是形成性评价发生在具体的课堂中。形成性评价实践与教学的环节交织在一起，每一个环节里教师和学生之间都有丰富的信息交换。对于那些不熟悉教学复杂性的人来说，很难理解形成性评价中观察的丰富性。行动非一眼就能看见，动力也很难觉察到。因此人们对本书的习惯性误解是"不就是讨论好的教学吗"。

形成性评价是用于考查学生理解程度的模式、策略、教学机智，这对于卓越的教师来说已经习以为常。在那些对传统课堂评价感兴趣的人看来，对形成性评价行为细心、持久地观察就像观察一个黑匣子（Black，P. & Wiliam，D.，1998）。这需要一双经过专业训练的眼睛，知道应该观察什么、怎么评价以及掌握基于形成性评价的教学技巧。

作为教育者，我们在大学里执教，安排学员的教学实习，指导一线教师的专业发展。我们发现有关形成性评价的故事很难讲得清楚。基本的描述是它是有效的，可以尝试去做，而且无消极作用。虽然到目前为止大量的研究显示形成性评价能使不同的学习者从中受益，但事实是我们并不知道哪种策略更有效，什么时候去应用这些策略，为什么特定策略的组合在特定的课堂里对特定的学生更有效。

以反馈为例，这是形成性评价中一个有代表性的词语。众所周知，形成性评价的反馈必须是具体的、有针对性的、及时的、不间断的、内容丰富的（Wiggins，G.，2012）。但是很多教师、学校辅导员、教辅人员关于这些内容并没有一个清晰的认识，不知道如何达到这些要求，更不要说指导他人。进一步来说，关于成绩评定与问责制的政策常常耗费了很多教师的时间、精力和资源，而这些时间、精力和资源正是好的教学、课堂和评价所需要的。

形成性评价的挑战不止是在理解特定概念或采取特定行为框架上形成一致意见。我们希望厘清成为形成性评价者面临的诸多障碍。本书通过高支持性策略来应对这些挑战和机遇，并借助这些策略更深入地探究不同策略之间的关联。

我相信大家都会同意，形成性评价面临的最大挑战是认可这样一个新观点——反诸自己和反诸学生。我们都在努力成为形成性评价的专家，都有义务通过形成性评价促进学生的学习。成功的路不止一条。我们需要不断地在这个方向上去探索，要有为教师教学评价赋能之心，要与教师一道探索，也要借助教师的帮助。

教师作为学习者

本书致力于服务那些期望成为形成性评价者的教师的培育和发展，无论是新手教师还是老教师。我们尊重教师的既有知识，但教师需要努力吸收和同化新理念、新知识。在现有的课堂评价能力和期望达到的形成性评价之间，鸿沟是真实存在的。当然，关于评分、标准、检测的理念也是教师已有知识的一部分，包括我们改变已有课堂评价思维方式和建立新观念的过程。通过十多年的教师实习生研究，我们认为我们所定义的教师的学习进步与学生的学习进步同等重要（Shavelson，R. J.，Moss，P.，& Wilson，M.，et al.，2010）。

我们撰写此书是为了帮助教师在实践中学会进行形成性评价，而不是在做无谓的空谈。形成性评价者应是向学生传递知识的教师。本书将指引教师成为一个终身学习者，强调学习的过程以及如何成为一个形成性评价者。我们希望教师能在对形成性评价新技能的探索中保持更高的热情、收获更多。

正如前文所述，我们希望教师能通过形成性评价站在学生的角度去引导学生发展。教师要通过课堂学习、交流来提供形成性评价指导，让学生可以交流思想、为彼此提供反馈、解决问题、有准备地应对学习困难。

可以预见，教师和学生开始可能会感到沮丧，甚至不知所措，不知道为什么不能采用普通的课堂评价方式［我们将其称为"行进中的学校"（doing school）］。毕竟，我们都知道实施形成性评价比提问、收缴作业或者组织单元测试要难得多。梳理问题很复杂，对问题的探究也需要花费很多时间。另外，启发学生思考也存在风险。在激发学生思考的一刹那，教师的"留白"或停顿有可能会导致教学的低效率。

实施形成性评价的过程中还夹杂着担忧，尤其是好的策略和做法的效果并不能立竿见影的时候。新手教师有时会觉得不舒服或紧张。指导教师和来自大学的导师并不是一直坚信形成性评价的作用的。校长和行政人员对下列情形也感到困惑：你为什么问这么多问题？学生大声喊叫，似乎没在听课。当所有学生涌到黑板前时，课堂一片混乱。在同一段时间很多学生都想抢着说话。你确定有时间让所有学生把写有自己想法的便笺纸贴到黑板上吗？

还有部分挑战来自对评价新框架的认同。我们坚持认为，是时候让所有教师、学校顾问、行政人员以及其他员工理解和实施形成性评价了，是时候去强调和教授每个人这种高度复杂又细致入微的教学方法和评价方法了。我们必须通过弥补部分教师课堂评价知识的不足，来打破专家与新手之间的界限。而且我们认为形成性评价是有规律可循的。有些规律众所周知；有些规律却少为人所知。关键是我们要找到和发现规律到底在哪里。

成为一个形成性评价者意味着发现一个人的最近发展区——包括学生和同

事，然后享受这个过程。

建立新的形成性评价框架：一步一个脚印

如果形成性评价只能在教学过程中发生（而非一个事件或工具），那么我们就应该勾勒出形成性评价框架。而这个框架也只有应用在教学过程中才有生命力。

我们认为新手教师和老教师在形成性评价中获得成长一定程度上依赖于其对教学及学习经验的反馈和调整。教师在阅读本书的时候设想将这些形成性评价策略视为掌握形成性评价的主要步骤；在每一章中我们都会提供一些经验、案例以及现场活动指南，帮助教师学习。跟着我们的节奏，教师终将会发现和找到适合的评价策略。

我们的教师驱动型学习框架（teacher-driven learning）包括七个有着内在联系的行动模式，每一个模式都有其独特的工具包、难点以及易犯的错误。

让我们再次回到本质问题上来：评价的形成性究竟是什么？我们如何知道我们看到的就是形成性评价？在标准化测验领域，进行形成性评价是不是异想天开？形成性评价是不是被讨论得太多，已经有些过时，以至于和学科知识、成绩提高相去甚远？掌握形成性评价是否意味着我们不再给测试打分或花时间收集课堂信息，不再每天晚上上传成绩？这并非我们的意图。

现在，课堂中实施形成性评价依靠教师和学生对学术语言的使用——创造语言，使用语言，提高语言技能（Hakuta, K., 2013）。形成性评价在语言的使用上较其他评价更为清晰。我们非常重视言语反馈以及肢体语言反馈——师生之间的实时交流。

我们对形成性评价的界定基于教师教学中的学习发展概念——形成性评价的一系列实践策略，即预备、提问、停顿、追问、回溯、标记、整理。图1为教师实施形成性评价的步骤。

形成性评价的每一个步骤都会聚焦学生的学术语言发展。这对促进教育公平来说非常关键，如STEM（科技、技术、工程、数学）学习和教学。实施形成性评价意味着教师需要为科学、数学的思考与调查精心设计一个开始的方式。基于形成性评价的课程的首要任务是保持师生之间的对话，通过每一步的对话发展学生的思维，并以此来做出课堂教学决策（Duckor, B., Holmberg, C., & Rossi Becker, J., 2017）。

无论在小学、初中还是在高中，形成性评价都不只是对学生理解程度的考查。我们所界定的形成性评价会帮助教师更好地了解学生的理解程度，并对此做出更有效的回应。我们将形成性评价视为一个师生间动态教学的过程。它需要教师在计划、教学以及通过对质性数据的反馈中做出更好的应对。

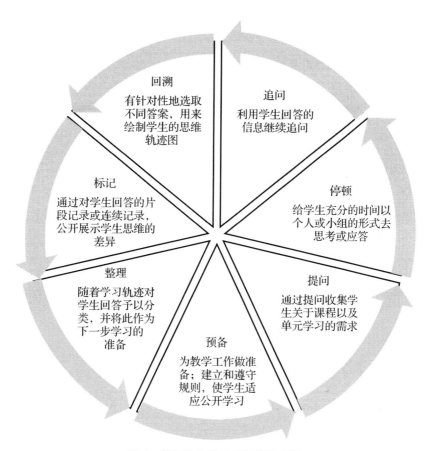

图 1 教师实施形成性评价的步骤

与萨德勒一样，当我们通过本书每一章的学习获得进步时，我们会在教室的对话中形成一个反馈回路，建立一个关于倾听和语言技巧的指南，为学生提供运用学术语言、形成真正合作的学习空间（Sadler，D. R.，1989）。与谢泼德一样，我们认同的形成性评价与那些倾向于高产出、随时测验的形成性评价是不同的（Shepard，L. A.，2009）。我们同意林阔蒂（Linquanti）及其同事的观点，形成性评价应该强调实时的教学过程以及对行为的及时反馈。

对于那些实施形成性评价的教师来说，应该注意到我们的形成性评价框架与迪伦·威廉的理论有关，尤其是在教师如何引发课堂讨论、布置收集课堂信息的任务上（Wiliam，D.，2007）。我们认识到了课堂言语交流对于有效反馈的重要性，尤其是在教师基于不同目的提出问题，打开"思考窗口"的时候。

形成性评价的七个实践策略可以为所有学生有效互动、形成高阶思维提供机会。结合教学准备，形成性评价可以帮助教师了解到学生的知识基础，让学生在不同的观点中形成联结，让学习过程更趋透明化、可视化（Heritage，M.，2007；Heritage，M.，2010）。

形成性评价的艺术与科学

教学是教师与学生一起平衡教学计划与形成情境关系的一门艺术。有时很难看出形成性评价的推进是否能够促进学生对课程主题的深入思考。教师通过重新提出问题来进行追问，或者重新引导学生思考来回应学生的言语行为或非言语行为。这也是一种评价策略。这样的评价策略甚至比传统课堂上的评价工具（工作表、测试等）更有效。

这种评价策略看起来很有吸引力。新手教师尤其喜欢进行各种测试。我们强烈建议在教学中采用指向学习策略的评价。对提出问题或再次提出问题的持续关注、通过可见的辅助物或线索进行追问、设置等待时间和抽样程序、公开标注所有学生的答案，对于教师来说将会有更大的回报。但是这需要时间、行动以及学习的意志力，需要教师反思和调整自己最初的行动（Lovell，J.，Duckor，B.，& Holmberg，C.，2015）。我们注意到新手教师存在的一些错误倾向：他们更关注考试或测试，收集那些与分数、等级和评价有关的材料。

对此我们并不惊讶。我们会关注那些量化数据，而不只关注质性数据。我们相信前一类评价数据是客观的，后一类评价数据是主观的。得到学生回答问题或陈述观点的分数或者等级，是很重要的。但是，是否应该突破这种模式的局限性，更好地利用课堂中可获得的（质性的、非正式的、即时性的）反馈信息？答案就一个字：是。

对于下一代的教师来说，形成性评价将会看起来与之前截然不同。在21世纪知识和技能发展的进程中，形成性评价行动框架必须强调师生的发展轨迹和学习进步（Masters，G.N. & Wilson，M，1997；Black，P.，Wilson，M.，& Yao，S.Y.，2011）。它强调教师的成长与反馈的轨迹，它将超越技术，它将带来思想的改变。

形成性评价不是对提问技巧的简单模仿，也不是在教学中频繁地赞成、反对。对那些说"我不知道""这有什么用"或者遇到难题时只是耸耸肩的学生来说，教师需要对他们的重新参与采用教育学的、共情的、认知的策略。我们现在知道，"粘性"是学习过程的一部分。当我们努力学习新东西时，我们必须吸收、适应、编码、检索、收集已有信息、处理新信息。形成性评价者关注学生学习的方法，并且为此做了充足的准备。

本书关于形成性评价的观点需要大家展开广泛的交流——关于教学的各个方面，同时迎接那些可以为学生带来改变的挑战。我们邀请大家即刻加入我们的行列。

我们的教育教学经历

布伦特·达克：1989 年，我在匈牙利开始我的高中教学生涯。20 世纪 90 年代，我在纽约继续我的教学工作。美国以及海外教育背景使我深刻地体会到学校系统、公共政策、社区价值观对推动教师与学生成为积极、主动的学习者的重要性。

在东哈勒姆区的中央公园东部中学的高级学院任教时，我教授政治、竞技、世界史以及社会创业课程。这些课程是美国联邦政府 1996—2000 年资助的"从中学读到大学"（school-to-college）项目。在鼓励学生多元化思考、获得优异成绩的过程中，我要特别感谢中央公园东部中学的学生、教师、工作人员以及家长，他们让我明白了形成性评价的意义。

2001 年，美国颁发《不让一个孩子掉队法案》（No Child Left Behind Act），正是我回到加州大学伯克利分校攻读定量方法与评价博士学位的时候。我攻读博士学位的主要目的是更好地理解标准化考试在 20 世纪末兴盛一时的美国城市高中新评价体系中的作用。大图片公司、高科技高中、基础学校联盟都非常支持新的评价方法。最终我的想法拓展为对教育评价的历史溯源、公共政策、合作性和技术性的研究。

加州大学伯克利分校教育研究生院的导师坚定了我研究教育评价的决心——将评价作为改变教学的方法，而不仅仅是政策制定者的问责工具。

跟随着我的导师马克·威尔逊和理查德·沙威尔森的脚步，我对形成性评价和总结性评价之间的潜在联系十分着迷。我的研究更多关注形成性评价，探索促进教师成长的新理论体系。

2008 年，我开始任教于圣何塞州立大学教育学院。在加利福尼亚州州立大学一个多元化的公立教师预备项目中，我们开设了一门"课堂评价与评估"课程，深入学习基于研究的评估时间，培养了一批准备从事形成性评价工作的教师。在数年职前教育项目和在职教育项目中，我与语言艺术、数学、体育、科学、艺术、音乐、社会科学、历史、世界语言项目的教师一起工作。我尤为欣赏成为一位形成性评价者所体现的奋斗精神。

回顾 20 世纪综合式评价方式的创新，综合式评价是将展示、评分规则、口试、毕业委员会聚集起来评价学生的学习。所有这些教育改革在现在看起来就像遥远的梦一般。在撰写本书的过程中，我仍然坚持着对形成性评价的承诺。现在，我希望能够使学生充分运用他们的思维，通过与学生对话倾听他们，在课堂上和学校里为学生的深度参与创造空间，而不是我们想当然地去做。在学校教育发展的过程中，这个呼吁已经越来越明确了。

卡丽·霍姆伯格：我曾在硅谷一个基础教育联合学区的一所多种族、多民族、多语言、经济条件多样、拥有 2000 名学生的综合高中教学多年，教授九年级的英语、中级英语语言发展、基于自我决定的发展、新闻的课程。在威尔科克斯高中，我成为强调合作、变革、创造力、有抱负的英语学部中的一员。在《不让一个孩子掉队法案》颁布之前，我和我的学生、同事关注的是过程性写作、一对一讨论、为愉悦而阅读、档案袋评价和项目学习。当时我们可能没有称其为形成性评价，但是我们对学生的评价一定是指向学习的。

之后，与斯坦福大学合作指导中学新手教师时，我在约瑟夫地区一所特许中学帮助一个高级英语语言班的学生重新申请了国家委员会证书。他们多数成为家庭里第一个上大学的人。这坚定了我通过评价改变学生的信心。参与斯坦福大学合作学校职前项目、硅谷新手教师项目的经历以及作为教师顾问参与的海湾地区写作项目的经历给予我从事教师培养工作很大的帮助。

2011 年，我作为助教进入圣何塞州立大学教育学院工作。我很庆幸在单科证书项目中有机会与职前教师密切接触，并且教授初级阶段学生教学法、英语教学法、课堂评价的课程。2014 年，我申请了圣何塞州立大学的博士项目。在布伦特·达克博士、乔安妮·贝克尔博士、黛安娜·威尔莫特博士的指导下，我开始了我的博士论文研究，主要研究形成性评价中的教师学习发展问题。我的工作主要聚焦于中学数学课堂中的提问、停顿、追问策略，目的是提升课堂的学习反馈效果。2017 年，我获得圣何塞州立大学教育领导力专业的博士学位。

目　录

第一章 预 备

让学生知道即将发生什么，发生了什么，课堂为什么是这样，与学生经受智力风险过程中所必须获得的信任感和安全感，还有很大的差距。如果学生不向同学呈现自己的理解程度，有问题不说，有疑问不沟通，那么他们该如何学习呢？

——简妮，经济学和公民教师

我对"参与权益"这节课进行了预备。我们制作了公平卡，讨论了学生可以提供哪些帮助以及我如何应用这些卡片。但是第一天后，我没有提醒学生他们有哪些参与的权益以及他们持续参与的重要性。我误以为他们都还记得。糟糕的是，我忘记使用那些卡片了！

——艾丽西亚，英语教师

我本来可以让学生将杂志内容作为解释和说明的课前预备。但是我没有做，尽管我没有丝毫的理由不让他们做。所以，我认为使用预备策略最大的挑战不是别人，而是我自己。

——亚历克斯，科学教师

什么是预备？

预备无处不在。当教师这么说的时候，我们就可以听到：让我们听听每个人的想法，关于这个问题的答案没有对错之分；我请一位同学来做这件事，或谁愿意尝试。

每次我们这么说的时候就是在预备：好了，各位同学，拿起你们的课本，我们来复习昨天实验中的假设，或现在请听我说。当我们说"让我们复习昨天学习的内容"，这就是在预备。

预备就是准备教学工作。我们通过预备来建立和维持规则。预备可以帮助学生适应与他人共同学习。预备常常提醒我们，学习者是同处在一个学习空间的。

正如我们所描述的那样，预备的目的是通过新的学习环境给学生提供支持。形成性评价者之所重视预备，是因为预备对引入新的课堂教学和评价方式可能产生的杂乱、不确定等持有宽容态度。在重视形成性评价的课堂中，学生在每一节课上都会因预备而受益。

当然，本书所描述的情形一开始会让教师感到奇怪、不舒服。对于多数教师和学生来说，倾听问题，回答之前稍做停顿，或是回应追问，尤其是回答那些开放性的问题，这些是有难度的。形成性评价对学生的要求很高，同时对教师的要求也很高。它需要学生相互配合，与成人和同伴进行互动。它要求教师提高课堂评价的标准、增加适时的互动、对评价秉持良好的意愿。

研究和经验均表明，形成性评价学习环境的预备将需要我们注重平等，而不是急着评判。预备工作强调让每个人都成功，而不是通过掷骰子的方式让少数学生获得成功的机会。

倡导形成性评价的教师希望学生能参与提问、停顿、回溯、标记、整理等的过程，但前提是每个学生都预备好了。预备具有预防性、控制性和反思性。它能帮助学生和教师确定基调、理解规则，以及应对课堂学习中的一些困境，如对新的学术语言接受的困难、被追问时可能出现的窘迫状况或者很难理解白板上其他人的思路等。

为什么要预备？对谁有益处？有什么益处？

学习的空间由我们的预期、我们对自己角色的思考以及符合我们价值观的行事方式所主导。如果我们相信所有的声音应该被听见，那么我们应每时每刻提醒学生注意：是不是都有提问的机会了？如果我们希望那些很少发言的学生能够更多地参与课堂（我们的课堂或其他人的课堂），我们就要去搭建看得见的脚手架去帮助他们运用新的学术语言以及在问答环节提高说话的音量。如果我们认为每个学生都有学习的权利，我们就要对课堂反思和提问进行预备——一定要特别关注学生的思维活动。

如果我们不进行预备，很多学生将不会在学习上获得进步。如果想让这些学生获得进步，就需要发现他们在想什么，把这种想法可视化，并机智地做出回应。但是，将学生的想法可视化就需要我们在教学中采用新的倾听和说话方式。预备在学生的想法可视化过程中的作用非常显著。

为什么要预备？因为预备不仅可以帮助我们将学生的学习可视化，而且可以让学生得到关注。预备可以帮助师生相互合作，进而推进学校的发展（Garmston，R. & Wellman，B.，1999）。

我们可以回想那些在预备方面提升自己技能的教师，他们正在努力理解和适应新的学校生活方式——为自己，也为学生。许多学生也开始习惯这样的"做中学"的学校生活（Pope，D.，2001）。伦克将其称为"玩转教室"（Lemke，J.，1990）。其他人则称其为"玩转课堂"（Jimenez-Alexialdre，M. P.，Rodriguez，

A. B. , & Duschl，R. ，2000)。在分级教室学习数年后，学生和他们的教师甚至适应了总结性评价的习惯、作业要求和学习方式。

学生已经明白大多数问题就是自我设问的，答案会得到一些同学的补充。高年级那些很少发言的学生(坐在后排的)习惯了不被提问。遗憾的是，所谓"好学生"等同于很少发言的学生(Powell，A. G. ，Farrar，E. ， & Cohen，D. K. ，1985；Sizer，T. R. ，1984；Sizer，T. R. ，1996；Cuban，L. ，1993)。

对于学生来说，如下课堂文化是不寻常的。

• 教师为什么问这么多问题？

• 教师为什么使用便笺纸(每个便笺纸上写着学生的名字)来点名呢？

• 教师为什么在给出答案之前停顿一会儿，而不是直接让举手的学生回答呢？

• 教师为什么把所有的答案都贴在白板上，即使是错的答案？

• 教师为什么总是用一个问题回答另一个问题呢？

• 教师为什么不直接解决问题，把正确答案写在黑板上，然后快速推进教学呢？

学生和我们一样需要知道这些问题的答案。预备充分考虑了这些问题，并且帮助学生理解班级活动的程序、结构的内容和做法以及为什么要这样做。

形成性评价小贴士

质疑我们扮演的角色

虽然教师的这些角色——圣人、统帅、班级管理专家富有吸引力，但教师尚未意识到传统教学面临来自形成性评价者的挑战。

形成性评价者超越简单的传递知识的做法：他们在帮助学生学习新知识、新技能时，引导学生的价值观和信念的发展。

随着阅读的进行，也请教师想象自己逐渐成为一名形成性评价者。形成性评价者将带领自己的学生进入一个全新的学习交流环境。大家彼此交流观点、提供反馈、解决问题。形成性评价者将研究自己如何扮演这个角色，自己的行为如何影响班级文化以及学生学习。

研究是怎么说的

形成性评价实践是提升教育成效的首要举措。学生也因教学中那些强调学习目的、成功标准、元认知策略的教学方法而受益。哈蒂发现："当教学和学

习是可见时，学生获得进步的可能性就会更大。"（Hattie，J.，2012，p.21）

当然，可见的教学和学习需要教师成为学生已有知识经验的评价者。已有研究表明，可见的教学策略是可以实现的。它需要形成性评价者来扮演教室里的关键角色：这个角色需要使每一个学生都能参与到课堂教学中去，并在形成性评价的支持下实现有意义的学习。如果学生事先知道与教学目标相关的作业、角色，那么每一个学生都可以参与其中。可见的学习意味着为我们做的事情做好准备。基于行动的形成性评价对可见的学习具有重要作用。

小学教师反思性实践与形成性评价相结合，为数学和语言艺术课堂带来了更多的讨论，也使学生能够看到教与学的过程（Ball，D.L. & Cohen，D.K.，1999；Lampert，M.，2003；Grossman，P.L.，2005；Sleep，L. & Boerst，T.A.，2012）。幸运的是，在初中和高中，我们也有关于师生通过预备创建形成性评价文化的录像和实例（Gold，J. & Lanzoni，M.，1993；Lieberman，A.，1995；Darling-Hammond，L.，Ancess，J.，& Falk，B.，1995；Duckor，B. & Perlstein，D.，2014）。

青少年发展的相关研究可以帮助教师对预备进行规划。德西（Deci）和瑞安（Ryan）以及后来的伊莱亚斯（Elias）、塞尔沃纳（Cervone）、库什曼（Cushman）论述了学生在课堂中对自主和自我决定、联结和归属、胜任和控制的需求。雅克林·埃克尔斯（Jacquelynne Eccles）、卡罗尔·米奇利（Carol Midgley）在20世纪80年代的开创性研究发现，青少年认知与行为的改变与课堂环境和教师的行为有关。达蒙（Damon）与其同事发现了青年人教育经历中对目标与意义的诉求。这些专家解释了很多学生中学时期学习努力程度下降的原因。他们的研究也可以帮助我们更好地理解形成性评价中学生对高质量预备的切实需求。

遗憾的是，关于课堂形成性评价文化的建构、培养和维持的研究是很少的。很少有研究者关注形成性评价中学生在认知、情感、文化方面需求的差异。个体及文化的特性对学生的学习具有一定影响（Perrenoud，P.，1991）。我们需要在形成性评价实践方面有更多的交流与分享——做些什么？为谁做？为什么做？我们如何组织那些充斥着非正规想法或幼稚观念的课堂讨论？我们如何将那些不想参与讨论的学生拉回讨论中——可能因为当下的学校教育很少能听到他们的声音（可能是真的听不到）？

尽管美国已经有一些关于公立学校课堂中培养听说技能的新政策，但我们仍然需要深入探究如何进行更有效的预备。也就是说，通过教育干预获得的正向预备能给每个学生的学习带来积极的影响。

深化预备阶段

预备是学习成员汇聚一起的"黏合剂"，同时也是班集体建设的结构框架。预备也是规则建立的过程。这一过程是谨慎的、有目的的、有回报的，利益相关者都将为班级做出贡献。

尽管从一般意义上说课堂学习预备的益处具有普遍性，但是我们真的希望一种预备能够适合所有人吗？难道我们不希望每个学科的预备具有独特性吗？更重要的是，预备的特点难道不是基于学生的年龄、成熟程度和年级吗？

本章参考了博勒和汉弗莱斯的研究成果（Boaler，J. & Humphreys，C.，2005），他们强调创建课堂环境中社会规范的重要性。保罗·科布（Paul Cobb）提出特定的学科规范对师生互动具有重要影响（McClain，K. & Cobb，P.，2001）。我们赞同形成性评价的先驱布莱克和威廉的观点："数学课堂中的重点与历史课堂一定不同，即使它们享有一些共同点。"（Black，P. & Wiliam，D.，2009，p.27）

虽然预备工作不能"一码通吃"，但是不同学科的运用之间还是有一些共同点的。这一结论来自我们在职前教师资格证书项目中进行的实证研究。我们与来自30所学校8个学科的教师进行合作，发现不同背景下的预备有三个相同点。

• 预备需要学生的参与。（学生不仅是预备的对象，也是预备的主体。）
• 预备不只是让学生为教学而热身。
• 预备强调学生的学习情感，但是又不仅仅如此。

预备与教学准备很相似，对教师来说并不陌生。但是预备需要学生直接进入学习状态。学生必须认识到自己在形成丰富的观点与作业中拥有听、说、参与的权利。在形成性评价文化中，忽视学生的角色是十分危险的。

预备是一个过程。它需要考虑学生在形成性评价中遇到的挑战。对于学生来说，对问题进行解释说明，或许是很难轻易完成的。

预备需要很多课前课后的准备工作。这些工作包括为学生深入探究学习内容而做好准备。这些学习内容即使精挑细选、认真安排、呈现得当，总有可能让少数学生产生挫败感，甚至让他们感到枯燥。

预备工作要考虑这些问题：今天谁会回应我的问题？今天早晨谁会到白板前分享自己的答案？当我说"哪位同学可以解释或补充"时，谁会有安全的心理，谁会有不安全的心理？为什么会这样？我能够做什么？有用吗？有这个必要吗？

然而，预备不只是为学生参加测试或接受评价而准备的。预备是在可见的课堂学习中对学生予以支持的。因为学生会走出学校，最终进入社会，我们要为学生的终身学习而预备。

课堂上

预备就是做你准备做的事情

当学生进入教室，你朝着学生微笑、挥手时，你在预备。

作为体育教师，你告诉学生："我们今天来看一下你们这一组的表现。请注意那些提供帮助的同伴。可能是一句鼓励的话，一个传球，或一个眼神。要记下来。"你已经在预备了。

你对合唱班的学生说："唱下一段时，你们尝试一下新的换气方法。我不要求你们做到完美。"你就在预备。

小组活动时，你在巡视。你对一个胆小、害羞的学生说："如果大家知道你是如何做到的，将会很有收获。班级分享时我们希望听到你的声音。你觉得呢？"你这是在预备。

你问全班学生："开始小组讨论之前，告诉我你们组关于安全且有效的互动有什么重要的约定。"你这是在预备。

你看到学生表现出感觉不舒服、不安全或不自在的信号时，你采取措施恢复他们的安全感，并且参与进去。你这是在预备。

当你发觉一些学生感觉不舒服、不自在甚至游离于小组讨论之外时，你随机做出调整，让讨论回到正常，规避这些不安全的偏向。你这是在预备。

当你在课堂上留出时间让学生为家庭作业做准备时，你告诉他们："今天晚上的历史课题需要你花些时间来设置一个路障。看看你是否能写出两种避开这个路障的方法。"你这是在预备。

当你鼓励学生说"恭喜你们组完成高中的第一个化学实验"时，你这是在预备。

当你对学生饱含同情心和好奇心时，你决定无论在哪里遇见他们——努力去看见他们，你都带着学习新的工作方式的愿望，完成主要的预备工作：作为学习共同体的领导者，你公开展示了自己的弱点。你选择形成性评价的路是值得的，虽然也会有挑战和忐忑不安。

好的预备需要坚持形成性评价的价值观和信念

我们曾说过，预备的目的是支持一种基于信任、尊重每个学生的观点并通过共同学习实现学习目标的班级文化。我们调查过很多有关预备的实践，的确是这样的。当学习者以信任、探险的方式研究那些抽象、难学的内容时，奇迹是会出现的。

为什么出现了起伏？为什么论文与假设不同？所有的功能都有局限性吗？当没有人用"你"的尊称时会有什么不同？比例有多大？我能成为一个好的运动员吗？

这些问题将成为学习的目标。我们需要提醒学生：预备是为学生的学习而准备的，被问题困住、请他人帮助澄清、找到突破口都是我们学习的一部分。好的问题会激发我们的思考，尽管有时心里会有不适，甚至绞尽脑汁。只要熟练运用预备策略，形成性评价更有可能为更多学生的学习提供突破口。

学习共同体中的每个人都需要知道学习期待以及班级规则。而且，每个人都需要在制定班级规则时发挥作用。我们发现最好立刻花时间来建立这些规则。

要做形成性评价者，教师的责任重大。当需要妥善解决问题时，教师必须以身示范。当班级价值观及规则没有得到认可时（某个不爱分享的学生回答问题时被一个急性子学生打断，或者一个学生取笑另一个学生），教师必须有技巧地应对这些局面。

幸运的是，当学生在一个运行良好的形成性评价文化中受益时，当他们看到班级规则受到尊重并得以维持时，他们将共同努力，推进学习共同体的发展。

当然，为建立一个积极的学习共同体做好计划，将会有助于我们目标的实现。建立我们的班级，会使学生的自主和控制、联结和归属、意义和目标的需求得到满足，会激发我们形成一个运作良好的学习共团体。

预备应该有助于开展蕴含形成性评价价值观和信念的班级行动与实践。这里有一些可资参考的规则和案例。当然，我们更希望教师和学生能够创建自己的案例。

- 每一个学生都很重要，每一个学生的需求都能被听到。
- 我们的行为都有一个目的。
- 我们的声音，每一句话都很重要。
- 我们用耳朵听，更要用心听。
- 我们尊重犯错——这对成长和学习很有必要。
- 我们一起学习。
- 我们每个人的学习程度都不同，这需要时间改变。
- 在这个班里，舒适区之外也是安全的。
- 对自己有耐心，对同伴有耐心，是明智的。
- 这里有很多观点，每个观点都将被听到。
- 我们重视质疑。

• 我们拥有友善之心和好奇之心。

形成性评价小贴士

预备要看年级：将发展性的结果与班级情况做相关分析

通过班级、小组、课程的结构化满足学生自主、归属、胜任的需求非常重要。但问题是哪个年龄阶段需要满足这些需求。

雅克林·埃克尔和卡罗尔·米奇利的研究发现，青少年的发展需求和许多中学及课堂学习环境之间存在不匹配的倾向（Eccles，J.，Midgley，C.，& Adler，T. F.，1984；Eccles，J.，Lord，S.，& Midgley，C.，1991）。在青少年早期，当学生的自主需求日益强烈且愿意为自己的学习负起责任时，课堂常常强调教师的控制，减少学生选择和自主的机会。这样周围的环境与学生的发展相悖。

形成性评价需要营造更好的学习空间，以满足学生的发展需求；反之亦然。例如，学龄前儿童的预备——无论做得多好——都只是让他们在教室坐得更久一些；而对于三岁的学习者来说，却不尽合理。

将课堂形成性评价文化的关键要素可视化

预备是学习共同体成员之间达成约定并遵守约定的行动。对于重视形成性评价的课堂学习环境来说，有所约定非常重要。我们需要通过预备使这些约定可视化，使其更具真实性。

• 激活已有知识，分享思想。
• 提问。
• 倾听回答。
• 对所有学生的意见都秉持公平、信任和尊重的态度。

激活已有知识，分享思想

师生都有责任去激活已有知识经验，并使其发挥作用。学生需要拥有分享观点的习惯——无论他们的观点是什么。应对恐惧、焦虑以及个人的情感过滤并非易事。（情感过滤是指妨碍或促进学生学习的一系列复杂心理因素。）

多数学生已经习惯了避免在教室里分享观点。如果不知道答案是否正确，缺乏信心，或是未经过互动教学的训练，那么学生就会保持安静，不会发表意见。

教师深谙于此：我们甚至和学生一起玩，我们要做好打破沉默的计划。我们在计划中可能提到"复习已学知识"。我们知道有效激活每个班级成员的已有知识是非常困难的，因为这是一个麻烦且又耗时的事情。此外，学生对此并不习惯。

深度学习需要做得更多。皮亚杰、维果茨基等深知于此。新的知识是被建构出来的；学习需要脚手架。预备运用的语言是支持学习的心理工具。它向学生发出信号，即我们已经开始学习，需要利用更有效的方法开展学习活动。

我们需要了解学生的知识基础，让他们在学习过程中将已有知识经验与所参与活动联系起来。这样课程才能有活力。一般来说，预备过程需要让学生知道我们将要提出的问题，倾听并做出回答，对这些回答进行深入探究，将其与每天学习的课程联系起来。每节课的预备意味着一次次地破冰，如激发回忆、提供视觉线索、张贴海报甚至做热身操等。它需要对话（Easton，L. B.，2009；Graybill，O. & Easton，L. B.，2015）。

提 问

提问是课堂的核心要义。无论是来自教师的提问，还是来自学生的提问，任何人的提问都有意义。没有一个人可以垄断真理。有时，我们希望每个人都能提出自己的观点。在基于形成性评价的课堂中，每一种观点都很有价值。为了验证这一点，教师需要问自己：今天的提问有效吗？为什么学生在那里低头不语？我如何能够改变大家插嘴打断别人说话的习惯呢？

问题是思维的线索。它揭示了思维的倾向性和优先次序。它可能会激发我们的灵感，使我们收获更多。问题也可能给我们当头一棒。每一个学生都有过被问题激励的经历——无论是在学校、家里，抑或是在操场上。我们需要认识到这一点，并且将我们的课堂文化引入一个新的发展方向。

此外，我们通过问题将课堂引入预备状态，我们和学生都需要经历这样一个过程：应对提问不仅费力，而且费时。教师需要为应对这些情形做好准备。

学习理论认为减少外部负担就能更有效地提升我们的认知水平。学生的工作记忆一般会被长期以来积累的繁杂信息限制。如果提问过多，学生的注意力会被分散。如果我们提供脚手架和工具，来帮助学生记忆，那么学校教育将更加有效。如果课堂对话先于提问或提示，学习评价将进展得更顺利。我们必须相信我们有时间去说：我们什么时候去练习提问？谁能告诉我们哪些事情有助于每个学生分享自己的观点？我们为什么对所有的声音感兴趣？我们可以用两分钟的时间写出答案，然后大声说出自己的想法。

"我们要提问"中的"我们"两字意味着我们的课堂要成为使学生感到震惊、沉思、问询、庆祝、回访、修正、批判以及探索问题的地方。这并不是将教师的角色转变为领导者，也不是将教师的角色转变为熟练的、目的性很强的形成性评价者，而是为了让学生能够参与、表达、反思。其重点在于强调预备会使学生更好地成长，使学生更好地进行提问、分类、改进，将问题本身放在次要的位置。

学习共同体关于提问和回应的预备与学生回答教师问题的预备有所不同。学生高效提问和回答教师问题的动力是什么？如果我们想创建基于形成性评价的班级文化，我们需要回答这个问题。"我们要提问"中的"我们"指的是每个人。所以预备的目的是使所有人有效地参与。

倾听回答

预备是通过师生个体和集体使课堂成为"安全谈话、安全倾听"的地方。教师在课堂上所创造的提示语和在教室里张贴的提示应该对学生很有帮助。例如，安全第一——谨慎去听意味着听得很细心；谁拥有发言权？友好地对待顽皮的学生；认真而投入地倾听他人。

形成性评价小贴士
课堂中的认真倾听是练就的，而非天生的

课堂中的认真倾听并非自然产生的，这是一种技术。作为成人，我们可能比较擅长在生活领域内做倾听者。然而，对学生的积极倾听与我们在生活中的倾听有所不同。前者有更高的专业要求。

我们要带着目的认真倾听学生的回答。我们倾听他们的理解、误解、假设以及其他值得探讨的地方。这种带着目的的倾听一般与学习内容、课程有关，如物理或身体健康这些专业的内容。认真的倾听是形成性评价工作的认知需求。

我们所承担的责任中一部分是作为形成性评价文化的培育者，引导学生认真倾听他人。遗憾的是，现在的公开讨论中认真倾听的情形越来越少见。我们主张的是增加倾听的需要，而不是倾听本身。我们也不是说，讨论越激烈，学习效果就越好。

对所有学生的意见都秉持公平、信任和尊重的态度

关于课堂学习环境、学校氛围对学业成功的作用，我们已经讨论了很多。如果我们在课堂上注意如下问题，在此基础上明确公平、信任、尊重等核心价值，结果将会如何？

- 课堂上的听和说与我们日常的听和说的区别是什么？这对我们的学习社

区意味着什么？

• 课堂上关于战争起因的对话中所体现的公平、尊重与好朋友之间对话有何不同？

• 是否有一些对话更难以进行？两人、小组或班级中的倾听是否更容易一些？为什么？

• 谁违反了约定？如何违反的？为什么违反？

• 当我们的约定或者班级规则被破坏时，如何处理？

• 当我们的约定或者班级规则被破坏时，我们如何去修复彼此的关系，重新建立信任关系？

• 我们要有针对性地解决语言冲突以及意见不一致的问题。我们应该在此刻了解对方的什么信息以达到解决问题的目的？

在召开班级会议的时候，考虑和讨论这些问题有挑战性，为班级制定一系列班级约定更存在困难。明确且公开地描述这些约定也非常关键。虽然所有教师都知道做起来非常难，但是一旦将这些约定明确下来，就将为工作带来活力。

有些学生第一次接触形成性评价文化时会觉得有些奇怪。有些学生会觉得提问很让自己为难，因此抵触或生气。我们必须牢记有些学生仍然比较适应安静的状态。我们应该牢记对所有观点秉持公平、信任、尊重的态度，是对他人观点的尊重。同时，学生表达自己的观点也为班级学习做出了自己的贡献。

我们必须承认有些学生没有体验过他人对自己信念、思想和经历的尊重。我们需要考查学生对已有知识的理解程度。形成性评价框架能够改变传统的课堂管理和控制方法。做好对所有观点持公平、信任、尊重态度的预备，可以帮助学生学会应用自己的思想和观点，逐渐成为社会中能做出贡献的公民。这需要时间，但是努力开展课堂评价是有价值的。

原则、程序和实践

预备工作应因班级而区别对待。新手教师在教学工作开始时应该注意到这一点。雷娜老师刚刚开始教授九年级的英语，她说："我的学生可以开展热烈的、具有批判性的小组讨论，而不是全班范围的。我希望将小组讨论的规模扩大至全班。但是这看起来很难。"

雷娜老师不确定如何通过学生的改变做好预备工作。当然，有经验的教师会在这些改变发生之前给学生提供脚手架，使他们能够认识到"建立"与"清理"同等重要。

雷娜的学习经历提醒我们：教师的预备工作会因课堂环境和情况的不同而有所不同。教师针对整个班级、小组、个体做的预备工作应有所不同。例如，小组更需要在教师的帮助下提升挑战他人观点的水平。

预备可以为学生参与课堂学习提供新的方式。预备也有助于学习的可视化，促进深度学习。预备的目的是为每个人接触新技能、新知识、新的合作方式提供通道。有目的地预备是成为一个形成性评价者的前提条件。

预备耗费精力的地方就是持续进行中，永远不会完成。教师要利用预备影响学生学习的惯常方式，并且反复去做。教师要相信预备能为师生互动和生生互动带来积极影响。教师需要锲而不舍地预备。

教师要根据班级需要不断调整自己的行为，使预备方式和内容逐日、逐周、逐月地发生变化。学生需要获得一种信任感，相信教师不会放弃他们这个学习共同体，无论是整体的，还是个人的。

实施预备重点关注的几件事

· 为预备行动排出优先次序。聚焦，聚焦，再聚焦。最初选择一到两个预备行动去实施，以此为主要的预备主题。例如，在实施其他预备之前，将精力放在公平参与的预备上。

· 逐步向学生介绍新的预备方式。不要试图一次完成，让学生选择一周安排的形式。可以利用一个毛绒玩具猴子做指挥棒；也可以利用一个毛绒熊或者学校吉祥物与学生交流。

· 请学生理解和参与预备行动。让学生保持与工作、学校以及生活的联结。为什么预备是一种生活技能？让学生事后去反思具体的预备行为（例如，同伴讨论暂停或者使用便笺纸）。要通过学生的反馈来决定是否对这些行动的计划进行修改。

· 创建学习的新环境。学习的新环境为正在反复实施的预备提供支持。要以海报的形式呈现班级的价值观和信念。组建一个学生委员会，在每一单元授课的结尾做一个关于预备的报告（说明预备的内容、形式和效果）。

· 为启发而预备，推进预备行动。让学生知道教师在了解他们正在掌握的新的知识、技能和形成的新的习惯。学生有进步时要对他们大声表扬。

误解和挑战

预备不只是关于做什么、怎么做以及为什么做的问题，预备更是为了激励学生学习。关于预备的一种误解是将其视为单纯地为学生做什么（学习内容、当天的学习目标）和怎么做（过程与程序）而做的准备。大多数人将预备视为设定期待的另外一种表达方式。比如，教室墙上展现的是约定的规则。

做什么和怎么做的预备在停顿或者追问策略的运用中是非常重要的。这种运用也包含着我们怎么预备的原因："我们的预备是因为……"这是基于形成性评价的课堂中教师应该回答的问题。

当那些努力成为形成性评价者的教师在教学过程、管理方式上做准备时，他们正在将"我们做什么""我们为什么做"的问题模式化。当要求在同伴分享时停顿，有些学生认为自己不需要等待，也不明白停顿的原因。但是当教师花时间让学生去思考"我们为什么停顿"，并且给出一些例子时，学生将会更好地理解停顿的目的。

学生需要更深入地理解学习过程中特定课堂教学行为或评价行为的相关性。我们需要对这些问题做出回答：我们为什么要停顿？这样做对谁有好处？好处是什么？

让教室里的每个人思考教学内容和教学过程中预备什么、怎么预备、为什么预备非常有用，况且预备包含的内容不止于此。预备还包括学习共同体开拓新的学习领域的方式。预备是对很多未知的准备。

预备可以帮助学生看到目标实现的可能性。带领整个班级充满信心地走向未知，而鼓舞学生可能是预备较为重要的目标。当学生可以预见结果并感觉到为之努力的价值时，他们就得到了鼓舞。正如纽约公立学校的一名管理人员大卫·史密斯所言："学生常常对我说'我不知道怎么做'。我会告诉他'你还不知道怎么做——但有可能'。'有可能'是一个赋能的词语。我们的目标不是告诉他们答案，而是给他们提供发现答案的工具。"（Wulf，S.，1997）

为未知而预备的信心与调节课堂气氛、守护边界、及时帮助的技能密切相关。教师曾多次调节课堂气氛，知道何时需要更多的同伴交流、小组讨论。当教师提醒学生遵守一起制定的规则时，就是在守护边界："让我们停顿一下。我们说过今天要讨论书中的人物，而不是其他人。你们知道如何调整，尤其是调整那些对其他同学有消极影响的做法，请遵守规则。这不是我预期的行为。我希望听到更好的想法。你们准备好了吗？"

为未知而预备可能会使教师和学生偏离传统教学。有些学生在预备中会出现挫败感。我们的忠告是，忽略那些学生抵触新规则时所表现出的消极态度以及不专业的行为。对于他们来说，表达自己的挫败感能让他们感觉安全。教师只需要关注最后的结果。学生尽力而为后会有深度而有意义的参与和学习。

课堂上

为激发学生学习的激情而预备

• 坚持下去。困难是游戏的一部分。当你把初稿给我们看时，你将感受到辛苦工作后的甜美。我们可以教你下一步怎么完善初稿。

• 我迫不及待地想看到你迎接这些挑战的方式。我曾看到你是如何做的。让我们来看看今天下午你在实验室里做了什么。

• 让我们来听听你的想法。回想一下你最喜欢的表妹。她几岁了？你会怎么跟她描述你正在做的事情呢？你会怎么说？

• 我们不太确定将会怎样。我们可以依靠约定来保证我们工作的效率。我们会明确哪些是约定好的，哪些是可以商榷的。所以你们都可以有所选择。

• 我已经向我的邻居介绍了班里那么多人是如何参与学习 STEM 课程的。这门课程的学习需要耗费时间，他简直难以置信。他说："这对今天的孩子们来说真的不容易。我们过去只需要做家庭作业、应对考试。现在老师们要求得太多了。孩子们这么小，能够接受这些挑战吗？"

我告诉他："我的学生做这件事是因为它需要创造力。他们想看看自己能想出什么主意以及如何与别人交流这些主意。"可不是吗？的确有难度。要做专业工作，要达到更高的水平，就得这样。

所以让我们来看看：你们在机器人方面取得了哪些成绩？你们组下一步准备做什么？

误解警告 1

预备正在进行。预备不只是让学生进入学习状态。预备也不只是在一节课、一个单元、一个学年的学习中进行，而是经常进行的。预备始终是进行状态。有些课程的教授中几乎每一个转换的环节都需要一定程度的预备。例如，现在每个组已经呈现了他们的海报，这些信息将为我们的分析提供论据。但预备不只是发生在活动转换和关键课程的联结的时候。如果教师需要提醒整个班级注意约定，他们需要打断活动，因为他们这么做也是预备。

预备处于进行状态是因为最初预备时可能并不成功。为什么会这样？学习新技能——尤其是小组学习——需要花费时间，因为学习很烦琐。当一个认知技能没有被弄懂时，其他技能也会临时学不会。这看起来像是爬坡时的失足。

以皮亚杰为代表的早期认知科学家在儿童中发现这种现象。如果我们运用皮亚杰的理论去预备，我们应该期待新的形成性评价文化将会带来认知失调，或者理解（旧知识）与新状况（新知识）之间的不平衡。

学生试图利用刺激（这是教师的提问策略，需要理解和相互配合）减少这种认知失调状态。这种刺激将引发新的认知失调，并建立新的模式；或者是采用原来的模式，直到再次达到平衡。

在教学中，这种恢复平衡的过程被称为适应。学习需要这样一个往返的过程。教师可以将预备与形成性评价的其他行动结合起来支持这个过程。当平衡或者这种情形下班级对话的动力被打破时，教师可以通过形成性评价行动做出改变。它们可以帮助课堂上的每一个人获得成长和发展的机会。

误解警告 2

预备须持续进行。曾有教师对我们说："无论我们如何预备，我提问的时候很多学生仍然会感到惊讶。他们会继续说下去，或者问您可以说得再详细些吗。结果呢？他们好像受到惩罚或被告知犯错了似的。"

我们必须记住提问实际上是一种试探，它需要时间或者停顿。（在第三章我们将详细讨论停顿的问题，在第四章我们将深入讨论追问的问题。）正如我们曾经所言，形成性评价的所有行动相互关联，它们一定是以一种逻辑清晰的方式交织在一起的。尽管所有教师知道停顿非常重要，但是很少有教师讨论为停顿而预备的问题。

我们认为通过为停顿而预备丰富学生的回答是必要的。如果教师问到类似"你能进一步拓展吗"的问题时，学生仍然坐着不动时，教师不应觉得奇怪。但是为停顿而预备——与形成性评价其他行动紧密结合在一起——可以作为保证学生思考时间、提升学生的答案(初始答案或者补充答案)质量、提高参与公平性的一种方式。

为停顿而预备可能是这样的："让我们做进一步的思考。但是在我要求呈现答案之前，先停顿30秒。然后两人一组进行交流，之后我将倾听你们的思考过程。"

教师的声音

我给学生示范如何对问题进行描述与思考。我让一个学生站在教师的位置上。这个学生将问我一个设计好的问题，我给出正确答案。然后，学生会说："请具体说一下。"我将描述我的想法："因为我们已知 A，想去找到 C，所以我们必须用 B 来找到答案。"一个具体的回答可以让学生理解如何对所给的问题做出详细描述。那些被要求对问题做出详细描述的学生总觉得被惩罚了，上述预备方式旨在解决这个问题。

——露吉娜，高中英语教师

迎接挑战：为获得参与权而预备

我们接触到的新手教师都会为课堂的公平参与而感到纠结。思考交响乐团或田径场上的学生是否拥有参与权，或者是否通过预备使非英语发言者不再去想用母语怎么说而能得到正确的答案——预备需要教师完成很多工作和保持耐心。新手教师重视参与权，但是他们也会面临很多挑战。对所有教师来说，问题在于如何将形成性评价中的预备转换为每天的行为习惯。

举例来说，在课堂上为回溯而预备。首先，回溯包括如何为所有学生发言创造机会。回溯是为了让学生获得参与权以及倾听学生的声音，它的确需要我们为参与做好准备。

课堂中学生有目的、有秩序地参与回溯对获得参与权来说非常关键。所以为回溯而预备是做好为获得参与权而预备工作的关键。在回溯之前，我们建议新手教师通过以下方式做好为获得参与权而预备的工作。

- 与学生交流在当天将要采用的参与方式，包括贴纸、使用应用程序等方式。

- 在解释自己的行为及其原因时，混合使用多种方法。

- 说出如何让学生知道回答问题所用的时间。

- 告诉学生每节课中可以帮助回答问题的脚手架和条件。

- 在每个活动转换的环节明确学生准备回答问题的时间。

正如一位新手教师所言："为学生的参与而预备明确了我的期待，培养了学生做出深度回答的能力。"

运用预备和因班级不同采取不同预备方法面临的挑战

学生既需要教师保持预备的做法，也需要教师不断调整预备策略以保持新鲜感。为了帮助教师应对这两个方面的挑战，我们通过与教师进行交流来帮他们进行预备："你成为形成性评价者的旅程刚刚开始。你将探索出不同的形成性评价方式。有些方式会见效，有些方式可能无效。你可能感到很沮丧，甚至觉得无趣。回到你的笔记中，重新再来。利用你的自我评价、形成性评价计划、思维导图来引导自己。但是不要忘记，已有的行为习惯很难改变。你和你的学生继续努力，就像以前没有做过一样。"

对于希望成为形成性评价者的教师来说，有一些方法会帮助他们更好地实现形成性评价中的某一个策略的运用或几个策略的组合运用。对学生、课程、学习内容持续保持积极的态度是很关键的。

所有教师都应去尝试新的方法，尽量惠及更多的学生。对于形成性评价行动来说，没有什么完美的方法；也没有人天生就是一个形成性评价者。让教师为这些挑战而预备是我们培训教师的有力工具，同时也是教师教育学生的有力工具。

这并不是说让这些教师为学生掌握知识技能负责。例如，数学学习中的程序流畅和概念理解就很难实现。对学生的关怀也是如此。毕竟，教师和学生都要在教室里迎接挑战、应对重要的事情。我们尊重为解决问题而预备、为获得理解而进行探索的每一个人。这可能是我们在整个学年里教给学生重要的学习方法之一。

反复的、持续的、负责任的预备

为提问、停顿、追问、回溯、标记、整理而进行持续性预备中存在的一个问题是根据学生需求的变化，调节反复和持续的预备与负责任的预备之间的关系。

负责任的预备意味着根据学生个体及整个班级需求的变化来调整预备的方式。正如维果茨基所言，这需要教师故意撤走脚手架，当学生遇到困难时也需要教师即兴发挥做出调整。

例如，在科学实验室的学生需要为保证实验的安全做好准备。随着时间的推移，学生发现没有那么多的预备也可以安全地进行实验，此时的预备在变化。尽管预备持续存在，但是前期提高安全性的预备似乎与后期的有所不同。在科学课上，预备不只是安全使用化学制剂和本生灯。

同一位科学教师在前期为促进学生理解的预备与后期的也会有所不同。在前期，教师通过严谨的假设为学生预备。例如，关于假设的正确与否请做出说明。做出说明需要使用如下句式：①我的假设是……这种假设是正确的，因为……和……②我的假设是……这种假设是不正确的，因为……和……在前期，这位教师可能这么说："我们将针对假设的准确性进行 10 分钟的讨论。如果你没有做好准备，那么就做个笔记，然后与你的同桌讨论。"

重启预备和重做

重启预备和重做对我们来说意味着什么？当一位教师看到班里发生变化时决定采取行动，并且为行动而预备，此时就是重启预备。

形成性评价者允许自己和学生描述因教学计划失败、课堂对话间断甚至是测试结果不好产生的挫败感。

宣布重做会给每个人一个新的开始。它传递的信号是，"伙计们，现在需要重新审读班级的约定。"

哈维尔是一所中学的西班牙语教师，他跟我们描述了重新启动第一轮预备时的效果。

我只需要硬着头皮去思考我们建立关系、加深理解的方式、原因和内容，并且反馈给学生。我面临的挑战是如何在学年期间重启预备。重启预备可以让学生进入一个新阶段，使学生进行深层思考、建立关系。我希望这是我们学习过程及学习共同体的共同改变，而不是自上而下强加的改变。

我们欣赏哈维尔的勇气和决心。他计划与学生一起重启预备："我与学生就我们需要的问题策略和问题案例展开头脑风暴。太棒了！"他还说："我们将重新制定我们的规则，这些规则是在学年初制定的。我会请学生进行修改，进而为我们的形成性评价更好地预备。"

重启预备并非易事。我们深受哈维尔的鼓舞。

我不是一个固执的人。我充满希望，热衷于改变、思考，以及推进我在课堂上的理解和实践。我希望能更好地理解学生的想法以及他们学习的内容、方式。

尽管我在学年初重启预备时面临困难，但是我觉得我们拥有一个很好的学习环境。我们可以进一步改善这个环境。当我提问时仍有 15 个学生沉默不语，但是我们有信心做得更好。

作为形成性评价者，我们可以做得更好。预备给予我们重新再做的灵感。我们需要回忆如何遵守我们的约定。预备有助于为那些努力进取、重视学习环境的学生提供具体支持。

回顾：反思刚刚教授的课程

如果所有学习的课程都像新课一样会怎样？如果在实施形成性评价之初，教师教育者、学校管理者、教育政策制定者需要承认在学校里正在为成为专业教育者而持续努力会怎样？如果我们将所有教师视为能够从积极的、具体的、及时的、与教学相关的、指向课程下一步调整的反馈中获益的潜在形成性评价者会怎样？如果我们能够承认预备很困难又会怎样？

凯文是一位社会学科教师。他在教授的课程中应对预备的挑战后有如下发现。

我面临两个预备方面的挑战。第一个挑战是如何让所有学生都能参与。我喜欢课堂上的热烈讨论，但是我认为讨论会让那些困扰于语言、学科学习的学生变得胆怯。我创造了很多同伴分享观点的机会，让学生在分享之前向他人陈述自己的观点。我也尝试了小组讨论。我应该在画廊里上课，这样学生可以匿名进行分享。我们通过互动式笔记、速写来更好地观察学生的理解程度和消极情绪。在班级巡视时，我也会参与学生的讨论。我应该开展更多的思想分享活动，因为学生彼此合作，能对课堂上的想法做出回应。但是少数学生希望能与我讨论这些想法。

第二个挑战是如何安排停顿，以促进学生的理解。我说话的速度很快。当我想在 45 分钟内讲授尽可能多的历史知识时，我会快速地呈现学习资料。我可以通过很多方式来等待学生回答。其中一个方式就是喝口咖啡或水，或穿过教室取东西、移动东西。我有一个手表，但是看手表就会显得我没有耐心（我确实这么想，但是我不想让学生看出来）。我试着保持平静。这种能力非常重要，因为如果我看起来很放松，更多的学生就会模仿这样的状态。如果我停顿的时间足够长，就可以让学生充分思考，使他们对学习内容和自己更有信心。

分享上述内容时，我们想让大家思考如何去指导那些努力成为形成性评价者的教师。给这些教师贴上"新手""职前""能力弱""有待提高"的标签很难促进他们行为的改变。目前尚没有评价工具或数据管理系统为教师成为形成性评价者提供形成性反馈。这其中也有我们的原因。我们需要为专业领域内新思想的形成提供支持。

我们可以肯定地说，凯文老师从我们定期对其预备行动所给出的评价分数、等级中不会获益太多。对于在清晰的标准、示范文件以及人为指导下进行专业学习的凯文及其他教师来说，与总结性评价相比，深入且持续参与的形成性评价更有用处。

玛格丽特·赫里蒂奇曾指出，形成性评价是一个不断收集学习证据的系统过程。萨德勒认为教师进行形成性评价的真正目的是缩小具体行动与指导、支持之间的距离，缩小实际水平与要达到水平之间的距离（Sadler，D. R.，1989）。如此来说，我们的工作刚刚开始。

凯文老师与许多新形成性评价者一样，需要我们的指导。作为他的导师，我们需要为他提供形成性反馈——关于他的教学行为、课程计划，包括那些我们用来查看"哪些做得好""哪些可以再提高"的教学录像。

在本书中，我们让所有教师对教学进行全面思考——实施更多针对待完善课程中大量而艰辛的教学和重复教学的评价。也许将课程视为文本——将教师视为努力向读者传达思想的作家，我们就可以重置教师评价及问责的内容（Lovell，J.，Duckor，B.，& Holmberg，C.，2015）。

汇　总

在班级学习团体中，预备是要为学习者做好准备，方便课堂教学环节的转换，使学生直接投入学习。我们在课堂上的预备也是为新内容的学习做好准备。拉迪卡老师写道："预备就像涂漆，如果你想让漆面有光泽，你应该做好准备。对学生亦是如此，如果你想让学生发光，你应该让他们做好准备。"

然而，把学生的思想和心理"涂满"并不是我们的目标。我们不只是为学生新的学习"涂了一层漆"。作为专业人士，我们知道"涂漆"既不是学生的学习方式，也不是学习共同体的交流方式。

高中英语老师泰森观察后说："我认为预备是打开绳结的第一步，绳结就是情感过滤器。"我们认为泰森的比喻为即将成为形成性评价者的教师及其支持者提供了一个重要的启示。对于形成性评价来说，如何才能与学生、班级、学校及社区一起"解开绳结"呢？

在本书中，我们了解了学生的思维和反思性学习方式。但是，我们还需要思考我们每天在教室里说了什么、听到了什么。作为能最大限度获取学生知识经验的形成性评价者，我们需要练习我们的听和说的能力，形成有利于广泛参与的常规和习惯。我们也需要利用一些课堂上师生交流经验的新框架。预备致力于让每个人体验学习可视化的思维、情感和行为习惯。

运用三角评价和专家的指导来引导我们

在进行后续章节的讨论之前，让我们从评价专家的角度讨论形成性评价背后的逻辑。在《知学生所知：教育评价的科学及其设计》（*Knowing What Students Know：The Science and Design of Educational Assessment*）一书中，专家们的讨论对教师来说很重要："每一个评价应该基于三个相互关联的要素——关于学生在学科领域内知识基础及胜任力发展的理论（认知）；旨在收集学生表现信息的任务和环境（观察）；基于观察进行推理的方法（解释）。"（National Research Council，2001，p. 36）

三角评价关注的三个要素如图 1-1 所示。

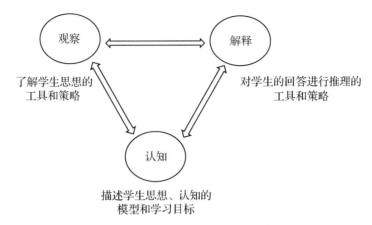

图 1-1　三角评价关注的三个要素

　　形成性评价的逻辑是所有评价都应基于学生学习和掌握学科知识的方法。我们必须关注认知要素；我们的评价策略和工具需要与学习目标保持一致。在本书中，我们将这些学习目标视为指导教学、发展高阶思维能力以及教学目标分类(如布卢姆等人的教育目标分类法、学习结果观察的结构分类理论以及韦伯的深度学习理论的分类)的参考依据。选择有意义的学习目标只是评价的一部分，也就是说我们需要通过对学生的细致评价来发现他们的知识基础和能力所达。

　　而且，美国国家研究委员会的报告也强调："三个要素中的各个要素不仅需要对自身进行解释，也需要通过与其他要素建立关联来形成有效的评价和可靠的推论。"形成性评价者需要进一步思考推论的质量、每一个环节所提供的证据以及支持其课堂中重复或略过决策的质性数据的有效性。

　　让我们再明确一下：好的评价设计理论不仅适用总结性评价，也适用课堂评价。然而，将课堂中形成性评价实践与这些理论相关联，仍然是一件有困难的事情。我们希望教师给学生讲清楚形成性评价与这些理论之间的关系，通过形成性评价促进学生发展；我们希望把教师培养成一个真正意义上的形成性评价者。三角评价之所以重要，是因为它特别强调可信、有效的评价证据，这些证据有助于带来更好的教学和学习效果。

案例研究

预备：内森的案例

当我开始思考预备与指明方向的区别时，我的预备能力有了突飞猛进的进步。指明方向只是预备的一种方式。例如，当我对学生说，用 1 分钟的时间来考虑这个问题时，说说你们回答的方式是什么。此时，我就是在给学生指明方向。

但并不是所有的预备都是指明方向的。与课堂中所需的行为相比，预备过程能够而且也应该拥有更多的交流。预备在支持班级的形成性评价文化建设中具有重要作用。例如，当我们努力使学生认识到他们还没学会时，这种预备并不是指明方向。在我的高中物理课上，情况是这样的："现在，我知道你们都不知道这个问题的答案，除非你们提前学了。但是今天实际上我们已经开始学习如何计算 1 千克 0℃ 的冰转化为 100℃ 的蒸汽过程中所消耗的热量。"

这样的预备主要是为了消除学习上的恐惧感。在通过认知倾向的表述（例如，这就是原因）或情感倾向的表述（例如，我知道你最终能够做到；我相信你的能力）来消除学生学习上的恐惧感时，教师可能运用到了一种技术。它有助于学生问题解决能力及元认知能力的培养。有时，这种学习上的恐惧感的消除很简单，只是将学生的想法外显出来，使他们自己、教师和同学都了解他们的观点。然后我会告诉全班同学："这些是我们需要思考和信任的合理事宜。但是我们还没有得出答案，我们需要对这些事情进行思考。"这样的预备可以传达深层的、真诚的尊重。每一个学习者都欢迎这种尊重。

我喜欢教学中的经验法则。例如，如果学生能够做到，那么学生就应该做到。我的指导老师喜欢说："如果你阅读了学生在实验室作业中的每一个字，或者你需要一遍遍地对细节进行解释，那么你的学生在对自己进行评价时就不会太努力。"

我不确定预备是否等同于指明方向。这可能取决于学生所做的事以及我们尝试与学生一起做的事。可以肯定的是，指明方向的预备将对班级文化带来显著影响。我的学生需要知道行动的原因以及如何成为科学家，而不只是他们需要去行动。

我用了一些时间才认识到教师与学生在课前、课后一起做的事对学生课堂表现的影响。这种想法始于我们这里来了一位新的经济学教师。在我物理课上学习的学生受益于这位教师的教学。在他的课上，学生进行辩论、呈现证据。在他课上的学生比其他学生更愿意界定已有观念、挑战假说、质疑证据。我知道这样的描述过于简化了，但是它确实存在。这就是我们与同事就形成性评价实践进行交流的原因。对于学生在其他教师、教练、家庭成员支持下做得比较好的地方，我就可以预备得少一些。

我也意识到如果我能经常关注学生的课内外生活，我的预备就会做得更好。尽管我想对学生的课堂表现有所期望，这可能会让他们感到困惑，可能会让他们产生误解，但我不能总是这么做。我必须回到学生描述的经历、想法上来，然后根据我自己对课堂可能、应该、此时状态的描述来对这些课堂表现信息进行分析。

所以，我必须为课堂上的突发事情预备。只有我对学生的课堂学习情况以及我未曾预料的事情保持开放的态度，我才能做个很好的形成性评价者。反之，肯定做不好。这是毋庸置疑的。在课堂上，教师总会有想不到的。无论是推进教学、进行计算和整合，还是开展活动，总有教师想不到的事情。当然我们也坚信，形成性评价将帮助我们找到更好的技术去关注学生的学习，基于证据做出更好的决定。其中预备是重中之重。

图 1-2 展示了可以如何基于三角评价实施形成性评价。

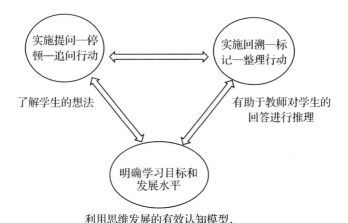

图 1-2 基于三角评价实施形成性评价

第二章 提 问

要能提出为学生赋能的问题。学生通过回答有意义的问题和向自己提问来学习。当学生乐于做出回应时,学习就会发生。不要只问那些能给出绝对答案的问题,这一点很重要。

——比尔,新手中学教师

当你提出开放式问题时,首先不要介意把课堂控制得很严。

——伊恩,新手高中教师

比尔和伊恩老师对形成性评价者提出的建议揭示了提问的重要性以及提问面临的一些挑战。与许多有经验的教师同行一样,比尔老师相信艺术且科学的提问对学习而言至关重要。

我们认同比尔老师的观点,因为它解释了提问需要考虑的一个关键环节——提开放式问题引起的不适,以及相伴而生的对秩序、控制和梳理获取学生有效答案的真实需要。新手教师能强烈地感受到这一点。

我们认为应对提问进行反问。我们可以而且应该询问教师如何平衡学生为了学习而交流的需要与这一过程中所隐含的时间、风险和混乱的状况。当我们必须为交流的需要和交流者腾出比以前更多的时间时,怎样保持学习在正轨上并专注于当天的学习目标?我们如何能对交流进行形成性评价呢?

这就是形成性评价所面临的挑战。其中需要问及:为什么提问?为了什么?对谁有好处?

本章将带领我们进入课堂,与学生一起寻找我们的答案。对提问功能的关注将把伊恩老师前面提到的和面临的各种各样的挑战呈现出来。与他的感受一样,我们感觉拒绝提问也有必要。我们也有类似的担心,害怕没有在合适的时间、合适的地点提出合适的问题。

成为一名形成性评价者要求我们将学生置于一个充满问题的世界。它要求我们不要再躲在事先准备好的问题后面,而要即兴创造一些问题。与此同时,提问也旨在帮助那些害怕提问、回答不上问题的学生。

在推进学习、建构学习共同体、促进自身的专业成长和提升学生的满意度时,我们可以从提问开始。

什么是提问？

所谓提问指的是提出、设想一个问题或困境。使用这一定义，是考虑到它可以帮助我们将课堂上的提问概念化。提问可以引入内容的核心，突出要点，吸引学生集中注意力，并让学生直接参与到调动他们思维习惯的活动中（Meier，1995）。

正如这些定义所表明，提出强有力的问题可以引发、产生和创造学习的条件。但提问也充满了不适和困难。

提出好的问题是至关重要的。我们鼓励教师灵活地利用问题的范围和类型来提出问题。有些问题会对学生的思维过程产生影响。有些问题则不可避免地会使学生陷入思维困境而不能轻易走出来。作为形成性评价者，在提问过程中，我们有责任做出更好的战略性决策：何时提问、提问的频率、提问的对象、提问的场合以及提问的原因。我们要把它们整合起来，也可以加以调整。

教师应遵循维果茨基和其他教育心理学家的思想，利用问题来评价每个学习者的最近发展区。提问有助于判断学生学习所处的位置：他们可能在哪里，以及他们在更多的支持下可以走多远（Shepard，L. A.，2005）。教师应根据特定的学生、情境和内容调整提出问题，灵活并熟练地使用高阶问题（你为什么这么说？什么时候可以？这种情况最可能在哪里发生？）和低阶问题（谁说的？你能给它下个定义吗？这个过程是如何工作的？）。

在一对一或全班授课的情况下，教师会努力避免超负荷工作。在短时间内连续提出太多具有挑战性或反诘性的问题，而没有给学生提供参与的空间或脚手架，会导致提问的超负荷。由于新手教师更多地将注意力聚焦于他们的提问和学生对提问的反应上，他们通常不会长时间地关注这些刚刚习得的评价技术。

重要的是，当涉及提问的练习时，教师会表现出一种进行有意识提问的决心。这种决心建立在对学生的所思、所言、所行给予关怀和同情上。同时好奇心对于教师来说也很重要。

提问的是我们已经在做的事情

"你做完作业了吗？""我注意到你昨天没有签到，你能在上课前花一分钟做一下吗？""每个人都拿到昨天实验室的笔记了吗？谁能给我们总结一下？"

我们日复一日地提出问题，有时是为了复习，但大部分时间是为了吸引全班学生的注意力。提问是如此普通，以至于我们忘记了它的存在。

请思考下面的例子。

有一部纪录片得在课堂上 10 分钟以内播放完。教师走到电脑前，输入了一个问题："发生冷战的原因是什么？"她要求学生写 3~4 个句子，并在他们回答的同时收集答案。

一个保龄球被放置在鱼缸的旁边。教师问学生："这个保龄球会下沉还是会浮起来？请教你的同桌并做出预测、观察、解释。"在学生做作业时，教师提醒他们："记住，要对你的预测做出解释！"几分钟后，教师接着说："在我们把球扔进鱼缸之前，谁能做出预测，并说说你的理由。"教师又问："还有其他预测吗？有人能说出你的同桌认为保龄球会浮起来的原因吗？"

学习人权运动内容两周后，教师在课堂上把纸条传给大家，上边写着一个问题："依据布朗诉教育董事会案的决定，公共物资可以被整合到教育中来吗？"教师提醒大家，这个大问题包含着很多小问题。比如，让我们沿着这个思路继续把问题再细化一点；有人能帮我解释一下整合、公共物资、裁判和决议的意思吗？在这些单词下划线，用你自己的语言解释给同桌听。

美术教师提问学生："你能看出立体画和纽约地铁车厢上的涂鸦的关联吗？相同的地方在哪里？不同的地方在哪里？"

生物教师提问学生："心血管系统的结构和功能是什么？有人能把这个系统的要素说出来吗？"

数学教师提问学生："如果我们用代数而不是算术来解决这个问题会怎样？""为什么我们需要在解决文字问题之前定义变量呢？"

音乐教师提问学生："谁有完美的音高？我们怎么知道？证据在哪里？"

当我们把一种探究世界的精神带到我们的课堂上时，我们就是在为教与学建构模型。基于教学科学的首要原则，我们可以创建一个课堂学习环境。亚里士多德、柏拉图和苏格拉底都深知提问的价值。尤其是苏格拉底，他知道一位教师必须不断地通过提问来评价理解力。要掌握形成性评价，我们必须先掌握提问的艺术。

如何更好地提问

如何才能更好地迎接这一挑战，即提出好的问题，以增进学生的理解？

我们认为，要提出"有力的""好的"和"高效的"问题，最好关注学习目的和目标（Brookhart，S. M. & Nitko，A. J.，2006）。为课程设定明确的目标并非易事，但提出有意义的问题是最基本的。

我们必须承认，作为教师，我们引导学生发展，要远超过课程目标的要求。每个课堂都有其显性和隐性的学习目标。有些课程被称为隐性课程（Dewey，J.，1916；Jackson，P. W.，1968；Snyder，B.，1970；Apple，M. W.，1979；Anyon，Jean，1980）；还有一些课程的学习目标体现在海报和简报上："我们追求卓越的学术成就。""阅读永远都是进行时。""学生通过积极的、非暴力的行动来展示应对冲突的技巧。""理解科学对每个人都有好处。""通过这些目标和愿望，我们努力在课程中融入有意义的经历和目的。我们也希望支持和鼓励我们的学生在学业、职业、社交和情感方面的发展，为他们上大学或找工作做准备。"

人们对"什么值得向学生提问"这一问题是很难达成一致意见的。比如，我们需要考虑学科知识的专业化、政策利益冲突以及如何更好地组织学校教育（Siskin，L. S. & Little，J. W.，1995）。特别是在初中和高中，我们倾向于先把自己看成数学教师、英语教师或音乐教师等。这些都会影响我们要提问什么、向谁提问、什么时候提问。这使对学生群体的一系列问题做出决定或达成一致意见都具有令人难以置信的挑战性。

利用三角评价更好地提问

为提问设定一个框架，我们认为是值得且有意义的。在本章中，我们所提出的框架并不是试图向读者推荐一些万无一失、绝对正确的方法，而是倾向于探究提问背后的逻辑。

从形成性评价的观点来看，理解提问立场背后的逻辑能让我们提出一系列的问题。这些问题有可能让我们与学生在课堂学习环境中做出密切的配合，参见图 2-1。

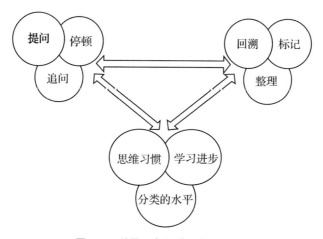

图 2-1　利用三角评价更好地提问

27

按照美国国家研究委员会的建议，我们在本章中提醒自己，核心是将问题（口头的或书面的、即时的或计划的等）与三角评价中的其他元素联系起来。我们的目标是发展一套基于观察的提问—停顿—追问的流程，让教师以一种有意义的方式进行评价，从而对学生的发展做出合理的推断。

我们已经注意到，这些评价原则不仅适用于传统的总结性评价，也适用于课堂实践和形成性评价。专家们强调，我们必须知道为什么特定的学习目标很重要，以及学生作为学习者应该如何展示他们知道的和能够做的。此外，我们称其为"有目的的提问"是遵循美国国家研究委员会的研究结论，即认为学生的认知是三角评价的核心。

将形成性评价的课堂实践，如提问，与这些评价原则结合起来面临很多的挑战。我们希望教师和学生一起实践这些评价原则。我们想通过行动来帮助教师成为形成性评价者。三角评价指导我们的评价进程，因为它是所有评价设计的首要原则，不论我们对利用数据做诊断性评价、形成性评价或总结性评价是否感兴趣。

在本章中，三角评价作为一种隐喻和思维模式提醒我们，当在课堂上提出问题时，我们要保证这些问题与预先确定的学习目标密切相关。了解计划提出的问题的要求和难度，也会帮助教师对学生反应的意义做出更合理、更有效的推断。

教师的声音

我发现提出问题很难。如果我的问题太简单或太难怎么办？我如何将它们与整个班级的需要相匹配？我开始意识到，提出一个好的问题并不是为了找到正确的答案，而是为了让学生参与那个寻找答案的过程。即使是"错误的"答案也可以帮助学生进一步学习。

——托尼，体育教师

跨学科领域的提问

通过提问进行评价，对学生的反应做出合理的推断，这不应该是教师一个人的努力。为了对不同的学生做到更好的提问，我们需要一起努力，不管我们的学科专长是什么。学科教学能力之所以重要，就在于教师需要有课而教，但这不等于学生有成长、有进步。换句话说，对于好的教学来说，学科能力是必要的，但不是充分的（Shulman，L.，1987）。

强有力的提问，特别是跨学科的提问，可以让我们聚集在教学工作上。我们对学生的承诺会激励我们帮助学生建立跨学科知识的联系。需要强调的是，在一个需要公民参与公共政策和民主制度建设的当下，提出超越狭隘学科边界的问题是至关重要的。现在，学校教育比以往任何时候都有必要教育学生善于运用头脑。学会回答那些重要的、长期存在的、令人烦恼的问题，是建设民主社会必须履行的重要使命。

提问的内容和形式因学科和学生性情的不同而有所不同。要帮助学生使用计算器和理解乐谱符号的意义，音乐教师将会提出一串不同于研究生物和生理系统的科学教师和体育教师所提的问题。艺术教师和历史教师帮助学生研究特定文明社会变化和历史文化分期，与外语或语言学教师帮助学生掌握写作惯例、学会与观众或读者有效互动，在提问方式和内容上都会有所不同。但大多数教师都会同意，通过几个问题而统观教学全局，教学效果将大不一样。

提出好的问题的关键（无论是提什么还是怎样提）都是鼓励个人、小组和全班学生勇敢地参与到形成性评价的过程中。提问在形成性评价中的作用十分重要。教师可以通过以下问题让学生有个热身的过程：你有没有准备好回答我的问题？分享你的分析，不管你是持肯定态度还是否定态度。请你分享你的观点，带动我们进一步思考。如此，热身就开始了！

研究是怎么说的

为什么要提问？提问有助于培养学生在学术、社交和工作上取得成功所必需的听和说的能力。柏拉图提醒我们，学会提问和回答问题使我们成为完整的人。提问会让我们都过上体面的生活。

正如亚历山大所指出："我们现在知道，为了思考和学习，孩子们需要说话，需要体验丰富的口语。"读、写、算可能被公认为课程的基础，但说才是学习的真正基础。莱文（Levin）和朗（Long）指出，在一所学校里，一天大约有300个问题被提出。其中大部分是由教师提出的，并且分为两大类：封闭式或开放式问题；高阶或低阶问题。

一些研究试图解释不同学科可提的问题在数量和质量上的差异，这些问题由个别教师提出（Erdogan，I. & Campbell，T.，2008；Kaya，S.，Kablan，Z.，& Rice，D.，2014；Oliveira，A.，2010）。但是，在这些观察性研究中，重要的是要考虑到环境、课程和学生本身的作用。举例来说，为什么科学教师似乎比其他教师提出了更多的高阶问题？又或者哪些学科知识贫乏的教师提出的低阶问题的比例更高？如果对提问练习的变化没有深刻的理解，就很难评价学习过程的有效性。

很多文献没有考虑到学生的社会经济、语言和种族背景与他们对提问的反应之间的关系。为什么来自服务水平低下的社区的学生应该遵守以探究为基础的教育规范和价值观呢？有些教师有没有可能害怕向特定类型的学生提出特定的问题？或者有些学校的制度和文化不鼓励学生充分地参与吗？如果是这样，我们有理由担心导致出现这些情形背后的原因，并努力探究以了解更多。

关于提问中的停顿，我们将在第三章讨论。在通常情况下，教师在提出问题后等待的时间不够长（Rowe，M.B.，1974b；Kaya，S.，Kablan，Z.，&Rice，D.，2014）。研究表明，当他们这样做时，课堂上常见的话语模式仍然是提问—回答—评价，即先是教师的提问，然后是学生的回答，最后是教师对学生回答的评价（Mehan，H.，1979；Kaya，S.，Kablan，Z.，& Rice，D.，2014）。在第三章中，我们将探讨停顿可能遇到的挑战和机会。现在，让我们把重点放在提问的目的上。

研究者对于这一点是有共识的：提问会对学生的成绩产生积极影响。要让学生获得更强的思维能力，就需要让学生学会提问和回答。如果我们不能为学生提供加入对话的脚手架，他们就无法跟随教师的引导。如果学生的作用被忽视，我们就难以了解到他们在现场的新理解。

教师需要认识到创造安全谈话和倾听空间的必要性和可能性（Palincsar，A.S. & Brown，A.L.，1984）。根据秦和奥斯本的研究，有效的提问与教师提供大量的脚手架和课堂讨论的切入点有关（Chin，C.C. & Osborne，J.，2010）。克里森伯里（Christenbury）和凯利（Kelly）还发现脚手架能鼓励学生更积极地回应教师的提问（Christenbury，L. & Kelly，P.P.，1983）。

亨尼希（Henning）和他的同事指出，美国学校的数学教学中经常缺乏有效的提问。

与德国和日本等国家的同行相比，美国的数学教师花了大部分的教学时间讲解符号运算的过程，把复杂的任务分解成可操作的部分，以便于学生理解。只要学生理解一出现困难或者有不知所措的迹象，教师就急着提供帮助和指导。相比之下，德国和日本的数学教师通过借助问题和现实场景，向学生呈现综合的和更具挑战性的数学概念。教师正是通过课堂讨论建立数学概念与推算程序之间的关系，帮助学生主动克服困难，帮助学生通过对话克服困难（Stigler，J.W. & Hiebert，J.，1999）。

因此，美国学校的数学教学经常被教科书中虚构的符号运算的例子主导，学生被训练得逐字无误地复制这些例子，缺乏提问的能力（Henning，J.E.，McKeny，T.，& Foley，G.D.，et al.，2012，p.454）。

缺乏有效的提问并不局限于本书中所观察到的数学教学。提问倡导的是平等。只要有支持、指导和反馈，我们都可以让提问变得更有效。

把提问推向深入

人们常说，做中学。其实我们也可以说，通过提问来学习。以学生学习理解世界的意义为例，在他们发展的某个阶段，他们开始用一连串不间断的问题让每个人感到不安："为什么，爸爸?""为什么，娜娜?""为什么，蒂奥?""为什么?"

学生能感受到提问的力量——提问能吸引学生的注意力。然而，随着学生的成长，学生的那些顽皮的、大胆的、充满好奇心的语言渐渐消失了。年幼的学生懂得，成为成人就意味着不要问那么多问题。

然而，提问是很重要的。在现代社会，我们希望人们质疑权威。我们要求回答有关税收、医疗保健和环境等问题。为了解决复杂的问题，我们需要提出强有力的问题。公共教育的学习目标之一就是让每个学生都能提问和回答问题(Dewey，J.，1990)。我们的学生必须拥有自由思考的习惯、能力和技能，并坚持个人的思维习惯的独特性(Meier，D.，1995)。提出问题是培养这些习惯的基础。

无论教的是代数、美术，还是物理、法语，其挑战在于如何在日常课堂教学中重视提问(Walsh，J. A. & Sattes，B. D.，2015，2016)。我们都有能力把问题写在黑板上。每个班的学生都可能面对深层次的学科问题。

重要的是，教师也应该将这些提问与形成性评价结合起来。如果学校要建立跨部门的联系，提问可以起到促进新的对话的作用。教师和学生可以并且应该一起探索学习课程中的交叉技能和概念。他们应参与社区的基本问题讨论，以进行探索与发现。然而，在这个跨学科教学的愿景中，有什么问题能把我们关联在一起呢?

首先，让我们讨论一下我们是如何将形成性评价与学生的学习目标关联起来的。

形成性评价小贴士

寻找公约数

让我们聚焦讨论的范围。我们认为，学习目标应有助于形成性评价工作的开展。尽管教师对于什么是进步和什么内容值得学习的问题意见不一，但我们可能都同意以下基本目标。我们需要学生的以下学习证据。

• 理解学科材料。

- 为下一阶段的学科学习做好准备。

- 为上大学或工作做准备。

- 知道如何更聪明地使用新工具。

- 有能力在失败时振作精神。

- 无论我们处于基础教育体系的哪个阶段，这些目标都是我们能够接受的。

做好提问计划的指导原则

在开发课程和制订单元计划时，提问的艺术是不可忽视的。提出对学生有意义的问题并非易事。无论是一位普通学科教师，还是一位学科组组长，只要做计划，就有必要参考我们的忠告。以下三个问题都是开发课程和制订单元计划的不可逾越的预热阶段。

为什么这门课很重要？

回顾一下我们的单元计划或者至少两三课的内容，谦虚并诚实地问自己：我的学生是不是真的关心学习这些内容？参与这些活动，接受测验和考试？我们应该弄清楚每一节课的内容与学生发展的相关性。如果我们不能描述为什么这门课很重要，找不到它与现实世界的联系，那么学生分心或不爱学习也就不足为奇了。再多的课堂管理也掩饰不了课程目的或学习目标的匮乏。

学生会问："那又怎样？""为什么研究这个？""为什么它很重要？"行政人员、家长和政策制定者也会从不同的角度提出课程的各种问题：如何说明这门课程与其他课程之间的关系？学习这些课程能为大学学习和未来工作做多少准备？它们是否能激发学生的活力，使其努力成为一名专业人士或从业者呢？这些问题怎样激发学生的深层次思考？这些问题是否能帮助学生更深入地理解，使学科之间的联系更加可视化？这些问题在何种程度上以书面提示或者号召—回应的模式，与当前的评价标准和要求学生解释和证明其回答的标准化测验保持内在逻辑的一致性？

所有利益相关者都有权知道我们的课程为何重要，我们也有责任提供答复。作为专业人士，我们也应该向他们解释，让他们了解我们的课程与学生的发展之间的密切关系：这不仅是要学生能够回答多少问题的问题，还是要培养终身学习者，为他们的职业生涯规划和大学学习打基础的问题（Dewey，J.，1900，1920）。

如何让这些特定的问题更有效地促进学生的学科学习和思维发展？

回忆一下三角评价。在我们着手写出问题并在课堂上提出之前，我们必须把我们的思想集中在更大的学习目标上。这些学习目标可能是形成很宏观的想法、解决更基本的问题或者培养高阶思维能力，这是三角评价的第一个维度。

了解学习目标是什么和为什么学习目标对学生很重要，这是决定哪些问题应该提问和学习过程如何启动的第一步。思考下面这个例子。

在六年级的数学课开始时，学生要各自解决一个复杂的问题，即动手建造和粉刷篱笆的问题。这要求他们区分面积和周长的概念。几分钟后，教师吸引学生的注意力，问道："你们是怎么知道这个项目需要多少油漆的？"

唐恩低头看了看她的鞋子。维克多叹了口气。拉纳开始咬她的铅笔头。特雷弗看着老师的眼睛，举起手来。蒂娜、卡桑德拉和里卡多也举起了手。瓦内萨脱口而出："我还没做完。"戴维喊道："2 加仑！"

"当我四处走动时，我看到你们用不同的方法来解决这个问题，"教师说，"现在，花两分钟的时间把你的方法和同桌的方法进行比较。如果你没做完也没关系。"

学生结成一对，房间里开始嗡嗡作响。教师在教室里走来走去，断断续续地说出了几段对话："把篱笆画出来。""写下我知道的东西。""我被卡住了。""把两边加起来。""乱七八糟。""试试这个面积。""这是周长吗？"教师一边来回走，一边看学生的作业表，看看谁是用算术方法做的，谁是用代数方法做的，还有谁没有做完。通过这种方式，教师可以摸索到上课的最佳方法。

教师应选择一个简单但富有挑战性的提示："你是怎么知道的？"教师从学生的反应中找到了答案。学生的反应是我们做出教学决策需要的原材料，以决定我们课堂教学的进程和下一步采取的策略。教师让学生现在就做作业和进行双人分享的练习，都是在让学生提供他们推理的证据。这也让教师看到了典型的学生反馈：有些学生是在执行任务，有些学生深陷程序性错误之中，还有一些学生似乎还没有完全理解教师在课堂上所讲解的概念。

更多地关注学生的最初反应是很有必要的。我们知道，学生的反应会因为情绪、精力甚至是一天中的不同时间而有所不同。因此，我们需要进一步揭示学生反应的意义和关联性。这个时候尽管有必要给学生机会让他们去详细阐述他们的答案，但提问和提示对他们是有好处的。它为教师开展形成性评价提供了质化数据，让教师基于质化数据做出合理的教学决策，为学生提供更多的支持和帮助。

提问的部分功能在于了解哪些问题是有效的。正确的提问、提示或要求可以使教师从学生的回答中了解到很多情况。教师可以去判断、理解、找出推动学生学习所需的反馈信息。但并不是所有的反馈信息都能帮助教师评价学生。评价专家花了数年的时间来组织、调适，并最终将这些简单易用的评价工具用于高风险测试。课堂上的形成性评价者也可以这样做。但是我们需要彼此共享资源，找出在我们提问的过程中哪些问题是有效的，哪些问题是可以改进的。

在上、下节课转换的环节，最期待哪些学生的回答？

在课堂实践过程中，形成性评价者可以更好地提问，以达成学习目标和教学目的。例如，为了引出学生的各种反馈——这些反馈随后会被分类整理，我们再提出一些开放式问题。开放式问题加上适当的脚手架可以激活学生早习得的知识，同时激发他们的认知思维（Harmin，M.，1998）。

在新单元教学开始的时候，开放式问题越多越好，对引导学生的集体讨论有利。我们看到了开放式的"铺垫—提问—铺垫"模式，在课程导入时效果很好。比如，有教师在课堂上提问："今天我们将分享对网络词'提问'的理解（铺垫）。我要问的是'当你听到功能这个词的时候，你最先想到什么？'（提问）记住，答案是开放式的（铺垫）。"

为发现学生的错误观念，深思熟虑构建起来的封闭式问题也能起到令人叹服的作用。例如，内森是当地一所高中的物理教师。他提出了以下的多项选择题，来发现他的学生中谁仍对能量传递有误解（一个普遍的误解是加热某物体总会导致其温度升高）。

内森通过构建一个评价任务，对哪些学生会选择错误选项 B 或 C 进行诊断。内森要求学生在开始实验演示之前先检查自己的先验知识。他是如下这样提问的。

在炎热的日子里，将一杯 0℃ 的冰水放在太阳底下。一分钟后，你认为会发生什么变化？

A. 冰开始融化。

B. 水的温度会升高。

C. 以上两者都有。

内森把提示念了两遍，让学生选出能代表自己观点的答案，然后在教室里前后转转，看看学生对提示的理解程度。除了这些，他还提出"分析"和"预测"等高阶问题，同时使用停顿、跳跃和标记等策略，让学生的思维具有可视性，将时间控制在 7 分钟内。

每一种学习情境都需要设置相应的问题组合。我们预测，形成性评价者在适当的环境和条件下将开始开发和编制他们自己的试题库，一个单元一个单元，一节课一节课，一分钟一分钟地提取。教师可以用不同的试题库来区分自己的提问策略：谁、什么、何时、如何以及为什么。只要运用得当，这些策略都是有价值的。最终，教师将找到更好的方法来分析和使用问题。现在，我们的目标是完成提问的设置。

记住，从来没有完美的提问和提示！我们不对深层与浅层的提问加以区分，并厚此薄彼。为什么要提问？许多教育工作者高度认可提问的价值，因为能发展高阶思维，但实际在课堂上其发挥的作用不大。学术语言的负担、情感过滤和无关的认知需求都会干扰学生对高阶问题的回答。问这类问题是有好处的，因为可以让学生获得丰富的课堂对话体验。但这些开放式的高阶问题也会引发学生的防御性反应。如果提问的策略不适当，辅助性的脚手架还没有准备好的话，离证据获得这条路会越来越远。

在不使用句子结构"为什么"的前提下，为什么不试着提出一些问题来了解"为什么"呢？什么可以解释 X 呢？你认为这是什么原因？我们能想到有关 X 的一些原因是什么？如此提问，就不会让学生在反馈或回答时感到十分焦虑。

要提出高阶问题，我们必须回顾布卢姆等人的教育目标分类法。布卢姆等人的分类（Biggs，J. & Collis，K.，1982）可以作为我们设计提问的框架和思维导图的脚手架。但是，我们建议刚刚接触形成性评价的教师更多地使用柔和、有亲和力的措辞。教师可以试着问那些有亲和力的问题：在这种情况下会发生什么？你能和你的搭档分享你的预测，然后和我们分享你们得出结论的依据吗？如果你把这些预测从"非常可能"到"不太可能"排序，你们的小组意见是多大可能？

提问的原则：提问的价值远远超过提问本身

提问的情境是至关重要的。在帮助创建深度问题的情境时，多数教师都认为创设情境十分重要。通过确定一个目标和一套指导原则，教师开始创设这样的环境：鼓励提问，创设一种文化。让我们以中央公园东部中学的案例来说明超越提问本身的提问的价值和意义。

在中央公园东部中学里，一群教师深受一种思维习惯（也就是三角评价所倡导的认知理论）的影响。在初中和高中，思维习惯训练是课程的基石，也是学生学习的基础目标。通过这种认知视角，教师寻求开发跨学科课程，以更好地培养学生的好奇心、促进学生的知识积累和学术精进，为学生进入大学做准备。教师还将跨学科技能和概念融入课程，以引发学生产生合理的怀疑态度和更深层次的共情。他们认为这是民主思维和公民意识的核心（Duckor，B. & Perlstein，D.，2014）。

为了与学校推崇积极探究的理念保持一致，全校范围内的学习目标都被作为第一级问题融入每一个学科。

- 你怎么知道你知道了什么？（证据）
- 这是从什么角度呈现的？（角度）
- 你的活动或任务是如何与他人相关联的？什么引起了什么？（关联）
- 如果情况不同呢？（假设）
- 谁在乎呢？为什么这很重要？（相关性）

初、高中的教师认为，思维习惯同时反映了跨学科、跨行业工作的知识分子的特质。这些思维习惯有助于他们未来的学术发展和专业进步。课堂教学可以培养学生的高阶思维能力。此外，对证据、角度、关联、假设和相关性等概念的战略性运用，可以提高学生对各种环境的适应性。这些思维习惯可以帮助学生在复杂多变的世界中获得所必需的批判性思维技巧和解决问题的能力。

这种共享的、真实的、公开的对思维习惯的承诺，让学生和家长知道教师对他们的期待是什么，也让教师知道双方对彼此的期待是什么。用德博拉·迈耶(Deborah Meier)的话来说，不仅要就教什么达成一致，还要就如何评价他们的教学和孩子的学习达成一致。

三角评价和中央公园东部中学的例子提醒我们，问题需要与清晰、明确的学习目标联系起来。对于教师和学生来说，思维习惯反映出的既是认知理论(我们如何和为什么以我们这样的方式学习)，也是学习目标(我们知道什么和能做什么)。这样教师据此构建了一个真实的校本评价体系。仔细地、深思熟虑地综合全校学习目标和课堂评价实践，是专家为了学习的评价和来自学习的评价(Stiggins, R. J., 2002)。

我们知道，要使形成性评价实践有效，我们必须设定目标并与我们的学生做好沟通(Hattie, J., 2012)。这种思维习惯使学校、社区人员凝聚在一起，包括教师、督导、教练、专业人士、工作人员和家长。与思维习惯有关的问题渗透到了学术课程和非学术生活中，诸如学校戏剧节和集会、冲突调节会、实习报告会和教职工会议等。综上所述，基于思维习惯的建构主义认知理论推动了学校的教学、学习和评价的发展。

中央公园东部中学是一所特殊的公立学校，促进了学生和教师的发展，其发展成果不仅可视，而且富有意义(Darling-Hammond, L., Ancess, J., & Falk, B., 1995；Newmann, F. M., 1996；Darling-Hammond, L., Ancess, J., & Ort, S., 2002；Bensman, D., 2000)。我们之所以喜欢这所学校以及现在所列举的许多学校，不是因为它们做到了极致、设计得最完美，而是因为它们向我们表达了这样的信号：每一位教师和学生都有可能在由思维习惯引导和充满问题的学习环境中获得学习进步（与清晰、可见的学习目标相结合）。

拿出时间、精力和资源来进行改革的学校都表现出了对教师的尊重。成为形成性评价者的教师需要结构上的支持、做好时间规划以及可以用来分享观点、方法和技能的空间。教师也需要空间，以为学生创造一种他们想要的真实的、形成性的、评价友好型的校园文化。

教师的声音

作为教师，我们应该把提出问题作为课堂日常工作的一部分。通过提问，我们能引发更热烈的讨论。我们可以不断反思和调整我们的做法。除非我成功地把一节课从头到尾的每一个环节都安排好了，否则我就不太敢随意提问。在练习中加入更多开放的、不可预测的问题会让我的问题地图得到拓展，我认为这就是提问的价值所在。

——罗伯托，七年级数学老师

中央公园东部中学和基础学校联盟中的其他学校敢于向许多公立学校同行呼吁（Sizer，T. R.，1996）。他们解决了一些棘手的问题：什么是权力？谁拥有权力？生物学主宰命运吗？所有的函数都有极限吗？命题与假设有何不同？在美国，如果没有人使用正式的称谓"您"，又有什么关系呢？谁应对战争负责？对于中央公园东部中学的学生和教师来说，这些问题所支持的深层提问对他们产生了巨大影响。

现在，为了更好地提问，让提问更有意识、更有深度、方向更为聚焦，我们提供了一些小贴士。

设计基础问题以达到课程标准和学习目标的要求

要丰富提问的问题库，我们需要设置如下一些基础问题。

- 基础问题没有一个明显的正确答案。
- 基础问题会引申出额外的重要问题，通常是跨学科领域的。
- 基础问题强调一门学科的理论基础。
- 基础问题被刻意设计来激发和维持学生的兴趣。

利用基础问题可以为班级设定具有挑战性的学习目标（Wiggins，G. P. & McTighe，J. 2005）。无论我们提出的问题是有关本质的、重要的、高阶的，或是一个创意，只要是好问题都会让学生在思考中觉得有些难受，要抓头挠腮，或者内心充满挣扎。因此，我们必须随时准备提出与课堂学习目标相关的问题。要提醒我们的学生，通过思考陷入困境，要求澄清和取得突破是我们学习的方式。

形成性评价小贴士

为提问准备：连接点

学生提问是教师成为形成性评价者的关键挑战。教师只有让学生形成信任感、冒险的精神，能与自己合作默契，才能让他们更深入地研究概念化的材料。教师非常希望学生学习自己的思维习惯、心灵习惯和工作习惯，然后引导这些习惯的形成。这就需要形成课堂教学的友好型文化。在这种教学中，问题是开放式的。教师可以对学生说："这是一个大家可以一起努力达成学习目标的地方。""我信任并尊重你的想法"。

我们提供了三个指导原则，以帮助产生更好的提问策略。

指导原则 1：学生的思维和学术语言的使用很重要

首先，当需要列出一些问题或者为提问确定提示时，教师应列出容易回答的和比较难回答的问题。也许教师需要查看这一学年或这一学期的学习标准或者单元课程的学习目标。教师甚至可以把有关韦伯的深度学习理论或布卢姆等人的教育目标分类法的参考书放在手边，以便在设计问题时参考。

毫无疑问，提问很重要。提问的内容、措辞方式、需要多少时间和空间来回答都会影响提问的效果。另外，现在的大多数问题都可以通过从互联网上复制或从测试公司购买来获得。提问也是一种提问者和被提问者之间的交流。当然，重要的还是让提问者与被提问者都能了解他们相互交流的目的和意义。

学习理论将为提问提供理论基础。因此，我们应该研究皮亚杰和维果茨基的观点。要成为形成性评价者，至少要了解学生作为学习者与学习环境之间的关系（Rogoff，B.，1998）。建构主义教学理论的核心观点认为，学生自然会用文化、发展和学术的语言来理解我们的问题。

在这种情况下，我们可以从那些专注研究学术语言的学者那里获得一些启示，并了解对特定学生提问的特殊要求（Hakuta，K.，2013）。学生需要机会把语言（它的意义、功能和操作）看作学习难题的一部分。他们在学习科学、数学、社会研究、艺术、音乐和体育时，需要对语言进行明确、可见、公开的表达。

学生需要对学术语言和学科内容知识之间的相互作用有充分的认识。这些特定的语言习惯、短语的转换、设置问题的方式、看待问题的方法，甚至语言交流形式都普遍存在于我们的成人世界中。

我们如此习惯于语言，以至于忘记了它有着塑造和改变我们思维的特殊力量（Bodrova，E. & Leong，D.J.，2007）。举例来说，对于"功能"这个词语，经济学家谈论"功能"的时候和科学家谈论"功能"的时候是不同的。医生对"功能"的看法与职业运动员或数学家不同。"功能"有一般意义和特殊意义；它可以出现在课本、产品标签上。为了让学生获得这些说话和思考的习惯，教师需要模型、心智工具和脚手架来帮助学生建立知识间的联系。跨学科和跨专业方面的提问可以帮助学生更多地了解成人是如何通过说话、写作、阅读和提问来获得语言的意义的。

其次，当针对不同的上下文提问时，我们建议教师参考每个提示中包含的学术语言要求。提示暗示的是新知识或新的教学模式，强调一些术语和概念，或直接，或间接，或明确，或含蓄。这些问题对于学生来说都是不容易解决的。即使是对于看起来更简单的学术术语，如"称重"(weigh)这个词语，针对"权衡证据"(weigh the evidence)或"测量液体"(weigh the liguid)，也需要根据提示研究一番。

正如上文提及，学生需要教师的支持。不同的学科也有独特的语言使用方式。教师可以通过突出重点、拆分短语、提供多种机会等不同的方式帮助学生使用学术语言。学生练习口语、听力、反应和回答的效果与教师的提问方式是分不开的。当形成性评价者准备好他们的问题(用脚手架、图形组织者和等待时间程序)时，学生就会更加熟练地使用不同的学术语言(Zwiers, J., 2013)。

正在学习形成性评价的教师有必要使用问题导图作为自己设计问题的工具。他们可以将问题导图画在餐巾纸的背面，也可以贴在教室里的海报上。写在哪里不重要，重要的是问题导图可以帮助教师很好地控制学习目标；而且教师可以在课堂中进行提问。图 2-2 是问题导图示例。

指导原则 2：根据心智模型仔细定义学习目标

现在是时候把重点放在有助于发展、支持和促进学生学习的形成性评价课程上了。我们需要对三角评价中的学生认知和学习目标进行更为细致的划分。通过设置更具体的学习目标，我们可以发现并获得促进学生学习的证据。好的问题能指明发展的方向。如果我们和学生实时地学习如何掌握一个具有挑战性的概念，如比例，或者获得一项强大的技能，如说明文写作，我们每个人都需要知道自己的发展方向和能力基础。

形成性评价者提出这样的问题：我们如何为自己和学生确定这些学习目标？

我们确信没有什么可以替代精心选择的、包罗万象的学习目标。我们可能需要并使用与课程目标一致的问题列表来确定提问的初稿，但这样的问题列表远不能达成以培养学生的思维习惯为主的学习目的。

重要的是，我们需要找到方法来确定单元课程目标和学习目的与学生的反

利用形成性评价来帮助
学生回答问题：

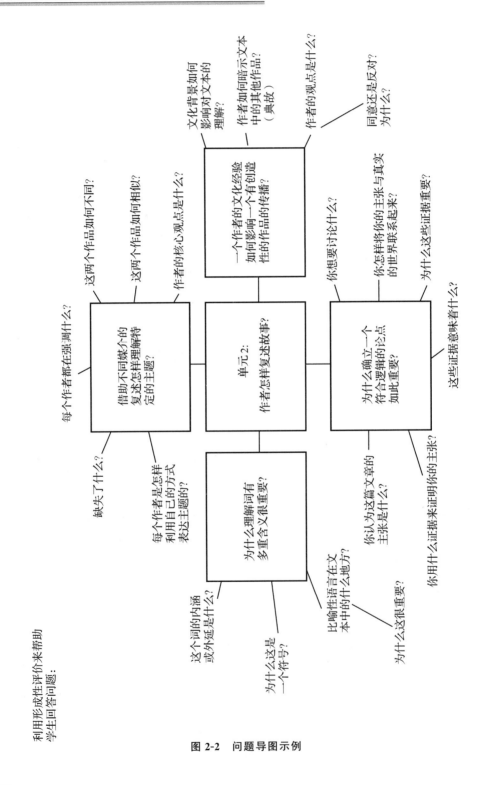

图 2-2　问题导图示例

应或反馈之间的联系。使用方法的重点是制作问题导图，帮助学生确定合适的学习目标（我们将在本章后面介绍）。

教育心理学专家为我们提供了一些映射不同学习目标的心智模型。这些心智模型以临时性的图示的方式，帮助形成性评价者做好自己的提问准备。一些学习目标是根据知识层次进行分类的，如依据布卢姆等人的教育目标分类法或韦伯的深度学习理论的分类；其他学习目标则是根据学生反应的层次进行分类的，如依据比格斯（Biggs）和科利斯（Collis）的学习结果观察的结构分类理论的分类（Biggs, J. & Collis, K., 1982）。

还有一些学习目标是按知识类型分类的，具体分为陈述性知识、程序性知识、示意性知识和战略性知识。有关学生认知的五种思维习惯理论和多元智能理论围绕知识类型组织的学习目标并不意味着知识的价值是按照从低到高的层次排列的。也就是说，陈述性知识的价值不一定比程序性知识或战略性知识的价值更低。

由于知识依赖于它的使用及其探究方法，我们没有必要对知识的价值进行排序或衡量。知识的价值就在于提出好的问题、帮助学生探究学习。许多认知理论学者认为，有经验的教师都知道如何以及何时使用和构建不同类型的知识，会在他们的学生身上、在不同的地点和时间、在他们的课程中去关注知识类型的运用（Shavelson, R. J., Ruiz-Primo, M. A., & Wiley, E. W., 2005）。

如今，许多改革者想要"返璞归真"，或者觉得需要通过"防范教师"（teacher proof）的课程来促进学生学习。但我们知道，没有任何捷径或借口可以依据不加思考的课程将知识割裂开来，与学生对某个话题的思考方式相脱离。评价专家委员会明确表示，一个好的评价基于一个理论，即关注学生知道什么知识，以及学生在一个学科领域如何获得能力的提高（即认知）。同样，教师日复一日地工作，为日常提问工作准备自己的问题库。

指导原则 3：用多种提问策略来洞察学生的学习

我们经常听到，可以将问题置于一个连续性的层面，如由低到高、从简单到复杂、从基础结构到抽象扩展、从表层到深层等。在不同的情况下，问题的难度是不同的，我们可以根据它们的类别来预测它们的难度。对教师常见的批评是，他们喜欢提出低阶问题（如谁、什么、何时、哪里甚至如何），而不喜欢提出高阶问题（如为什么、如果）。无论是不是这样，我们都要剥离出问题设计背后的假设以及为什么使用它们的基本原理。

那些喜欢非等级性问题的教师补充说，他们真的不需要从简单问题到复杂问题的连续统一体。而主张陈述性问题、程序性问题、示意性问题和战略性问题的人认为，学生的知识和技能属于不同的类型。课堂上的教师可以提出程序性问题和概念性问题——这些问题不需要按照等级来排序。多元智能理论的倡导者认为，什么是最好的问题，在很大程度上取决于学习目标。

相对于形成性评价者确定的学习目标及其分类，我们更喜欢深入研究初学者在提问和使用提问策略时遇到的真实问题和实际困难。下面是他们通常告诉我们的。

• 怎样才能知道在我的课堂上到底有哪些有效的提问策略？在问什么问题、什么时候问以及向谁提问的背后到底有没有研究或理论的依据？

• 我可以提出最好的问题，但如果我不能把握住结果、不知道如何观察，也没有有效的办法去了解学生学到了什么、能够做什么，那么所有的提问就都没有意义了。提出问题而不重视学生回答了什么让我感到忐忑。

• 我可以提出一系列的问题，但我不知道哪些问题对那些学生更恰当。有没有一种方法来判断哪些问题是恰当的，哪些是不恰当的？

• 我怎样才能确定我能准确理解学生的解释或回答？也许他们今天过得很糟糕，没有吃早餐，或者与最好的朋友吵架了，心情十分糟糕。有时候有些学生能够给出更好的回答，反之亦然。

• 标准化测验可能很难取得理想效果。我能理解很多学生都对测验有恐惧心理。但这些考试似乎比我在课堂上问一堆"虚无缥缈"的问题更有效、更可靠。首先，当我进行评价的时候，每个人拿到的都是相同的试题，这看起来更公平。当我要求学生回答我的问题时，我很难用同样的问题问每个人，如此便增加了样本的偏差。

• 我怎么知道在提问中我的问题本身没有让学生犯糊涂？措辞拙劣的问题会让学生的思维技能和能力的发展受到干扰，标准化测验也有类似的问题。让事情变得更加复杂的是，在解释事物的方式上，教师之间总有一些分歧。

我们对上述这些问题表示赞赏。这些都是由正在学习成为形成性评价者的教师提出的棘手的、引人深思的问题。让我们回到本书所使用的思维习惯。我们坚持认为，问题都是很难回答的！形成性评价专家和初学者需要的是展现提问练习的复杂性、深度和细微差别，而不是用流行词汇和快速技巧来掩盖它们。我们需要认真地发现教师学习共同体内部的这些基础问题，而不是从课程提供商或测试公司那里去寻求。如果我们要对这些担忧做出可信的回应，就应该就形成性评价的效果和意义质疑我们自己和我们的同行。

原则、程序和实践

搭建脚手架：创建一个问题导图

案例研究

提问：珍妮的案例

英语教学的广泛性和灵活性吸引了我。我喜欢无限的可能性。我有幸加入了一个鼓励课程创新的英语教学系。无论准备工作是什么，系里重要的目标都是帮助学生成为具有批判性思维和利他的人。这太棒了。

然后，我坐下来规划一个课程单元。突然，"无限的可能性"让我手心冒汗。也许是出于固执，也许是别的原因，我从来没有考虑过使用现成的课程。系里也不希望我这么做，而希望我从同事那里借鉴，和他们一起开发课程。从网上下载现成的，那可不行。即使我也能借鉴和接受别人开发的课程，但是我仍然坚持自己动手。

只有在规划课程单元而不是单独的课程时，我的手心才会出汗。这是一种奇怪的焦虑。那一刻，我感觉好像忘记了所学过的单元规划和主题内容。

我渴望用一种万无一失的方法来备课，并确信我创建和教授的单元将能为学生提供一段连贯的、有意义的学习经历。查看和研究州标准、学区指南和一大堆的规定，帮助并不很大。当我开始通过思维五步法（联结、透视、证据、推理和关联），特别是问题导图来处理问题时，我有豁然开朗的感觉。

思维习惯帮助我理解了课程标准中的冗词、要点和副标题，这对我和我的学生都有用。我之前进行的单元规划和问题设置以及课程标准、学习目标和课程目标的不断更新让我不知所措。我知道我有责任和我的学生一起做一些有用的事情。直到我获得了思维五步法、一些真正有用的工具（如问题导图）以及通过有意义的互动所获得的豁然开朗的感觉，我才敢去做了。

根据思维五步法，我从证据这一步开始思考。关心和重视证据都是许多专业和大学教职工走向卓越的关键。帮助学生通过证据来获得新知是帮助他们成为更好的批判性思考者的基础。我对此深信不疑。这是一个值得为此付出并付诸实际的价值判断。

接下来我开始质疑，英语语言艺术学习在证据方面有什么特别的挑战呢？挑战包括学生不知道如何获取证据（例如，学生没有阅读，或学生做了阅读，但缺少寻找证据的意识）。挑战还包括学生不确定如何分析他们选择的摘抄和引用，或在辩论时如何使用他们的摘抄和笔记。这些几乎是所有英语教师和其他学科教师所面对的共同挑战。

在提出疑问后，我接着思考，在这个单元里我可以从哪里入手提出有关证据的问题。首先是挑战，其次是问题。这个顺序让我开始思考应该如何为学生提供回答问题所必需的脚手架。当我进行头脑风暴时，我把问题导图画了出来。我尝试过用几种方法来组织我的单元问题导图：通过重要的观点或者通过我希望学生获得的基本知识和技能，甚至通过思维五步法本身。将思维五步法作为组织原则，可以获得对应的提问顺序。比如，为什么学术内容如此重要？提问策略中哪些技巧是值得我强调的？如此展开，就有拨开浓雾的感觉。

绘制问题导图可以帮助我在规划时分析问题：我注意问题的平衡性了吗？它们有多少学术语言的特色？哪些问题看似复杂？哪一个问题看起来复杂但实际很简单？我的问题是否太简单了？或者太复杂了？我注意到了什么模式？当我们与同事有机会集体备课时，他们能够提供更好的帮助。讨论问题时也可以与同事密切合作。这也提醒着我有关我来教书的目的。

当我在实施单元课程时，我会参考我的问题导图来指导检查，以便在讨论和小组工作中帮助学生理解。当我促进速写和提供留言条以及进行测验时，我也会使用问题导图。

当我反思课程的时候，我也会研究我的问题导图。哪些问题比我预期的更令人满意？什么样的启发可能有帮助？哪些问题引起了讨论？当一个问题被重述时，有没有什么不同？如果被重复呢？

通过一个单元课程的实施，问题导图让我保持诚实和方向感。重要的是，问题导图告诉我们问题是重要的，值得我们一起重新审视和共同研究。

我一直有一种想法来实现一次重要的转变，即从我会提问到学生会提问的转变。

问题导图五步法

提出问题需要具备较强的认知能力。与学生一起建构一个提问的日常指南可以帮助教师找到学生注意力的聚焦点。问题导图是有帮助的。要建立日常指南，关键是要计划好。在能接触到的问题中，教师需要提前决定在教学的某个特定阶段或某一天应该提出哪些问题。

如果要规划和实施提问的日常指南，教师需要小心谨慎、富有情感，且要因学生的不同而进行适当的调整。

设计问题空间和潜在的问题领域

这些可视化的设计将会成为某种程度上的提问路线，不是为了控制教师的教学和学生的学习，而是为教师的课堂教学环节转换提供参考。要设计与学习目标一致的提问路线或策略时，教师需要考虑以下内容。

· 界限：问题空间最远的边界在哪里？问题可能需要思考到的最深程度在哪里？有没有无边界的问题？是哪些？为什么？

· 内容：所有的问题都是教师提出的吗？是从正规出版的教材或指南中找到的吗？学生的问题会占多大比例？同事的问题呢？家长的问题呢？

· 风格或格式：问题空间的呈现方式是什么？是思维导图，还是大纲、矩阵或图标组合？

· 主持人：问题导图包含了基础问题吗？问题只是涉及一个单元，还是涉及一个学期、学年或学段？

在参考了上述内容之后，教师就可以结合课堂学习目标设计出可视化提问的初稿了。

设计问题时参考特定的思维节点

我们建议根据思维五步法设计问题。教师可以借用一些与思维习惯相关的问题。比如，"我们怎么知道？"或"有什么可用的证据？"在本章中，证据是一个很好的拆分节点。教师可以根据内容的不同对问题进行拆分。针对这类思维习惯，中央公园东部中学已经创造了很好的参考经验。不过，教师可以根据自己的原则来设计思维节点，可以用不同颜色来标注分类级别或知识类型。

用共同的主题把问题节点串起来

教师要根据教学内容和学生的不同而区别对待，找到串联这些问题节点的逻辑。草拟出的问题可在本单元教学中反复使用。教师要根据学生的兴趣和他们当前的学业阶段，选择逻辑主题，如此可以激发和保持他们的兴趣。

修改问题空间或问题导图

现在问题空间的草图已经画出来了，教师在课堂使用前要再看看是否更改它的边界。教师还要进行问题优先排序。排序要与学生的学习目标结合起来。教师还应思考提出问题的方式：口头提问、快速提问或简短提问、小测试的提示，甚至是能吸引学生参与的视觉暗示。

使用问题导图时做标记或注释

哪些问题节点上有了学生更多的参与？要不要增加新的问题节点？在上完一堂课或观摩了同事的课后，记下的哪些问题和方法更为有效？哪些不那么有效？我们鼓励教师在课后对自己的提问练习进行正式评价，反思哪些是有效的，哪些是可以改进的。问题导图只是一个临时的指南，教师需要做笔记。

预热和准备提问

我们已经注意到，提问之前的预热是至关重要的。形成性评价者在提出问题之前必须经过仔细思考。这一点在一次与实习教师詹姆斯的谈话中表现得非常明显。詹姆斯在中学实习期间一直在努力教物理。他做了几次很好的尝试。首先，他试图用一个开场白来为这个单元热身："当你看到或听到'向量'这个词时，你首先想到的是什么？"他拿着粉笔，在黑板上写下了"大概念"，然后解释说欢迎学生用任何方式说出自己的想法。等了几秒，然后又等了几分钟（詹姆斯说在等待中，他能听到蟋蟀的叫声，但听不到学生的呼吸声）。

听了詹姆斯的故事后，我们停顿了一会儿，然后请他继续陈述。让我们看看他都做了些什么。我们会给他反馈，无论是肯定的，还是批判性的。詹姆斯的头脑风暴或热身做得很好。而且幸运的是，那些从事数学和科学研究的同事也给了一些反馈。

有人问："如果你提出的问题得不到学生的回应，你会做什么？"有一位教师说："我会经常遇到这种状况。"很快，大家都开始思考提出一些启发学生理解的问题到底有什么价值。

因此，我们以一种速写的形式来解决这个问题：詹姆斯在把"向量"这个词写在黑板上之前有没有预热？

有时候我们需要在展示一个"大概念"之前先对它进行分析。我们给每个人10分钟的时间来回答问题，然后分享策略和战术，以发挥提问的预热作用。

下面是记录卡上记下的詹姆斯在职前培养项目中所讨论的话题。

• 仔细地选择大概念（把"向量"作为一个大概念是有问题的——试着用"箭头"代替"向量"）。

• 考虑针对大概念可以提出多少问题。

• 在提问之前，试着预测学生的反应："他们对这个大概念的想法是什么？"

• 展示一幅图片或照片，如同带领学生进行"画廊漫步"，让他们观察真实世界中有关向量的图片。

• 讲述一个关于直线变成向量的例子。

• 讨论向量的概念，对比一个主题、学科或生活领域中意义与主题和领域的异同，然后通过 T 形图呈现对比结果。

• 在网站上播放一个关于向量的视频，然后问：有哪些例子？

• 让成对的学生玩纸条，并让他们对提示做出回应："在墙上画一个矢量。"

• 给所有学生一个简短的阅读材料，并分组分享。然后让他们强调正式的定义，并给出一个真实的例子。

• 让学生通过从媒体、电影、卡通中了解到的知识找到相似概念。

通过与其他师范生的讨论，詹姆斯学到了很多好的经验。这些经验是学生导向的、充满关怀的、积极的和具体可操作的。

误解和挑战

提问是为了管理学生还是为了让学生思考

"大家都做完了吧?""你注意听了吗?""那些信息都抄下来了吗?""还有人需要时间吗?""谁需要铅笔?"刚开始，教师倾向于用提问来控制课堂。他们的提问策略针对的是行为，而不是学习目标。在大多数情况下，教师用问题来吸引和保持学生的注意力。然而，当教师在学习提问的过程中不断进步时，我们可以期待他们最终放弃这种提问管理的做法，取而代之的是选择一种更为成熟的做法。

通常，在提问的过程中，教师会意识到可以针对学习目标提出问题，可以将提问集中于复习与学习目标相关的技能。学生的学习技能在新手教师采用命令与控制模式的教学中会受到质疑。因为新手教师所关注的学习技能本质上是程序性的，我们看到他们提出了许许多多低阶的、封闭式的问题。这些新手教师仍然更乐于监督学生完成与信息下载相关的传统而具体的任务，而不是让学生通过探索加深对概念的理解。

我们确实看到新手教师在反思性的提问设置和问题领域的概念扩展之间建立了联系。有的教师会问:"你是说我所有的问题都只是口头上的能引出证据的提示吗? 我可以像做小测验、考试和其他正式评价一样来挑选问题吗?"回答是肯定的。

随着教师对提问的理解的加深，他们的焦虑也越来越多:"如果我提不出好的问题怎么办?""我应该在什么时候提出哪些问题?""我怎么确定我的问题库能够适合我所教的科目或年级水平?""这些项目对这节课有用吗?"

随着教师的问题库越来越大，他们的选择自主权也越来越多。即使他们还不确定如何实现提问技能的进一步提升，但肯定不能停滞不前。认识到这一问题的同事、教师督导和校长可以帮助这些新手教师去探索如何继续提问下去。

例如，教师要通过练习来处理提问所带来的反馈:说出一个函数的名称。这个问题可能会引发一连串的追问:"连接""建造模型""分散"。如果是形成性评价，我们应怎么做?

当我们提出一个强有力的问题时，我们必须提醒自己，我们要对学生做出适当的回应。我们的问题可以被重述，我们可以通过启发来强化学生参与的规则。需要指出的是，形成性评价者不是一个领导者。最后，我们必须对问题的答案进行排序，并把它们作为教学决策的参考依据。

教师很容易对每一个学生做出的贡献进行赞扬（这是一种判断方式）。当然，我们很高兴有教师回答了我们预先准备好的问题，但我们有充分的理由避免在最初的头脑风暴中做出过于乐观的判断。

教师进行的开放式提问有：为什么物体会沉浮？谁受益于税收？涂鸦艺术家是立体派画家吗？衡量健康和体能的最佳标准是什么？查克·贝瑞抄袭了贝多芬的作品吗？一位新手英语教师承认，他害怕提出开放式问题。这是因为学生的回答可能会让他无法接受，课堂上可能会出现失控的局面。我们赞赏这位教师的诚实。没有这些新手教师对提问的反思，我们很难获得这么多关于形成性评价者真实的紧张和纠结状态的信息。

我们相信，在提问和回答问题时，形成性评价者能够区分从上到下地强加秩序的愿望和从下到上地生成参与规则的需要。在本书中，我们注意到，学生和教师可以共同制定规则、规范和程序，以便学生在尊重、信任和宽容的文化中学习。良好的提问技巧可以而且必须成为这些初步联合讨论的主题，从而促进支持安全交谈和倾听的课堂学习环境的产生。我们再一次从"铺垫—提问—铺垫"模式出发来看看是什么有效发挥了作用。

当一个问题被提出而没有标准答案时，这可能会造成学生思维的混乱。事实是，有些问题悬而未决，没有答案，有时甚至是令人困惑的。虽然我们对提问后课堂失控是焦虑的，但必须承认这是形成性评价面临的挑战的一部分。

回顾：反思刚刚教授的课程

一些新手教师已经准备好成为形成性评价者。他们认为，课堂评价—小测验—家庭作业这一典型的考评手段对学生几乎没有用处。在很多学校，学生在考试前的晚上不学习，经常不交作业，甚至不关心考试结果。教师连续的警告以及不那么巧妙的要求完成作业的暗示都不能触动这些学生。这些学生知道教师在例行公事。他们认为教师根本不关心学科要求与学生对这些要求的实际想法或感受之间能否有关联。

马克斯在一所低收入城区高中教历史，这是他在第二学期教学安排的一部分。上学期我们让他思考在他的学科教学中提问的效果。我们很早就感觉到马克斯在寻找一种替代性的导师评分方法。我们请他反思自己的教学计划。在请求之下，他开始描述提问对于历史教师的意义。

我的学科领域是历史。在这个学科中提出问题意味着鼓励我们的学生直接或间接地怀疑他们自己，更有可能怀疑他们所处社会的文化。我认为，学生有时害怕了解过去，因为他们害怕否定自己，或者否定他们所确认的那些东西。在历史课上，细致观察一个古老的文明意味着我们有能力审视我们自己的文化。而这些正是学生所害怕的；他们必须审视自己的生活。这让他们意识到，他们的所思、所想和所知并非与先前的都一样。

马克斯对他所提的问题和课堂文化并不满意。他已经准备好在第二学期向学生提出高层次的、关键的和本质性的问题。为此，他列了一份一周要提出的问题清单。

大萧条是如何改变政府与社会福利的关系的？在大萧条时期，你认为为什么那些拥有过剩商品的农场主决定让商品腐烂，而不把它们送给快要饿死的人？新政成功了吗？为什么？你认为罗斯福会对奥巴马的医疗法案做何反应？如果你活在 1932 年的选举年，你会选胡佛还是会选罗斯福？请给出解释。如果大萧条发生在今天，你认为我们的政府会做何反应？

我们请马克斯分享他对提问的可能性的反思，就是在激发他的思考他是如何提出这些问题的，是如何为学生回答问题构建脚手架的，以及如何随着教学的深入而不断更新问题的。作为大学教师，我们不知道这些是如何发生的。只有他知道哪些问题出在哪里，哪里超出了学习目标的要求，哪里低于学生当前的理解水平。

我们分享马克斯的例子有这样几个原因。他正在成长为一名形成性评价者。他知道什么是高阶问题，以及如何根据权威的分类法来构建他的问题。他还敏锐地意识到，需要对重大历史事件进行联系，建立相关性，形成推测，并将其与当代社会和政治问题关联起来。马克斯在整个学期不仅思维活跃，而且贡献颇多。他也对我们的形成性评价课程提出疑问，并且这些疑问是有益的疑问（为什么是 7 次而不是 17 次？和其他教师讨论时，他经常提出类似的问题）。

马克斯几乎每个星期都面临着挑战。他觉得自己被困在对形成性评价和总结性评价范式的思考中。他认为，提问是最好的教学方法，特别是在历史和社会科学系，因为他们的学生来自社会经济发展水平低的地区。他有责任向他的学生示范历史学家的工作：对习以为常的观点、权威甚至他自己所坚信的观点，都有可能质疑。马克斯是家里的第一代大学生，他学会了在提问的价值等问题上有效地为自己的立场进行辩护。但作为一名没有资格证书（或终身教职）的新教师，他也有责任分发作业、进行测试、打分，当然还要上传结果（量化数据），以便让学校管理部门和家长每晚看得到结果。

马克斯提醒我们，现在学校里有股强大的力量在发挥作用，因为并不是每个人都想看到教师成为形成性评价者。数字、绩点和分数都是显性的指标。社会需要这些指标来发挥作用。成绩可以说是大学更为注重的。学生在课堂现场痛快淋漓的回答可能并不太重要。

我们承认，形成性评价既不是自然地也不是明显地要求教师提升他们的专业知识，阐明为什么提出问题比编制一个好的测试或一套试卷更重要，即使测试允许他们分出等级或给学生的工作打分。教育政策制定者想要的是数据，而不是教师提更多的问题，会使用提问的策略，或者为课堂上的提问做准备。他们想知道的是结果：学生学会了，还是没有学会。

如果这些教学方法不能带来更高的考试分数，那么基于布卢姆的教育理论设计的提问策略将不会有实际价值。因此，我们进退维谷：我们要么鼓励马克斯成为形成性评价者，构建一个问题导图来推进他的计划并跟上我们的行动，就像师范专业的教员那样来支持他；要么让他选择放弃，告诉他关注分数，每天晚上学会有效地上传结果，这是一份工作所必要的。不管选择哪条路，他都在学习如何进行形成性评价。

汇　总

本书有一个中心思想，那就是要获得强有力的形成性反馈。唯一的方法就是提出重要的问题。更多形成性的反馈已被证明能让学生得到较好的成绩（Hattie, J. ＆ Timperley, H., 2007；Hattie, J., 2012）。我们之所以把提问看作形成性评价的重要组成部分，因为这是获得高阶反馈的教学管理内容。我们可以和学生一起学习，通过问一些问题来很好地运用我们的头脑。对这些问题的回答给了我们一些线索，让我们知道学生学到了什么，陷入了什么困境，以及下一步该做什么。

在课堂上提出好的问题（口头或书面问题）的基础是我们对学生的所想、所说和所做的予以关心和产生共情。我们每天都提醒自己，我们的学生还是孩子。他们正在成长为成人。但在整个青少年时期，他们在本质上仍然是在"逐渐成熟"。我们不能忘记：走向真正的成熟和成长是他们的事情，而不是我们的事情。对于我们所教的学生，我们充其量只是教练和向导。

提问是形成性评价的基础。作为教育工作者，提问是我们了解学生的思维、心灵和学习习惯的重要手段。必须始终留有提出尖锐问题的空间，是我们对过去和未来几代人的责任。提出问题很重要，这会让我们更接近真正的公共教育目标，也就是人人接受教育，人人享有教育。

检查理解程度

我们可以用提问来确认我们是否准备好了往下一步推进教育。这些问题、提示和任务旨在帮助我们将本章的想法和思考往深入推进。我们可以把这些热身提示用于自我检查,把完成当下的任务作为启动谈话的引子,还可以将其作为独立学习任务或小组合作练习。

热身提示

• 为什么要提问题?

• 哪些脚手架和程序有助于我们的提问?

• 学生和教师在提问中扮演什么角色?

• 其他形成性评价的策略与提问有什么联系?其他策略是否能够更充分地支持提问?

完成当下的任务

• 让我们和学生进行头脑风暴,想出一些有目的的提问的策略。请拿出一张白纸,把相关度(relevance)这个词写在白纸的中央。接着思考:谁会关心这个学科?这个单元对这个领域的意义是什么?有人真的在现实世界中运用过这些知识或技能吗?写下能想到的有关的人和事。

挑战性任务:用头脑风暴来开启明天的课,并比较几节课的不同效果。

• 找到与单元课程内容相关的问题也是很难的。我们可以使用思维导图作为脚手架(参见图 2-3)。这个思维导图有 5 个要点:连接、观点、证据、推测和关联。写出可以放在每个要点下的一两个问题。

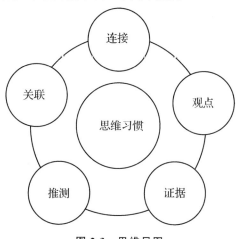

图 2-3 思维导图

挑战性任务：参考学区或州的教育标准，设计学习目标。或在项目式学习小组中与同学讨论，组建跨学科团队。检查这几个学习目标之间是否具有一致性，分析哪些教育标准能帮助提出问题，是提供了证据，还是丰富了观点。

•想一想遇到过的一个非常具有挑战性的问题。它是如何、什么时候帮助或阻碍了我们思考？当我们在教室提问时，有没有可能减少不必要的认知负荷？

挑战性任务：创建一个脚手架，让学生确定支持他们提出问题的思维导图。列出课程学习中三个大家都必须遵守的约定（例如，我们将使用双人分享、桌谈和便笺纸的形式来分享本周的学习内容）。

•当回顾本章学习的内容时，关注原则、程序和实践部分。设想在开学的第一周，我们正在为学习环境设定期望。要为基于形成性评价的课堂文化形成奠定基础，我们需要社区参与者来帮助确定课堂的基调、课堂中的价值观，并使其成为现实。学生可以而且必须对此有所期望，但他们也必须设想在事情失败时修订计划的方法。设计一节课，包括设计练习和如何为提问来做铺垫。请在黑板上写下以下句子。

要点1：用热身和破冰活动来支持提问。

要点2：使用工具、脚手架等技术。

要点3：用启发性的话语来引导提问。

要点4：陈述与提问有关的价值观和信念。

创建四个学习小组，为小组组长、记录员和抄录员分配角色任务。让每个小组列出所有可以支持提问的方法，组织全班的讨论：当我们陷入困境时，思考我们该怎么应对。

挑战性任务：在每个小组中安排一个人来解释为什么一个特定的程序可以在课堂上为特定的学生或小组（如有特殊需要的学生）提供更有效的提问。允许另一个人从相反的方向提问，说出为什么这个举措可能对谁或哪个群体不起作用。

第三章 停 顿

停顿传递的是关怀——放慢脚步可以让学生说得更好和做得更好。

——戴德丽，六年级美术老师

停顿是很难学习的。学会停顿需要一定的时间。

——奥斯卡，高中教育实习生

教师常常不得不努力通过暂停日常事务来激发学生思考。成长在一个网络搜索程序触手可及的世界里，现在的学生已经习惯于快速反应，找到捷径，并立即得到问题的答案。

换一种方式，以形成性评价者期望的方式提问有可能会让学生感到奇怪。停顿会让思考更加深入，停顿是给自己和他人充分的时间去启动自己内心的"搜索程序"。也就是说，停顿可能会让学生感到震撼和挫败。

无论是针对个人和小组，还是针对全班学生，采用停顿的方式对教师是有挑战性的。我们生活在一个重视效率、生产力的世界里，生活的节奏越来越快。停顿虽然有益，但是对学生和我们自己来说并不容易学会。困扰着停顿的因素，既有内部的，也有外部的。停顿还有可能受制于各种课程目标、学习要求和教学顺序，不管这些要求是来自学区还是学校。

停顿即使是短暂的，似乎也是我们需要花费时间来推进的。然而，如果我们追求的是深度学习，我们就不能没有停顿。我们的疑问是合理的：为什么停顿有利于思考？

我们之所以停顿，是因为每个人，包括学生和教师都需要停顿来处理信息，也因为停顿有利于我们更好地参与到学科内容和有理论深度的材料的学习中。通过研究脑科学和学习科学，我们不难理解，不管是教师还是学生，停顿都很重要（National Reserach Council，1999；Gardner，H.，1985）。所有的学习者都需要思考和等待的时间来处理和理解信息。

我们知道，所有的学生都能从停顿中获益。停顿支持学生的认知加工过程和深度思考。每个学习社区作为一个实体，都需要一套停顿的行动方案，以促进学生更公平、更好地参与到课堂中。而且，由于参与通常与学生的成长、发展和学业成就紧密相连，因此利用停顿支持教育公平至关重要。教师也需要利用停顿把该做的事情做得更好。停顿可以提高教师的教学决策能力以及教学调整能力。

当我们承诺在教学中停顿时，它可以成为一种规则。学生和教师都喜欢停顿所带来的积极效果：有机会放慢速度、重新定位、深入思考、更好地参与和思考所面对的提问。停顿促进教学的完善和更新。

什么是停顿？

• 在你转身对你的搭档说话之前，想一想你将如何回答黑板上的问题。请保持 20 秒的停顿。

• 学生围在他们海报的周围，准备展示当天的学习项目。他们中的一些人纠结于如何表达他们学习项目的中心内容，似乎把主题和论题混淆了。这种模式似乎提醒你，需要关注更多的学习项目。在向全班宣布之前，请稍等几分钟。

• 学生拖着脚步走进教室。有些人会马上就座，有些人会在坐下前进行眼神交流。每个人都在等待。今天的课将会怎么样？谈话渐渐消失，教室安静下来。

• 有些学生拿出笔记本，开始在黑板上抄写问题。有些学生坐下来，有些学生戴着耳机，还有一些学生将手机放在桌子底下发短信。你一句话也没说，走到学生身边。学生把耳机收起来。你微笑着指着黑板。你几乎可以知道学生的想法："我现在需要抄下黑板上的问题。"

停顿被定义为行为或言语的短暂中断。这为我们提供了一个具有启发性的例子："她停顿了，不知道该说什么。"停顿确实意味着损失，包括损失语言、失去信心和立足点。这只是一种暂时的状态，我们希望这种状态很快就会过去。

在教师成为形成性评价者的过程中，重要的任务就是帮助学生理解学习内容。当我们进行停顿后，我们就会收获更多。停顿是获得更深理解的关键。它让我们从长期记忆中提取信息，充分利用认知处理能力，并建立我们在课堂活动中顺利发展所需要的信心。

停顿还有近似的表述，诸如等待时间、思考时间和转换时间。停顿时可以使用闹钟、铃声甚至背景音乐来表示"安静时间"的开始和结束。无论我们是在学校还是在校外，我们都需要时间去记笔记，去安静地反省，去思考。当我们看到一个学生的注意力分散或者在做白日梦时，我们认识到这就是学生上课会出现的现象。让学生集中注意力是重要的，但如何让停顿成为教学实践的一部分，就是说让学生从教学的一个环节转换到另一个环节也是重要的。

我们希望教师能意识到课堂上的停顿对于更深入、更公平的学习是十分重要的；希望教师能识别、抓住并创造更多的机会，把停顿过程设计得更为精细，以便让学生更明显地感觉到。如何利用等待时间、思考时间和所有可用的过渡时间来促进学生学习，是形成性评价者必须学会的。教师可以把更多的学生吸引到不断发展的、快节奏的学习中。

停顿在三角评价中的位置和方式

通过理解三角评价的逻辑和流程以及形成性评价在其中的位置和方式，我们可以为形成性评价实践建立一个理论框架。借鉴专家学者的科研成果，我们将能更好地把控我们的课堂实践，理解我们为什么要这样做。作为形成性评价者，我们肩负着提高所有学生学习成绩的重任。

停顿同时支持三角评价中的观察和解释（参见图3-1）。这是因为停顿可以帮助教师观察更有代表性的学生反应。在其他条件相同的情况下，等待时间越长，学生的回答就越好。通过收集更好的证据（从学生的回答中收集质化数据），停顿能帮助我们获得关于学生思维状况的更好的理解和把握。更重要的是，停顿发生在提问和追问之间，可以帮助我们根据课堂上学生的学习状况，做出更好的决定以指导学生，以及决定下一步该做什么。

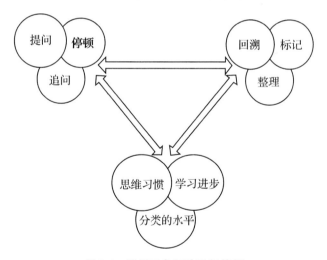

图3-1 利用三角评价进行停顿

从形成性评价者的角度来看，如果确定了三角评价的学习目标，那么停顿的效果会更好。这些学习目标成为学生和教师努力的方向；教师和学生都知道学习的方向，要提哪些问题，以及各自如何努力、如何配合。在这些条件下，停顿是支撑观察策略或工具运用的途径。停顿是为了获得问题的提示、明确任务或收集有关学生当前学业水平的证据。对于形成性评价，学生回答问题通常是在课堂上完成的。无论是将问题写在黑板上还是即兴发言，停顿都有助于获得更好的关于学生思维发展的证据，包括他们可能持有的错误观念或他们陷入思维困境的时候。

根据第二章和美国国家研究委员会评价设计原则，课堂证据的质量会影响教师依据证据做出解释的有效性。关于学生在课堂上知道什么和能做什么的高质量证据必须建立在充足的等待时间的基础上，以支持这些初步答复和临时答复。

换句话说，如果在我们的课堂上没有有效的停顿时间（如思考时间、等待时间、过渡时间），我们从学生对快速提问的反应中得出的推论就会打折扣。在课堂上，至少在新手教师的课堂上，这常常看起来就像教师试图仅用从三四个思维敏捷、自信、反应快的学生那里获得的证据来推断整个班级的情况。这样我们就会发现，大多数学生从来没有机会站在讲台上回答那些接二连三的问题。而停顿对于改善这种状况会大有帮助。

• 你叫什么名字？用一秒的时间可以回答这个问题。

• 从这里到那里怎么走？根据你所处的位置和路线的复杂程度，停顿的时间不同。问题越复杂，停顿时间越长。

• 你能解释一下心血管系统的结构和功能吗？等一下，这要花点时间。你能重复一下问题吗？

停顿应该持续多长时间？学生需要多少时间来回答问题？答案取决于问题的难度和每个学生在思考过程中的独特想法。我们确实知道，我们为学生提供的思考和反应时间越多，我们对他们当前获得的知识和技能的了解就越深刻。因此，停顿对于每位教师或形成性评价者来说都是非常重要的。

为了引导有效的停顿，教师需要准确地意识到教学中提出的问题对学生的挑战。布卢姆等人的教育目标分类法、学习结果观察的结构分类理论和韦伯的深度学习理论对问题的分类可以为我们提供帮助。从掌握内容的角度来看，好的问题与定义好的学习目标和分类法、基本问题和学习标准是保持一致的。这些问题可以作为形成性评价者在课堂上提出一系列问题的脚手架（请参阅第二章关于提问的内容）。

无论我们的问题集是由定义明确的问题导图表示还是由简单的图形表示，我们都应该利用它们来帮助我们把停顿和提问联系起来。回答更难的问题需要更多的停顿，需要更有条理的停顿指南，以及为不同学习者提供不同层次的支持。回答简单的问题仍然需要停顿，但教师的提问要容易得多，对学生的支持不那么多。

要让停顿变得更有效，除了知道问题的类型（事实性回忆问题，如是什么，什么时候；或者程序性问题，如怎么回答）和问题的难度外，教师还应该对学生可能给出的典型答案的范围有所了解。其包括对预料之中的没有反馈的反应的了解。

成为形成性评价者要求我们对学生耸肩、沉默、茫然的眼神做出富有成效的回应。包括这些在内的所有反应都可能是学生深度学习体验的开始，特别是当我们很好地使用停顿策略时。尽管这很有挑战性，但我们根据经验知道，当在安全的学习环境中提出问题时，停顿的作用会更大。我们也知道，在课堂上，停顿在培养归属感和幸福感方面发挥着关键作用。

让我们深入研究一下为什么停顿对于课堂学习是如此必要，以及这些研究对于那些希望成为形成性评价者的教师来说意味着多大的价值。

研究是怎么说的

有些问题比其他问题更难解答都是有原因的。认知科学家发现，提问的内容和过程都会影响学生的反应时间。我们还从研究中得知，当我们面对新信息时，工作记忆的容量和持续时间都是有限的（Artino，A. R. Jr. 2008）。一些研究人员发现，人类一次只能处理两到三项新信息（Kirschner，P. A.，Sweller，J.，& Clark，R. E.，2006）。

成为一名形成性评价者意味着承认、理解并应对这些思维的局限性问题以及它们对课堂学习的影响。让我们来探索认知负荷是如何通过停顿来影响思维的。

认知负荷理论

根据认知负荷理论，认知负荷至少有三种：内在的、无关的和相关的。

内在认知负荷是指大脑在工作记忆中同时处理的构成图式的元素的数量。有太多先验知识元素的问题会让学生陷入困境，增加学生所需的处理时间。问题框架、说话前的引子、划线回答和其他脚手架可以减少但不能完全消除内在认知负荷。

无关认知负荷是指要求学习者进行工作记忆活动的提问技巧和情境。这些活动与学生建构图式或学习目标的自动学习没有直接关系，因此这种认知负荷是不必要的（Sweller，J.，1994）。例如，我们可能会看到学生使用他们的认知资源来处理与学习目标无关的信息，但这些信息无意中被混入了一个问题或提示。白板上难以辨认的字迹、幻灯片上的小号字体，甚至是提问都可能给学生带来负担。

相关认知负荷是指对问题做出初步反应的认知过程。隐喻、类比、符号（视听表征和解释）帮助学生建立与学习目标相关的图式和概念理解，构成了相关认知负荷。教师面临的一个挑战是要充分了解学生，以确定在与实现学习目标直接相关的认知过程中，哪些类比能够引导他们，而不是分散他们的注意力或混淆他们的认知。

成为一名形成性评价者需要了解学生和他们的背景（文化、社会、代际等），以便更好地预测和处理这些类型的认知负荷。

形成性评价小贴士
减少提问中的无关认知负荷

形成性评价者应该尽可能减少不必要的认知负荷。

当简单的词汇可以更好地达成我们的目的时，使用过于复杂的词汇提出的问题会增加额外的认知负荷。实际上，学生的认知负荷的确不少，而我们面临的挑战是如何减少他们的认知负荷。

我们如何做出决定和如何实施提问取决于我们优先考虑的目标。例如，教师总是把培养学生的学术语言放在首位，因此他们在演讲中会使用学术语言。这一点对于那些在课外没有接触到学术语言的学生来说尤其重要。作为学术语言使用的典范，教师自然会运用学术语言进行提问。关键是他们这样做都是有意而为之的。

要减少提问中的无关认知负荷就需要了解学生。这要求建立明确的学习目标；了解优先事项以及工作是如何反映这些事项的；对自己的语言方式使用有敏锐的认识；知道哪些类比和表述可能对学生有用；插入适量的拓展性语言，并且在语言没有达到或超过其拓展性语言的范围时，能够巧妙地进行调整。

等待时间影响学生的认知

形成性评价者需要查看他们的问题库、思维导图和脚手架等，并思考研究等待时间的长短对学生认知的影响。虽然大多数认知负荷理论的研究者并不关注学生群体（如第二语言学习者、有不同特殊需求的学生）之间的差异，但他们关于典型学习者认知需求的研究结果确实让我们可以得出一些结论，以供在异构课堂上进行实践。值得关注的是，增加课堂中等待的停顿时间，提高停顿的频率也是很重要的。对于新手教师来说，要使停顿策略符合学生的需求，就需要计划、实验和调整，要日复一日、年复一年地进行实践和探索。

玛丽·巴德·罗（Mary Budd Rowe）被公认为是第一个引入"等待时间"概念并将其作为教学变量的人。在一项具有里程碑意义的研究中，她发现等待三秒或三秒以上对学生和教师的行为和态度有积极的影响。根据随后的研究，提供足够的等待时间的做法与促进正确答案的出现、提高自愿回答问题的学生数量和学生的测试分数，以及增加更多样化和灵活的学习策略以解决高阶问题有关（Casteel，J. D. ﹠ Stahl，R. J.，1973；Rowe，M. B.，1974a，1974b，1974c；Stahl，R. J.，1990；Tobin，K.，1987）。托宾发现，在科学、数学和语言艺术课堂上，延长等待时间有助于学生在回答问题之前更仔细地思考教师的指导、解释（Tobin，K.，1980，1986）。

布莱克和他的同事们指出，许多教师在提出一个问题后等待学生回答的时间不到一秒。改变这种状况的关键是允许更长的等待时间。但是许多教师发现这很难做到，因为这要求他们打破已经形成的习惯。一旦这些习惯发生改变，他们对学生的期望也会受到挑战。德里克是一位教师，在反思自己在等待时间上的做法后，对研究人员做出如下解释。

事实证明，在问完问题后增加等待时间是很难完成的，因为我习惯在问完问题后马上补充一些内容。问完问题后的停顿有时是令我感到痛苦的。这样一个过程让我感觉很不自然，但是我坚持了下来。给予学生更多的思考时间，因为学生意识到需要给出一个经过深思熟虑的答案。现在，在我改变提问方式的几个月后，我注意到大多数学生会在没有提示的情况下给出答案和解释（Black，P.，Harrison，C.，﹠ Lee，C.，et al.，2004a，pp. 11-12）。

德里克和我们没有什么不同。他习惯避免尴尬的沉默，不想在课堂上显得无能为力或失控。德里克能敏锐地意识到学生的学习节奏和学习当天知识材料的要求。他习惯于通过对话和回应的方式让学生参与到学习中来。

遗憾的是，我们不太了解德里克为停顿而精心准备的程序和惯例。他的课堂文化在多大程度上鼓励安全的谈话、安全的倾听，以及在分享之前有一段安全的等待期？德里克是否注意到了快速回答和缓慢回答之间的差距？当他的学生在更复杂的问题上努力分享更细致的想法时，德里克使用了什么样的脚手架（例如，在全班分享之前达成协议或者先说句子和成对分享）？

像我们所有人一样，德里克正在学习磨练并努力成为一个成熟的形成性评价者。我们尊重他的发展，因为他学会了采取可以对学生学习产生积极影响的策略。

用停顿来深入

当我们观察学生时，当我们近距离来控制他们的行为时，当我们注意到一种模式或在脑海中联想到在教室里散步时，我们就会停顿。当我们注意到学生感到不舒服、不安全或不参与的信号，然后采取行动使事情变得更好时，我们就是在利用停顿来思考下一个步骤。当我们鼓励学生后退一步、等一秒，或在他们回答之前放慢脚步时，我们就在使用停顿这一策略。

课堂上的停顿是常有的事。它就像呼吸：我们都这样做，但我们很少感受到它。我们不得不在呼吸、言语、思想之间保持片刻的停顿。现在，当信息的处理速度以纳秒为单位来衡量，而且我们通过敲击键盘来交换信息时，我们要注意停顿的作用比以往任何时候都更重要。在一个没有太多等待时间的世界里，我们会很难关注课堂上等待时间的细微差别。

尽管如此，我们还是持乐观态度，相信那些成为形成性评价者的教师会对停顿策略采取一种反思的立场。谁会需要额外的时间来回答我的问题？我如何在我的课堂上为额外的认知过程设置空间？在一对一和小组的讨论中，学生对我的提示做出反应时，班级是否会自然出现停顿？我应该让谁来提醒班级为什么我们有停顿行为？有没有一种视觉辅助工具可以帮助我减少不必要的无关认知负荷，增加相关认知负荷？

停顿不仅是为了帮助学生为倾听做好准备，而且也是在帮助他们和我们自己应对尴尬的沉默。我们都需要学会把停顿当成一个机会，让思维变得更深刻。制订好计划，并进行反思，这些都会有帮助。

深思熟虑且让学生看得见

作为正在进行形成性评价的教师，我们需要经过深思熟虑安排停顿，让学生能看得见。我们在"提问"一章中提到过，好的问题会让学生有一点痛苦感，甚至抓耳挠腮。学生可能会感到进退两难，期待尽快结束提问。因为当课堂聚焦在自己身上时，学生总会有不自然的怯场感。

与学生确定集体停顿规则是提高课堂上停顿策略使用效率的好方法。我们要让这个过程变得有趣，可以让学生讨论他们生活中珍贵的特别时刻。

提醒学生停顿是对学生尊重的表现，表明我们有分歧，也有共识。停顿的价值如下。

- 我们相信每个声音都很重要。
- 我们可以用耳朵倾听，更要用心听。
- 我们尊重失败，因为我们知道这对于成长和学习是必要的。
- 我们知道停止—观望—思考—分享模式是可行的。
- 我们以不同的方式、不同的速度学习。
- 我们了解把事情弄清楚需要时间。
- 我们来这里是为了一起学习，但速度快不是我们的目标。

深度停顿的四个目标

当我们制订停顿计划时，要记住以下四个目标。这将帮助我们在异构课堂中最大限度地利用等待时间和思考时间。

目标1：不断激活学生的先验知识。教师需要激活学生的先验知识。而停顿可以确保学生有必要的时间来检索长时记忆中的相关知识。为了达到这个目标，一个明智的方法是复习课程计划，计算为学生安排了多少思考休息时间。教师还要思考提供多少时间以便学生能够仔细思考和更可靠地交流他们的先验知识和理解的材料。

激活先验知识意味着为停顿建立指南和流程。教师可以通过视觉提示、海报和热身活动来确保有足够的等待时间。一个方法是选择特定的学生作为"等待时间监督者"，甚至可以借用学生的秒表！

目标2：问一系列问题以加深学术参与。如果提问是课堂的核心价值，那么我们应该尝试开发适合每个学生知识或技能水平的问题。回答不同水平的问题将需要不同的等待时间，并需要不同的等待时间支持。例如，回答以下问题，需要调整到不同的思考水平。

• 描述第二次世界大战爆发的三个原因（需要简单的回忆）。

• 描述第二次世界大战爆发的重要原因（需要较长时间的认知处理或思考时间来区分原因并对其进行排序）。

• 构建一个模型（如海报或图表），会用它来描述第二次世界大战中的因果关系（需要对战争的政治、经济和社会因素有深刻的理解，并考虑如何用图表来贴切地表达这些因素）。

较好的情况是，一组好的问题能展现学生的思维模式，以及皮亚杰和其他建构主义者所称的心智图式。当教师计算出应该为不同类型的问题分配多少等待时间时，最好把问题写下来，并记下在哪些问题后可能使用停顿策略（如转身和交谈，然后在黑板上记录分享）。

目标3：捕捉尽可能多的回应。我们不要忘记，停顿的主要目的是增加对任何给定问题的回答样本（我们将在后面章节讨论回溯和标记）。如果我们在我们的教学中没有系统地安排等待时间，我们只能从一小部分学生那里收集有效回答的数据，结果是我们对课堂上学生的整体理解水平还不是很清楚。我们应该努力收集足够的数据，以便能够了解到大多数学生的学习进展情况。

目标4：促进课堂公平。公立学校肩负着维护民主教育的责任，在某种程度上要为每个人提供高质量的学习环境，而不论其种族、性别和健康状况。为此，至关重要的是，作为教师，我们必须在课堂上倡导公平意识，让学生有机会获得强有力的思想和严谨的思维。我们还需要创造和保护所有学生分享基本问题答案的机会。

从形成性评价的角度来看，这样做的额外好处是增加了我们的样本量，使我们基于更多的回答做出更有效的教学决定。形成性评价者每天都发出信号，每个人的声音都有价值，每一个人的声音的价值取决于对整个团队的贡献。正如一位中学数学教师塞万所说："通过形成性评价活动框架，我们要学会更加认真地聆听。"（Duckor，B.，Holmberg，C.，& Rossi Becker，J.，2017）

一些经验之谈

让我们停下来思考一位教师的话。这位教师在一所多元化的高中教了近10年的英语和日语。我们问米萨："你是如何成为一名在课堂上有意使用停顿来达到良好效果的老师的？"她是这样回应的。

你需要信任。我想你可能停顿一节课的时间也找不到那种信任，你还可以在教室里计算时间。但这不是一码事。

你要相信学生需要停顿。他们将会使用停顿策略，他们的停顿将会产生一些有价值的东西且是富有成效的。

你还要相信停顿会起作用。你不知道课堂管理问题会不会因为集体停顿而出现。

我们分享了米萨的观点："教学就是控制，不是吗？"当我们停顿的时候，我们没有那种我们习惯的控制感。当学生发言时，我们相信我们打开了一扇了解他们思想的窗户。这让我们感觉很好。当学生沉默时，我们不知道他们是怎么想的。肢体语言可以给我们一些提示，但我们真的不知道学生在停顿时会想什么（有学生会在走神或做白日梦）。这可能会让我们感到不舒服，尤其是初为人师。

我们需要有耐心的停顿以及围绕停顿所做的微小变动。我们必须等待和思考，然后再采取新的行动。我们要有信念，相信假以时日会变得更好。

原则、程序和实践

我们希望教师能与同事和学生一起讨论确定停顿的程序和指南。当教师进行开放式的对话并且获得信任亲自确定停顿的方式时，他们就能更好地弥合研究人员的理想目标与教师的实际需求之间的差距。

莫扎特有句名言：音乐不在音符中，而是在音符之间。在启动停顿时，我们应该记住，停顿中的沉默与其他形成性评价策略密不可分。（当然，停顿并不总是需要字面上的沉默。事实上，在思考时间播放音乐是有效的停顿。我们建议停顿因环境和学生的不同而有所不同）。

在启动停顿之前，了解学生如何定义它非常重要。同样重要的是，要好好了解启动停顿的目的。例如，如果我们的目的是给学生提供足够的时间准备回应问题，我们可能会说："我们不要挥手吆喝，以便让学生可以专注于他们想要说的话。"相比之下，如果我们的目的是让学生有机会在交作业之前检查作业的完成情况，我们可能会说："利用余下的时间与你的同桌一起检查你的作业。"

我们建议通过让学生反思具体的停顿方式，将其与工作、大学和现实生活建立联系。教师应提醒学生停顿的好处是无可辩驳的，教师要将学生的反馈融入行动。教师要与学生达成协议，并使用形象的标志来帮助学生记住停顿的方式。

重要的是，审慎而明智地考虑如何让学生做好停顿的准备。如果事情不像我们预想的那样顺利，不要放弃，再试一次，也可以考虑让那些喜欢展示的学生负责引导课堂的停顿。

改变停顿的习惯

以下这些指南可以帮助我们改变停顿的习惯。我们要对目前停顿的习惯采取一种研究的态度。为什么目前正在发生的事情会发生？没有时间等待——问问自己："为什么我通常不'等'？""我到底急什么？""是因为学生吗？""因为课程设置？""因为某一个特殊的时间段？还是因为午餐前的那段时间？"

在《习惯的力量》（*The Power of Habit*）一书中，查尔斯·杜希格（Charles Duhigg）为重塑习惯提供了一个框架。在教育工作者的世界里，杜希格提供的框架有助于建立更好的停顿常规。起初，我们可能不知道停顿指南是什么。比如，在提问学生之前等不到一秒。只要学生举手，就让他们回答问题。为了赶时间，让学生在课堂上死记硬背尽可能多的材料。

接下来，问问自己为什么会做习惯做的事情。是不是与思维活跃的学生快速交流情有独钟？为什么不采用公平原则？为什么对技术运用感到反感？为什么不去下载手机应用程序随机点名？也许习惯性的停顿（或者像大多数教师那样的零停顿）与我们中的许多人——学生和教师一样——在短暂的沉默中感受到的不适有关？是否相信——就像许多初为人师者一样——等待时间会让学生感到沮丧，并且不想面对具有挑战性但肯定会发生的课堂管理控制？

研究完原因后，我们需要想出一些不同的替代方法。为什么不请一个学生来帮忙呢？请一个精力充沛的学生帮忙进行倒计时，可以利用一个计时器或智能手机上的时钟。不管我们明天想尝试做什么，我们都要知道我们需要为学生做好准备，并赢得他们的积极支持。

现在我们来制订一个计划，在以后的课程学习中尝试使用新的指南，想想将如何启动停顿。我们要系统地尝试不同的策略，进行自我监控，不断修改，直到找到几个得心应手的停顿方式。我们要将这些方式添加到形成性评价工具包中，并承诺有意地使用、谨慎地使用。

这种应对停顿的理论和实践的方式与研究人们如何改变工作的习惯是相通的。对教师如此，对学生亦是如此。在有可能失败时，或者当我们有可能忘记利用等待时间时，我们都需要脚手架、立足点。

我们在这本书中主张诚实地面对我们对教与学的理解。教师和学生经常渴望——至少看起来是——有能力、有控制力、有效率。这并不奇怪，我们要获得这些感觉，我们就会选择去做。相反，如果等待时间、思考时间或任何其他与认知处理相关的教学常规不能满足这些需求，我们就不会使用它们。

杜希格的研究表明，将策略性的、反思性的认知努力注入停顿习惯，可以帮助我们形成新的习惯，为我们和学生提供需要的时间来改善认知和情感功能，从而提高教育成效。永远记住：教师绝不是一个人在行动。在成为形成性评价者的过程中，随着时间的推移，我们学习，我们取得进步。

价值观和信仰

对于那些认为自己总是在和时间赛跑的教师来说，在课堂上安排停顿尤其具有挑战性。海报可以提醒每个人认识到等待时间的重要性。重要的是，我们实际上遵守了我们一致认同的价值观。以下是一些值得考虑的观点。

- 我们尊重每位学生在回答问题前做准备的需要。
- 我们鼓励每个人利用等待时间，这是有帮助的。
- 我们让教室里的停顿变得清晰可见。注意使用停止标志和秒表。
- 花点时间想想"我知道什么"和"我怎样才能很好地分享它"，然后等待分享。
- 今天每个人都应该有机会回应和分享一个想法。

案例研究

停顿：马克的案例

当我刚开始教书的时候，我惊奇地发现，停顿会让我产生恐惧感。我开始意识到，这种恐惧感是关于控制的，或者更具体地说，是害怕失去对班级的控制。教学就是控制。教师控制着课堂的运作方式：哪些选择是学生可以做的，哪些选择不是他们可以做的，哪些规范应该加强，多久应该加强一次，什么时候应该让学生和我们自己放松以及什么时候不应该放松。

当停顿的时候，我失去了那种我习惯的控制感。当学生说话时，我觉得我可以了解他们的想法。作为一名教师，这种感觉很好。我需要证据，想知道一个学生在想什么，因为这样我就可以用它做一些有成效的事情。这是我的工作、我的责任。

但是当学生沉默的时候，我不知道他们在想什么。重要的是，学生可能会有表现沮丧、不耐烦和无聊的肢体语言。众所周知，对于教师认为学生会感兴趣或至少对学生来说很重要的教学内容，学生可能会表现出厌倦。

我们中的一些人在刚开始当教师的时候，非常擅长编造和补充学生的想法。我们教室里的学生在停顿的时候可能会想：这门课太糟糕了。不知道这位教师在做什么。我们现在可以走了吗？可见上课中的停顿会让人感觉不舒服，尤其是在刚开始我们还不习惯如何停顿，还没有真正理解停顿是如此重要的以及为什么停顿如此重要的时候。

在整个课堂中，即便是几秒的停顿也会让我担心出现一个我无法控制的课堂管理问题。我最好还是别停顿，继续上课，不要允许有这种可能性。如果我不能处理突发事件，那就意味着我能力不行。重要的是，我想成为一名称职的教师。

我必须学会耐心对待。在不能立即知道学生在想什么的时候，我应该给他们思考的机会。因为停顿实际上就是给学生提供处理问题的机会。没有这个机会，他们怎么能学好呢？如果我总是不停地讲，怎么能够得到较好、完整的学生回应呢？

我发现，在不知道学生停顿时在想什么的情况下，保持耐心更容易获得学生的信任。我相信停顿是值得一提的。我在研究生院学习过，但我不确定停顿是否对我真的有用。一旦学生相信需要停顿，他们将会使用它，并且通过停顿做一些有意义的事情（而不是导致教室管理的混乱）。对于停顿，我从感觉不适变得可以接受了。我明白了，这需要时间，我正在学习在停顿中放松自己。

我以前在课堂上的沉默是无意识的担心：我该怎么办？根本没有人回答我的问题。所有的眼睛都盯着我。这样的停顿令人不舒服。现在我有办法了。我需要重置或调整一下自己的心理状态。我退后一步走，深呼吸，然后换一个角度重新提问即可。

还有一件事对我的停顿很有帮助。我开始相信，我可以处理停顿之后可能发生的事情。当我刚开始教书的时候，我很难预测学生的反应。学生会说一些奇怪的事情，我只是不知道该怎么做。这可能会令人不安。所以刚开始教学的教师最好不要在课堂上随便停顿。这是因为停顿可能会带来学生意想不到的评论，或者他们根本回答不了教师的问题。

当我加上一些短语，如有趣、我喜欢时，我从来没想过这能让我换一种方法来思考这个问题。当我想知道一个学生的回答时，我开始变得更加自信，也知道该怎么做，即使学生的回答让我感到惊讶和困惑。使用这些常用的短语等于给自己更多思考的时间，同时也增加了学生的思考时间。

现在，我享受着片刻寂静所带来的惊喜，为学生提供静静探索的机会，让学生有责任分享想法，因为现在我们有了分享的时间。当我在倾听学生想法的过程中找到了自信和信任以及强调停顿的教学计划模板时，停顿真的帮助了我。我想我们可以采取停顿行为，而不需要对学生的真实想法感到好奇。

停顿组合

将本书中的一些策略组合成形成性评价工具包是优化教学的有效方法。以下是实习教师卡里(Kari)在中学音乐课上使用的两个有效组合模式。

一是铺垫—停顿模式。铺垫："在我们开始学习之前设想要做的最后一件事。请花一点时间在音乐课上写卜这段话。"停顿：教师走下讲台，等学生写出答案后返回。

二是铺垫—停顿—重启模式。铺垫："只是提醒一下重复动作的动态变化。在我们开始学习之前，花一点时间来提醒你自己那些是为你的乐器准备的。然后我会和你们中的六个人商量一下。"停顿：教师冷静地等了 5～10 秒，将右手举起来。重启：教师把手放下，说着"请让我们开始学习吧"。

支持停顿的开场白

说到停顿，开场白可以帮助课堂学习走上正轨。我们可以用开场白来提醒大家停顿即将发生。那些还在做别的事、四处张望、需要安静下来的学生，一听到提示语就会把注意力转移过来。当学生需要更多时间来为小组讨论做准备时，教师可以在课堂上精心搭建脚手架。表 3-1 为一些支持停顿练习的开场白。

表 3-1　支持停顿练习的开场白

下面的开场白用来支持停顿。
• 请稍等……
• 认真思考，然后……
• 提醒我们在思考时……
• 我知道你现在可能已经有了答案，但我希望你……

续表

> - 在与全班同学分享之前，你有……秒的时间思考。
> - 在与全班同学分享之前，与你的同伴讨论一下。
> - 请不要举手，不要出声。在与全班同学分享之前，是时候好好想想了。
> - 在与全班同学分享之前，花点时间写出你的想法。
> - 花……分钟起草你的第一稿。
>
> 作为学生元认知发展的一部分，下面的提示可以帮助学生反思他们的停顿技巧以及如何有效地使用这些技巧。
>
> - 更多的时间对你的回应有什么帮助？
> - 当你在思考过程中草草写出答案时，发生了什么？
> - 当他们的时间比平时多时，谁的反应会发生变化？所以如何？
> - 你从上次停顿配对分享中得到了什么？你认为我们全班同学用这种停顿的方法会得到什么好处呢？

误解和挑战

误解警告 1

职前教师的培养工作中有一种常见的对停顿的误解。许多新手教师认为停顿对他们的教学计划执行是一种威胁。还有人认为停顿比较浪费时间，因为学生不需要因学习节奏的指导而停顿。在学生升入高年级前，我们必须争分夺秒地多讲授更加难学的内容。数学专业的人倾向于认为数学教师持有这些错误观念的人数要比人文和语言艺术教师的多。其实不然。多年来，我们观察到很多学科的教师，包括跨学科的教师，也似乎都存在这种误解。

例如，实习教师艾琳是教音乐的，她一直在停顿和追求教学速度之间挣扎。有时候，对落在其他教师之后的恐惧，或者在良师益友和其他管理人员的监视下的焦虑，会加剧她的痛苦，使她不敢停顿。她和我们分享了她的想法。

我发现，对于我的高中生来说，让他们保持较快的学习节奏是非常重要的，也是必要的。因此，我有时会忘记停顿或考虑等待时间，因为我太专注于快速行动。我开始意识到节奏和停顿是有区别的。仅仅因为我的语速很快并不意味着我需要说得很快或者忽略等待时间。只要停顿的时间不是太长，就会对我的学生非常有用。

我最近注意到，当我在不考虑等待时间的情况下提出问题时，学生同样会举手。为了使回答问题的学生增多，我尝试了使用一些策略。比如，"女高音部分的人能回答这个问题吗?"或者"坐教室后面的人能回答这个问题吗?"虽然停顿可以给学生更多的机会来解决这个问题，但在提出问题之前，先说花时间思考一下这个问题，然后再回答其他一些问题，是很有帮助的。这意味着会有等待时间，以便收集学生的想法并形成他们的意见。

我会提醒自己：不要害怕停顿。停顿并不意味着我们会失去对学生的注意力或课堂的控制。做任何事情都要适度。

对于那些正在学习停顿技巧的形成性评价者来说，有趣的是他们本人对停顿的关注度，以及他们对他人关于停顿的关注程度的了解。持续推进的学习和停顿之间会存在矛盾或不可调和的紧张关系。毫无疑问，效率、生产力发展和竞争强调把重心放在节奏、完成事情和行动越来越快上。其中技术是产生这种现象的主要原因。我们的学生已经习惯于快速反应，找到捷径。

新手教师一般会对停顿抱有一些先入之见。尽管有教育研究人员和大学教授的建议，新手教师对停顿还是会感到无能为力。停顿对于这些精通技术、很忙碌、动作迅速的师范生来说，与现在教学的节奏似乎并不完全同步。有关停顿的技术解决方案可以帮助形成性评价者应对停顿中出现的问题，但前提是我们必须知道为什么要停顿以及如何停顿。

误解警告 2

还有另一个关于停顿的常见误解，是我们与那些改行过来的教师在工作中遇到过的。这些教师多来自工业界，当过工程师、经理和商人。在智力上，他们懂得停顿的目的和用途。他们可以根据研究为等待时间的使用提供一个有说服力的理由。可以说，他们已经做了功课，能通过教师教育理解评价工作。一位经验丰富、在工程学领域工作了 30 年的中年教师在我们的评价课上对一篇速写文章做出了回应。

鉴于速写中所述的原因，给学生更多的回答问题的时间是值得的。对于面向全体学生提出的问题，等待时间可以让学生给出经过深思熟虑的回答。给学生多少回答问题的时间应该根据问题的类型而有所不同。对于需要函数计算知识的问题，我不会提供太多的等待时间。我当然会给学生充足的时间来回答一个复杂问题。另外，我会提供额外的时间使学生重新回顾先验知识，特别是那些对当前知识相对不熟的学生。要在应用脚手架之前确定正确的等待时间，教师需要在满足学生个人需求和明智地使用课堂时间之间进行权衡。等待深刻一点的见解当然是可取的。然而，如果学生的思考偏离了主题，等待时间再多也是没有用处的。我希望随着经验的积累，这些判断对我来说会更容易做出。

我们想问我们未来的形成性评价者：有没有希望使用更多的等待时间和动态反馈来帮助解决一个单词问题？放慢行动，或者在课堂上用足够的思考时间分析事情？还是通过测验和考试来判断学生的学业成就情况？是为了让那些有天赋的人进步，还是为了让那些数学学习有困难的人克服困难？

我们希望提出更多的问题（而不是在这种速写中找错误、打低分）。我们可以说服这位教师和其他像他一样的教师，让他们意识到我们为学生建构的学习，将在我们未来的教学过程中发挥重要作用。

但是我们对这位教师的要求不应该太苛刻。他与亚里士多德的思维如出一辙，因为亚里士多德也喜欢辩论，总是想知道学术性的教育何时会与社会的需要反向而行（Barnes，J.，1982）。

回顾：反思刚刚教授的课程

布瑞恩以前是一家公司的老板，在生物技术行业有着丰富的工作经验。他希望在教学方面开启新的职业生涯。我们让他回想一下他在学校实习时刚上的一堂课。

当学生焦虑地试图思考他们的答案时，一种不安全的感觉弥漫了整个房间。但重要的是，大量的学习正在进行。即使是在停顿时给出的一个单词或简短的回答，也能帮助我们对这门课的定位有所了解。如果学生选择的答案与学习目标不一致，我们可以对学生的练习进行实时修正。这些可以作为我们纠正学生的错误和为学生重新安排思路的依据。

我有时会让学生在没有相关背景知识的情况下给出答案。例如，我曾经在一个基因提取实验室问学生如何用肉眼看到基因。我希望他们能想出两到三种可能性，其中一种可能性与工业上使用的可视化技术有关。虽然我们最终会讲到这个技术，但我们还没有深入学习那个单元。我现在意识到，我问的是一个探索性的问题。这个问题本可以在本学期的后期更好地为学生所用。虽然学生在探索过程中出现了一些重要的处理过程，但我还是对这堂课感到很失望。

正如布瑞恩的自我反思所显示的那样，对有些问题，不管我们给学生提供多少等待时间，他们总会回答不上来。超出学生最近发展区的问题都更难得到学生的回答。布瑞恩在其专业成长的过程中不但取得进步，还正处在形成性评价的旅途上。他意识到他的学习环境在不断变化。有时，我们所计划的教学策略和教学方案可以预测到学生正确的或错误的理解方向；但在其他时候，它们根本无法预测到。

这种自我反省在很多方面都值得称道。一个努力成为形成性评价者的教师必须向现实妥协。当布瑞恩这样表达的时候，他就在让步："我有时会让学生提出他们缺少适当背景知识的答案。"在极少数情况下，我们会很幸运有一些志愿者试图去帮助这位教师。但这不是重点，对形成性评价实践的复杂性和细节保持谦逊的态度才是重点。

在上述例子中，布瑞恩似乎需要一条专业发展路径。但他的专业发展达到高级阶段了吗？如果我们相信教师的专业发展是一个连续的过程，那么也许布瑞恩正在实现形成性评价实践的更高水平发展。

我们认为，布瑞恩在进入新职业的学徒阶段过程中已经有了新的发现。他谈到，或许我们可以换一种思路来实现同样的教学效果。如我们可以纠正学生的错误，或者重新调整我们对学生思考的认识。这种认识抵得上计划课程和教师评价。在一个寻求将奇迹、发展需求和偶然性从我们的职业中剔除的时代，我们把它看作成为形成性评价者的一半努力。我们认为，在一个职业中有着相同目标的同事或同龄人身上，没有什么可以取代自我反省。

形成性评价小贴士
为什么停顿是新手教师的挑战？应该如何应对？

停顿对新手教师来说是挑战，因为停顿涉及打破一些习惯、使用未经检验的技能。

质疑课堂上的学习习惯对所有教师都有好处。然而，刚开始当教师的人通常不会质疑他们的由数字化、科技驱动的快节奏的生活习惯，也不会质疑这对他们的教学有什么害处。学生的学习所要的节奏不能太快。

教师进行有效停顿所需的技能对教师来说是不容易获得的。因此，直到我们需要让学生停顿，我们的停顿技能才能经过检验。这和我们刚开始教学时用到的提问技巧不同。

我们一生都在问问题。但在这些新手教师中，有谁有经验能让精力特别充沛或半睡半醒的学生停下来，反思《葛底斯堡演讲》《变形几何》《芒果街上的小屋》的价值？"还没有！"这是大多数新手教师都会选择的答案。

停顿会让新手教师感到不舒服。他们用"痛苦""怪异""不自然""糟糕"和"不确定"来描述他们在教室停顿时的感觉。

好消息是这种不舒服的感觉会随着技能的增长而减少。

这对那些成为形成性评价者的教师意味着什么？我们可以想象，刚开始上课的教师会对停顿感到无能为力。教师质疑的习惯是通过多年的教育教学观察和培养而形成的（Lortie，D.，1975）。要意识到，教师的信念和习惯需要改变，误解也有待澄清。

为什么停顿如此重要？回顾本章的认知心理学研究或从作业中获得的其他资料，理解认知负荷对特定学生的意义。

我们需要帮助这些教师制订一个计划来发展他们设定等待时间和思考时间的技能，帮助他们完成课程计划中的具体步骤；让他们花点时间来回顾哪些技能是可行的，哪些是需要再尝试的；让他们放弃"在学校做"和"每个人都学会了，我们一起学习下一章"的想法。

汇 总

等待发现，等待洞察，都很重要。我们现在必须在教室里腾出更多的空间来应对突发事件。这意味着当学生通过演讲和写作回答我们的问题时，我们就要让他们开口说话或做些什么。无论沉默的时刻有多尴尬，停顿都能让学生的复杂思考过程呈现出来。

目前的评价标准要求在公立学校的课堂中融入说和听的核心技能培养。我们被告知，教师必须更加善于促进课堂谈话，学生必须更加流利和清晰地表达学术语言和特定学科的观点。经济全球化和市场力量需要更多的 21 世纪技能，这些技能与解决问题、人际协作以及 STEM 领域内外的分布式沟通有关。

政策制定者有各种各样的建议，但我们停下来问问：他们赞成停顿吗？减少课程和考试负担，为口语和听力腾出空间？为了支持学校和教师，而不是为了强调当下规定的教学安排，而促进数学或艺术等学科的概念理解和程序的流畅性？那些对教育改革感兴趣的政客们会停留足够长的时间，让沟通技巧在我们的课堂上发展得更加好吗？

只有时间才能证明，与此同时，我们将遵循研究结果。每个学生都需要思考的时间来处理信息，这样才能学好。保护和实现这些目标才是我们的职责。

检查理解程度

停顿需要练习。以下的提示和练习旨在帮助教师对本章中出现的想法理解得深入。有效的停顿需要计划、谨慎和反思。教师可以将热身提示作为自我检查的方法，在尝试性练习中将提示作为对话的开始和用于独立学习或小组合作练习。

热身提示

- 为什么要停顿？对谁好？
- 上课不停顿会有什么后果？
- 什么是有效的停顿？你是怎么知道的？有证据吗？
- 有必要为停顿做好准备吗？为哪些学生？
- 停顿的哪些方式会影响教师的课堂决策？

尝试性练习

第一天：向学生解释是时候创建一个词语网络了。提醒他们，词语网络用于帮助我们思考一个话题。把停顿这个词语写在黑板上，问学生这个词语让他们想到了什么。将他们的答案写到黑板上。

第二天：和第一天一样，但是要求学生把他们的答案写在便笺纸上，并把它们贴在黑板上。

第三天：和第一天一样，但是要求学生两人一组讨论他们的答案，然后把它们写在便笺纸上，并把它们贴在黑板上。

第四、第五天：在本周完成这些任务后，反思对等待时间的使用情况。请注意学生参与模式是否会因提供的脚手架而有了改变。

回顾本章的原则、程序和实践部分。现在设想一下，在开学的第一周，我们正在为班级设定学习目标和期望。我将借助学生的参与来共同确定课堂的基调、课堂中的价值观和支持，使形成性评价充满课堂生活。学生可以而且必须对我们有所期望，但他们也必须设想在遇到挫折时修补规则的方法。

挑战性任务：让一个专业学习群体或课程学习小组的人解释为什么一个特定的程序可以支持更有效的停顿。允许另外一个人反驳，说出为什么这些举措可能对谁不起作用，为什么这很重要。被指定参与具有特定语言水平或与注意力相关的个性化教学支持计划的学生能从中受益吗？当考虑这些不同的观点时，我们要坚守诚实和尊重。然后在汇报结果之前，我们要让每个人尝试用三种可能的策略应对这个挑战。

第四章 追 问

如果学生对教学内容不感兴趣的话，追问会让学生生气和感到厌恶。

——迭戈，八年级自然科学教师

在所有的行为中，追问似乎最容易破坏并真正危及师生关系。

——露西娅，音乐教师

追问带有冒险性。教师需要认真关注口头和非口头的提示。教师在追问时应该带着一种信念：相信每个学生的回答都有重要意义。有效的追问能够借助约定、工具和常规程序来帮助学生厘清思路。学生在被追问时应该配合教师并毫无保留地说出自己的想法。追问的问题：你能再深入详细地解释一下你的论证吗？当教师对学生公开表达的观点、想法和表现追问时，学生会感到紧张。尽管如此，教师和学生都会从追问可能带来的风险中受益。像其他形成性评价策略一样，追问需要耐心和实践。

什么是追问？

追问大多指的是提出后续问题（following-up question）的行为。有时候追问还包括邀请性陈述（invitational statement）。例如，"我不太明白你的观点。""你能多说一些吗？"追问的目的是让学生的思路像教师的思路一样清晰可见，同时还能激发学生思考。教师和学生可以互相追问。反问（push back）是一种常见的反向追问（counter-probing）形式。例如，"你想让我把这些都写下来吗？接下来我要做什么？我们为什么要做这些？"

追问还可以是一种形成性反馈。例如，教师在科学实验室的第一份草案或一篇论文的初稿中写下的问题，还有对一个艺术项目或音乐表演的口头评论。

追问有利于改正行为，它要求我们重新思考我们最初给出的答案。追问常常会发生在一个学生或整个学习小组重新审视可能没有意识到的想法、创作、表演或行为的时候。比如，像"我注意到每个小组在第三个任务中花费时间最长，我想知道为什么这样"的提问，可以极大地帮助学生形成元认知能力、增强小组动力、加快社会化学习进度。

教师作为形成性评价者，为了使追问的内容与三角评价的学习目标保持一致，需要具备敏锐的洞察力并能仔细聆听和认真记录。追问旨在激发学生思考，探索有关学生认知的误解甚至偏见。三角评价可以帮助我们利用观察策略或工具端点设置追问行为：这正是我们收集质化数据来衡量当前课堂上学生理解水平的方法。

为什么追问？受益者是谁？有什么好处？

为什么追问？这是为了让学生的想法清晰可见；为了更全面地了解学生的认知过程、学习方式和想法；为了探索学生给出的看似正确的答案背后那些常常令人出乎意料的解释。人们对看似正确、错误和另类的回答存在误解。研究表明，学生在一门学科中呈现的所有思维模式或知识元素都值得深入的探索（DiSessa，A. A.，1983）。

追问之所以备受推崇，是因为它需要认真的聆听，可以优雅地表达专业的关怀。追问推崇好奇心，类似于科学家的科学探索。追问也向学生发出强烈信号：深入的学术思考和深刻的问题解决依赖于人们的非认知能力和性格，如坚持不懈、自我管理和关心他人的能力。追问包含对思想、工作和生活的修正以及过一种负责任生活的态度。作为形成性评价者，教师运用追问的最终目的在于在充分了解学生的基础上做决策（他们明白了吗？我怎么能确定？他们还有什么没有告诉我呢？）。追问可以帮助教师通过利用学术技能以及非认知能力、共情能力，与学生快速建立亲密关系。

为什么要让学生学会追问？除了是要帮助他们形成批判性思维和解决问题的能力之外，还在于社会已经把追问能力作为职场能力的一部分。新闻工作者、医生、护士、律师、顾问、心理治疗师以及许多其他专业人员都很重视追问，并使其常规化。提出后续问题是较明显的例子。在学生成为真正的公民和大学生之前，应该提前教会他们如何对有争议的历史主题、医学研究和公共政策问题进行追问。专业人士可自由地追问。学习追问可以帮助学生找到更好的工作，并过上更为充实、更富有意义的生活。

公开的追问有利于实现共同的利益

"请详细一点""请解释""再多说几句""我不太明白，能否用你的话解释一下"，这些通用的提示可引导学生进行深入思考，发展学生的高阶思维，使其相关能力既能符合教育标准，又能迎合职场需求。教师的追问不限于考查学生对表层知识的掌握和对事实的讲述，还要考查学生具备的专业知识。追问对学生和教师都提出了更高的要求。

但是现在的教育标准陈旧。在发掘深层知识上，追问的方法也是陈旧的。那些寻求深刻且真正的学习的教师和学生会在对话开始时就相互追问。如前面的章节所述，我们可以使用思维五步法来做深入的课堂教学探究（Meier，D.，

1995）。有些教师可能认为思维五步法首次引入了基于问询的标准（inquiry-based standards）。思维五步法的应用以问题为中心，把问题融入一门学科及其相关内容。思维五步法欢迎追问，也可能排斥追问。

思维五步法的应用似乎在强调这样一个问题："我们怎么知道我们已经学到的知识？"这个思维习惯为培养学生充分思考的能力设定了基调。我们生活在学习共同体中，要学会对一门学科、整个世界以及任何专业权威的理解进行追问。显然追问会加深理解：证据很重要，观点很重要。回答需要有证据。我们要实事求是。

追问是要考察事件和观点产生的原因。它要求教师与学生一起设定学习目标，让追问融入教学活动，或探索常规视角以外的领域，使学生学会运用高阶思维技能。追问有利于在争论或解释中寻找论据，提倡对一个话题持积极的怀疑态度，而不是自满自足。现在，学生或许面临着比以往任何时候都要棘手的社会、经济、政治和环境问题。我们的工作是帮助他们获取能够应对未来的智力工具和教育经历。

建构联系、坚持多维视角、分析推理、猜想、探索关联性等这些认知习惯不仅很传统，而且也可能与学校等机构本身一样古老。自从有了教师和学生的存在，为了激发学生深入思考、提高他们的思维水平，追问便成为教育的核心。

追问可以追溯到古希腊。当苏格拉底对年轻来访者的回答不满意时，他会持续追问直到获得更满意的解释。在《柏拉图对话录》（*Plato's Dialogues*）中，提问和追问的教学行为包含的是详尽复杂的思想交流。苏格拉底提出问题，学生给出"答案"，苏格拉底接着不断追问。通过这样的追问，我们看到学生如何在公开的谈话中加深理解。现在，我们仍然对这个案例怀有敬佩之情，因为苏格拉底通过巧妙的追问对学生的思维和观点产生了影响。

当然，苏格拉底从未写过任何形成性评价的计划，也没有解释过在州和联邦问责制背景下他的教学行为的合理性。有证据显示，苏格拉底每天给 37 名来自不同文化和语言背景的学生上 5 节课，每节课 55 分钟。苏格拉底没有使用评分技术，也没要求学生的父母和学院提供关于学生成就的量化数据。我们有充分的理由相信：苏格拉底和世界上许多伟大的教师一样，不必对高风险测试的结果和教育政策制定者的教育增值需求负责。

时过境迁，教师身处竞争异常激烈、经济全球化的现代社会。根据法律和习惯，我们有责任以公平公正的方式对待所有儿童。杜威在其著作中提出："最优秀明智的父母希望自己的孩子获取的东西应该和学校希望所有学生获取的东西一样。"（Dewey，J.，1900）纳税人期望获得良好的公共教育服务。作为教师，我们致力于实现真正的民主教育。

我们不认为公立学校要一直实行这种让所有学生获得良好教育的民主制度。我们也不会坚称大多数学生都会得到他们应该从学校获得的东西。有些人认为，美国的受教育权利与对平等、社会公正和卓越教育的需求相结合（Dar-ling-Hammond，L.，1997）。另外一个重要的观点是，每个学生都应该接受旨在促进深入理解的公共教育，但是只有教师可以在课堂上自由地引入新的教学行为和方法才能达成这个目标。形成性评价的常用策略——提问、停顿和追问——不能被"新智慧""平衡发展"和"21世纪"这些新型标准化评价方法取而代之。我们的学习社区和学校必须坚持我们的理念：时下的学习成绩测验不能满足教师为促进学生学习进步而评价的需求。为了推进基础教育向前发展，我们有必要请求和支持教师返回到课堂教学过程中，而不是任凭公司和企业摆布。

形成性评价者既需要学会在课堂上运用娴熟的追问方式，也有获得帮助去提升他们追问技术的需要。我们先在三角评价中更好地定位追问，再去讨论追问的策略和相关案例。

追问与提问、停顿一起居于三角评价的观察端点

我们通过追问引导学生的认知思维发展并使其可视化。对于形成性评价者来说，追问策略居于三角评价的学习和认知端点，依托的是一系列与具体的课程和教学目标相一致的问题或提示。如果我们是初中数学教师或高中物理教师，就会知道在什么阶段追问什么，什么时候追问，以及为什么要追问。

想要掌握形成性评价的教师需要敏锐地观察学生和他们的学习活动。为了更好地了解学生当前的理解水平，我们必须提出有针对性的问题，收集答案，然后再深入考察，检验学生的解释是否合理。不论是一节课，还是一个单元，或是一个学期，教师想要了解学生学习的证据，就不可避免地要用到追问策略。

通过三角评价，我们可以看到追问是如何拓展我们的思维范围，很好地服务于观察的策略或工具运用的。在黑板上书写、传递纸条或走下讲台与学生交流时，教师都可以追问。教师利用追问可以获得学生学习的有效证据。为了识别出学生的错误概念，我们必须首先去看、去听、去观察学生。与前面"提问"和"停顿"这两章一样，课堂证据或质化数据的质量很重要，因为证据影响学生掌握知识和能力以及对下一步教学目标的把握。

与提问一样，追问的要求必须与认知或学习目标保持一致，其逻辑类似于三角评价的相关内容。如果教师问"你能再多说点吗"，这种详细阐述的要求就是深化课堂的学习目标。如果学习目标被逐步证实，那么关于学生发展的观点、数据分析和结论支撑的考查将指导教师制订课程计划。但我们仍然需要

一套教学策略来考查在教学过程中学生对问题的回答和理解情况。

如图 4-1 所示，追问允许形成性评价者为了激发学生学习去调整此前准备好的问题、提示和任务。有目的、有意识地了解追问的路径可以帮助形成性评价者更好地了解学生。关键是掌握如何观察学生和收集学习数据。

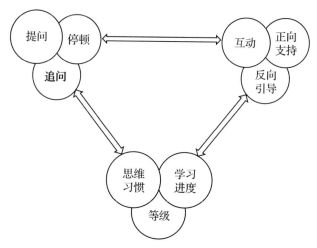

图 4-1 利用三角评价进行追问

追问并非全新的策略

• 当你问学生最近怎么样时，他回答挺好、不错、还行。然后你接着说看见他昨天跟切尔塔先生在运动场上，问他是准备今天的田径运动会吗。这时你就是在追问。

• 当你用西班牙语问学习西班牙语的学生一个问题时，他们用英语回答你，你要求他们用西班牙语回答时，这是追问。

• 当你引导学生查看预测－观察－解释示意图并询问有人能告诉我为什么首先想到的是预测，类似于预测含义的词汇还有哪些，科学语言和科学家的话语有什么异同时，这就是追问。

• 当你通过非语言线索观察到一些学生焦虑、分心或不安时，你可以问你还好吗，我能帮你做些什么，做些什么能让你有安全感，这也是追问。

• 当你在放学后和学生讨论家庭作业时，你说你觉得这个单元怎么样，你觉得哪里需要我解释，其他人可以帮忙解释一下吗时，这也是追问。

当教师用包容的态度对待学生的回答，并负责任地带着尊重和好奇心看待他们原始的想法和观点时，教师已经步入了追问的正轨。负责形成性评价的人需要引导学习小组的成员更多地发问，包括他本人、他的学生以及小组中的其他人。并且这些人知道追问有助于掌握学习的内容及方法。

研究是怎么说的

追问虽然一直存在于教学和学习中，但是对于儿童或成人来说并非易事。一些理论家认为，尽管我们在追问时有一定的技巧，但当涉及复杂情况时，儿童的回答还是有可能受到道德、认知和社会情感发展的制约的（Kohlberg，L.，1970）。

有关青少年认知发展的研究提出了一个严峻的问题，即青少年的评价能力何时以及在何种情况下能够得到充分发展（可能需要到 25 岁）。青少年也许确实很难以成人期待的方式认识这个世界（Dobbs，D.，2011）。

对形成性评价者来说，大多数关于教师提问的研究都支持采用追问式提问（Brophy，J. E. & Evertson，C. M.，1976；Clark，C. Gage，N. & Marx，R.，1979）。优秀的教师会通过不断的追问引导学生去解释说明，为自己而辩护或激发思考（Hollingsworth，P. M.，1982；Brophy，T. & Good，T.，1985；Weil，M. & Murphy，J.，1982）。

研究表明，追问绝非普遍存在甚至频繁发生于教学之中（Newmann，F. M.，1988；Sahin，A. & Kulm，G.，2008；Pimentel，D. S. & McNeill，K. L.，2013）。课堂中对问题浅层的思考占到 80%（Airasian，P. W.，1991；Barnettte，J. I.，Walsh，J. A.，& Orletsky，S. R.，et al.，1995；Gall，M.，1984；Kloss，R. J.，1988；Marzano，R. J.，1991）。研究者通过对中学自然科学课的调查发现，教师自己也表示"由教师引导的讨论并不理想……很少使用追问或对学生的想法进行进一步探究"（Pimentel，D. S. & Mcneill，K. L.，2013）。

这些研究表明美国课堂上的追问远没有我们想的那么多。教师提出了问题，但是少有好的回答。事实上，只要有学生回答，教师就已经很满意了。教师很少会继续发问。比如，"你能再说点吗？你是怎么知道的？支持这种说法的依据是什么？"

事实证明，并非所有人都认可追问有很大的价值。研究人员认为追问的有效性可能取决于它的运用方式和语境。研究者发现，追问式问题既没有帮助学生学习，也没有阻碍学生学习（Wright，C. J. & Nuthall，G.，1970）。加尔和同事的研究得出的结论是，追问被看作教师为了补充完善学生的初始答案而提出后续问题。追问通常是与重新定向（redirection）一起被研究的，并且对学习没有影响。

还有研究者认为，教师提的问题，包括考察型问题，实际上可能会阻碍课堂讨论(Francis，E.，1982；Dillon，J. T.，1978，1983)。他们发现，当教师换一种方式提问时，学生讨论的积极性会增加(Dillon，J. T.，1979)。教师如果认可了学生的回答，提出了观点或表达了自己的想法，如"我不确定我是否明白你的意思"，都会增加学生讨论的积极性。因此，真正重要的是教师追问的方式。而且教师要因材施教，对一组学生适用的追问方式不一定适用于另一组学生。

　　一些教师清楚地明白，即使自己经验丰富，熟悉课程，了解学生，也很难提出好的问题。一些教育研究致力于根据不同学科帮助教师获得不同的追问和探究技巧。伊普为中学自然科学教师提供了一系列追问的方法，引导学生自己得出答案(Yip，D. Y.，1999)。同时莫耶等人的研究结果表明，优秀教师的追问已经表现了他们对学生作业和课堂回答的广泛关注，我们可以从这些指导课堂实践的应用研究中受益(Moyer，P. S. & Milewicz，E.，2002)。

追问前期准备的理论支持

　　研究表明，追问有两种必要的准备方式：一是教师需要提前检查自己对追问的态度；二是教师让学生提前准备他们期待的具体追问过程。狄龙和布里奇斯认为，教师的态度、性情、对课堂讨论的热衷度(包括追问促进学生深入思考的价值)，都影响着课堂上学生讨论的频次和类型(Bridges，D.，1979)。换句话说，关注课堂讨论的众多提问技巧都还没有教师的态度、性情和对提问的热情重要。

　　布里奇斯使用"讨论预备"(presuppositions of discussion)的概念来阐释追问的前期准备对于加深学生讨论的作用(Bridges，D.，1979)。然而他并没有使用我们习惯的概念。前期预备的必要条件如下。

- 对某个主题有意愿提出多个观点。
- 对不同的观点加以审视。
- 愿意对所讨论的问题积累知识，加深理解和提高判断力。
- 确保课堂环境的合理、平稳和有序。
- 尊重真理、自由和公平。

　　上述诸多预备的理论基础都是思维五步法。中央公园东部中学一直很关注观点与证据，并要求所有教师、学生和员工都要思考"从谁的角度阐述这个观点"和"我们怎么能知道"等问题。在思维五步法的指导下确定统一的基本学习目标，要求教师和学生参与并推进课堂讨论，不论年级，不分学科。在自然科学、数学、语言艺术、历史、服务学习和体育课中，追问可以培养学生的高阶思维习惯，诸如你能再说点吗？你能举一个例子吗？你能给我演示这是怎么工作的吗？

　　教育研究人员和课程顾问希望为教师提供现成的提问的脚手架，但这些脚手架目前还只是形成性评价的前提条件。因为真正能促进教师与学生课堂上健康积极的交流的是他们通过协商而形成的约定。即便是约定，也需要教师日复一日地修订而完善。每一次针对每个课时的考察安排和计划的修订都是在一节课内完成的。对于提问有什么意义以及为什么要提问的共识必须建立在满足课堂教学任务和时间的要求的前提下达成。正如苏格拉底所说："要过一种严谨的生活。"

　　如果我们不改变教学和学习的态度，那么学生将会看穿我们的意图，返回到传统的学习方式上。形成性评价就会和总结性评价一样，变成强迫和诱导学生学习，或者为了成绩而必须完成的一个又一个的具体任务。

　　教师和学生应该拥有书写和修订课堂评价方案的权利，承担追问的风险，可以尝试如何更好地追问。比如，"你能多说点吗？""现在给你的朋友解释一下。""我不确定我是否听懂了你的话。""你的证据是什么？""我们需要证明这一点。""我很希望你再解释一遍。"

下一步和机遇

　　就形成性评价而言，很少有文献关注学生认知、情感和文化需求上的巨大差别。值得注意的是，我们所引用的研究不是专门研究追问本身的。即便有很多相关研究探索提问可能面临的挑战、影响学生成绩的提问类型以及教师如何获得提问技能等，也与我们所谓追问本质意义相去甚远。要成为形成性评价者，我们必须拓宽提问的范围，发现新的追问的方式、技术和策略，从而将对课堂学习的研究推向深入。

形成性评价小贴士

　　形成性评价者习惯于提出探究性问题，从而让学生学会针对既有答案提出更多的问题。他们正在形成一套质疑所有初始答案的方案，有助于教师更好地了解学生的初始答案。

深入了解追问

　　虽然我们可能生性好奇，但许多人都觉得追问是一种粗鲁、无礼甚至自私的行为。高度的社会化限制了追问。追问似乎具有侵犯性。

　　然而，随着不断学习，我们发现追问对于把握学生在哪里遇到问题、什么时候发展停滞不前以及最需要帮助的时机都是不可或缺的。在某种程度上，追问有助于帮助学生开发智力、加深学习。追问的意义毋庸置疑。

让我们换个话题。我们不像教师一样谙熟学科知识。教师所拥有的阅读、写作和口头表达方面的教学经验非常重要。教师的一些理论研究（如学生如何学习为什么物品会下沉、会上浮），再加上有关不同类型学生的教学经验，对追问很有帮助。所以教师要善于创建属于自己的追问。表 4-1 为我们提供了一些与思维习惯和学习目标一致的追问示例。

表 4-1　追问示例

思维习惯和学习目标	初始问题	后续追问
证据	我们知道什么？	你是怎么知道的？你查了什么资料？可信度有多少？你能找出更多的依据吗？
角度	这是从哪个角度出发的？	还有其他角度吗？错过了哪个角度？哪个角度看起来最重要？
联系	事情、动作、事件、想法是如何联系的？	哪些联系产生了其他事件或想法？这些事情存在联系吗？这些动作或事件还有其他影响吗？
假设	假如……	还有其他可能性吗？事件还会有不同的结果吗？有其他选项吗？可能产生什么影响？还有其他假设吗？
相关性	这个为什么重要？	谁在乎？和我们的生活有什么相关性？有什么影响？调查这个事件会带来什么改变吗？

教师必须确定如何在教学中将学校提出的学习目标与形成性评价融合在一起。教师可能会面对严格的基于某一分类学的学区标准或学校要求。我们给教师提供的追问列表能让教师提出基本的、高阶的、有深度的问题。

我们从研究和个人经验中得知，思维五步法可以为课堂设置具有挑战性的学习目标。我们也知道，那些传统意义上得不到关注和处于不利地位的学生如果习得良好的思维方法，同样也会取得好成绩。对中央公园东部中学高中毕业生的一项研究发现，低收入社区中的少数族裔学生上大学和最后能拿到学位的比例都很高（Bensman，D.，2000）。

大家也许会问：位于哈莱姆东区的小型公立学校为何能够取得这样好的成绩？答案可能有许多种。但对我们来说，答案只有一个。在中央公园东部中学，教师、员工和校长每时每刻都在对所有学生使用追问指南。学生已经对追问提前做好了准备。随着时间的推移，学校将追问视为一种有价值的惯例——

也许并非完全自然的提问，但不能让学生感到被冒犯或言语粗鲁。运用思维五步法进行深入探索，提升学生的幸福感，促进学生全面发展，将成为常态。自我评价、同伴反馈和教师判断都依赖于大家对追问的共识。

在走廊里能经常会看到学生和管理者在深入交流："当你不认真上课时，你觉得别人会怎么想？当你真的那样做时，对周围的其他人会有什么影响？你对此有其他想法吗？你觉得别人会怎么看待你？如果你在我的职位上，你下一步会怎么做？"(Duckor, B. & Perlstein, D., 2014, p.24)。

学生知道提出后续问题或追问，不是人身攻击，而是要启发思考。当我们都认为学生已经认识到这一点时，他们已经从"上学"这一层面上升到了反思层面。见证和引导学生发生这些转变便是教师的工作目标之一。

追问习惯可以使学校活跃思想，尊重对立的观点，并帮助学生学习批判性思维和问题解决能力。这是民主社会所需要的。学校应该是学生学习思维习惯和产生民主思想的地方。由于学生无法精通那些从未体验过或者间接体验过的事情，因此学校是学生体验这些民主习惯的绝佳地方。

和杜威一样，这些学校管理者和他们支持的教育工作者都深知，追问不仅有利于学生思考和教师决策，也有利于维护民主制度和生活。

为追问而规划：指导性问题

以下问题将指导教师深入追问。这些问题强调为什么要追问以及如何更好地追问。

为什么这些学习目标如此重要，如何用追问推进课程

最初提出的问题需要指向重要的学习目标。追问的内容也需要与重要的学习目标保持一致。

众所周知，为学生确定重要的学习目标并非易事。在"提问"一章，我们推荐教师将思维五步法作为总体框架，帮助理解学科标准，并认真确定学习目标。

即便如此，教师仍然需要阐明为什么那些学习目标如此重要。无论追问以陈述、提问的方式还是以其他方式出现，教师都需要借助问题导图或基于形成性评价的课程计划等工具把追问连贯起来。计划、试问和调整追问策略将帮助教师完善追问。

接下来教师要为特定教学单元的学习目标勾画草图。再次参考问题导图，教师要把最重要的问题写在中央。当设计完所有问题，以细化所有学习目标或节点时，教师需要再对问题进行分类。教师可以考虑以下分类方式。

• 基于思维五步法的追问（基于基本问题的追问）。
• 围绕误解常产生的地方或有效促进学习的地方追问（基于探究性学习的追问）。

- 学生完成单元学习目标前，就参与最多的过程设计追问(元认知型追问)。
- 学生可能就同学的学习问题所产生的追问(社交型追问)。
- 与特定活动、主题、实验或问题相关的追问(任务型追问)。

在追问之前，预想学生会怎样回答或反馈

首先，我们需要了解学习环境。学生独自学习？还是两人一组配对学习？回答问题时，学生会将答案写在平板电脑上，还是写纸上？在课堂上学生能用多长时间写下或说出问题的答案？是否会有几个"话题拐点"(turns of talk)或几次改写(rewrites)的机会？有没有根据学生背景的不同，提供特殊的脚手架去帮助他们思考如何回答问题？

这些问题之所以值得深入思考，部分原因是它们可以帮助形成性评价者预测出在实际提问的时候可能发生的事情。以下是教师在学生自由写作课程学习中进行形成性评价的案例，可以作为参考。

课堂上

一个九年级的班级正在练习关于说服的写作。教师已经提前向他们讲述了"说服"这个概念。现在学生两人一组，需要向市长写一封关于如何关心他们所在地区的流浪汉的信。

曼尼和邵是搭档。曼尼的母语不是英语，说英语时不是很自信。邵的母语也不是英语，但说英语时并不害羞。每一组学生都在思考如何写出一个主题句。许多组似乎被难住了。教师给每个人提供一个示意图，然后让他们暂停思考，做深呼吸。

教师问道："主题句有什么作用呢？它有助于我们形成一个论点。一个论点与一个观点有何不同？"

最后，每一组学生都会将他们的作业初稿发布到班级在线论坛上。此时线上的活动要求学生了解观点和论点之间的区别。

教师又强调："让我们再看看我们昨天创建的比较观点和论点的词组。"

教师使用公平卡来选择由谁来回答："大家谁能讲一下主题句为什么有助于我们进行论证。"

教师说道："我们至少会选出三个人来回答。(停顿5～8秒)好的，让我们看一下主题句(指向投影机)。现在该使用我们的追问了。"教师指着作家工作室墙上的海报，上面写着："追问是我们最好的朋友。"

教师又问道："大家都准备好了吗？卡尔、桑德拉、罗伯特，我看到你们准备好了！""恩里克是如何构建他的主题句呢？你看到他用了哪些词？他为什么选择那些词？两人一组相互分享观点，现在开始讨论。"

（小组讨论1~2分钟。教师在教室里走动，看看谁愿意分享，并询问每一组愿意发言的人。）

教师问道："好了，现在看看你们的主题句。有谁想和大家分享？"

邵举手了，但是又放下了。曼尼害怕他们组会被选中发言。他不想发言，不想让大家评判他们的句子。他看到蒂娜、卡桑德拉和里卡尔都举起了手。

教师问道："曼尼和邵，到前面来给大家说说你们写出的主题句。"

邵说："我们还没完成。"

黛菲喊着说："我们完成了。"

教师接着说："如果你没有完成，那也没关系。许多同学都没完成。还记得今年年初我们的约定吗？我们要分享，我们也会尊重每一个同学的观点。同学们要对那些最先提出的观点表示尊重和支持。我们是学习共同体啊！"

曼尼和邵来到投影机前，把他们的主题句展示给所有人。邵开始手足无措。所有人看着他们，看看他们的主题句，又看看教师，等待教师来评判。

教师修改句子了吗？没有。相反，教师更新了追问的程序。教师指着墙上的一张海报，问道："你能再说点吗？如果不能，我们会帮助你！"接着教师指着另一张海报，说道："初稿值得认真推敲。"

教师提醒学生写作的目的以及为什么要追问："追问是为了帮助你想出主题句，以展开自己的论点。你要让市长和市议会听到你的声音。你要说服他们你有解决方案。但是首先，我们需要一个主题句来吸引读者的注意力。"

在认真讨论曼尼和邵的主题句之前，教师邀请路易斯所在的小组大声朗读他们所写的内容："无家可归并不羞愧，不去为民服务的政治家才应感到羞愧。"

教师注意到黛菲所在的小组写道："我们只有帮助需要帮助的人，我们在这个城市才能凝聚在一起。"

但是追问还没结束。教师动员大家使用"冷暖反馈"的约定："好的主题句需要什么，我们如何修改呢？记住，我希望大家先给曼尼和邵'暖'反馈，然后再给出'冷'反馈，以帮助他们采取方法来修改他们的主题句。大家有3分钟的时间，请在便笺纸上写下反馈，最后把反馈收集上来。我会在课堂上大声朗读。曼尼，邵，你们也为你们的句子写下'冷暖反馈'。"

学生又开始讨论，教室里闹哄哄。教师边走边看，对她听到和看到的内容做了一些记录：有结论了；仍然不确定为什么会危及社区；到底想让市长做什么。

通过仔细观察，教师看到一些小组修改好了主题句。也有一小组有些犯难，没有理解教师的提示。教师走到一个小组前，问道："我注意到你们正在修改。告诉我你们修改好了吗？"

学生回答："嗯，我们的主题句实际是个疑问句，听起来不是很满意。"

教师再次询问："我不是很明白。你是什么意思呢？再详细说说。"

利用这种同伴反馈的约定进行追问，部分优势在于学生可以看到其他人如何完成任务，并使用这种信息来反观自己。这种约定还让教师有时间估量下面的形成性评价行为，包括决定哪些追问可以获得良好的学生反馈。

写作任务中包含的简单而具有挑战性的提示，让适宜的追问在写作小组中更多地发生且发生得更安全。比如，"好的主题句需要具备什么，我们如何改进它？"学生合作的方式应与社会的要求相吻合，所以要想做好工作，需要同伴提意见。

值得强调的是，上述案例中的这位教师使用的追问策略吸引了学生的注意力，在共同讨论的主题句修改的过程中运用了丰富多样的技巧。回溯与先前的提问、停顿和追问构成整体。教师将其综合起来考虑，就能根据学生理解水平的不同，去解决当前需要解决的问题。形成性评价者会在教室里四处观察走动，综观全局，仔细聆听，在恰当的时候追问。他们善于暂时抛开对教材学习的焦虑、关注和预设，把注意力放在倾听学生上。这样的教学效果更好。

这位教师在九年级课堂上精心策划的每个形成性评价策略，包括完成主题句任务、同伴分享和小组反馈，都是要求学生提供关于创作主题句的推理过程的证据。当然，在学生刚开始创作主题句时，追问再多一些则更好。更多的追问将促进教师对学生的回答做出有效的分类。教师如何做出分类很大程度上取决于他们的思维模型，我们将在后面详细探讨。

当下，我们希望通过创造更多的机会让学生理解、解释和证明他们的观点，从而掌握形成性评价——追问可以帮助他们做到这一点。

在每节课的关键点，哪些问题适合追问，哪些不适合追问

提高追问的水平有必要将初始问题、任务要求和上课时学生回答问题的所有信息可视化。

我们期望在单个课程和单元教学中，按照特定课程和单元教学的计划，基于与学生的约定和问题导图，对课堂信息加以收集、分类和整理。作为一个形成性评价者，我们要理解学生的思维模式并探索学生的思维发展情况，而不是不断地让学生做出回答。

对于那些想成为具有判断学生的发展水平和预测能力的形成性评价者来说，他们必须想出更完备的方案来应对学生的回答。教师需要构建新的策略，去应对学生可能反馈的不正确的答案。这项工作之所以很重要，是因为通过提问和提示引导学生的回答，教师可以更好地判断哪些追问可以更好地促进学生的思维发展。

形成性评价者需要做好准备以应对学生荒谬的答案。这些答案是教师无法避免的。所以我们得有所准备，要理解青少年心理表现的特殊性。在第六章，我们将建议标记所有答案，这样才可能会营造一个接纳开放的学习环境。但是如果学生回答"我想受到关注"或"看看我侥幸做到了什么"，那么这样的提问就没有多大的意义了。

然而，预先了解这些答案的好处就是当它们出现时，我们不会感到太震惊或失望。从课堂管理的角度来看，这还为我们提供了更多的选择。追问的前期准备意味着要设定参与规则。教师需要制定一个方案去应对那些在提问—停顿—追问模式中可能出现的非正规或极不寻常的答案。

指导性指南：将预测—观察—解释程序应用到追问中

在追问过程中，教师可以尝试采用自然科学课程的 POE（预测—观察—解释）程序。它看起来操作简单但实际上十分高效。以下是这个程序的操作示例。

对这一追问，我预测学生会回答……
基于这个追问方式，我观察到学生实际上已经说过或做过……
针对我的预测与观察之间存在的差异，我的解释是……

POE 程序之所以有效，是因为像"假如学生这样说或那样说该怎么应对"等问题能促进教师的思维发展。POE 程序将继续引导教师去收集证据，诸如"学生真的那样回答吗？""我们获得了多少质性数据？""我的策略八宝箱是否有助于我的预测？""预测性很好，还是一点点？"更重要的是，POE 程序能促使教师从不同的视角进行反思："谁在冒风险、撞大运？""当学生阐述时容易在哪里犯难？""他们为什么这样回答？""如果我尝试对母语不是英语的学生、好动的学生或者安静的学生使用另外的追问方法（而不是点名和回答），会怎么样呢？"这需要教师在课程或单元授课前就仔细考虑这些问题。

POE 程序是一个很好的思维模型，可以帮助教师尝试新的追问方式。预测学生的答案不是一件容易的事。教师需要花时间和利用经验去了解所有学生的观点并且针对典型的答案建立思维模型。

原则、程序和实践

在探索学生的思维方式时，追问有如下三种方式。

• 仅有口头交流。

• 仅有书面交流。

• 口头交流和书面交流相结合。

哪种方式适用于哪些学生？适用于什么样的课程材料或课程活动？适用于教学中的哪个环节(开头、过渡、结尾)？哪种追问方式持续时间更长？哪种方式可以给学生更好的回馈？哪种方式让学生的参与性更高？

让我们举例说明我们如何进一步追问：当我们问"你能再说点吗"的时候，为什么学生的内心很挣扎？如果他耸耸肩，窝在椅子上，我们通常认为他在生命科学课上没有想出一些答案，意味着他没有学好或不想学习。我们怎样才能发现学生的思想背后隐藏的知识内容要比我们提出问题所揭示的内容多？我们是否会去挖掘与生命科学主题相冲突的一些宝贵的理念或未知领域？形成性评价者不会逃避这些问题，也不会在学生拒绝回答后续问题时急于做出判断。

几年前与我们合作过的教师布丽安娜，特别热衷从另外一个角度面对学生的学习挑战。她会区别对待不同的学生，将偏好书写和喜欢说话的学生加以区分。

学生可以在练习本上写出和修改他们想说的内容。在压力大的时候或虚拟的环境下，学生更愿意把想法写下来。换句话说，口语表达不能给讲话人太多的时间思考。如果追问进行得不顺利，学生会感到紧张。从学术角度来讲，追问、现场、口头表达将加剧这种紧张的情感体验。

幸运的是，教学模式从来不局限于一两种。听、说、读、写的模式要多少有多少。寻求最完美的追问方式，其实也无必要。

当我们不需要分辨出哪些学生喜欢口头表达，哪些学生偏好书面应答，更不需要了解什么时候用什么方法时，我们只需要在每个单元的开头(不只是在新学期开始的时候)与学生反复商议来做好追问的预备工作。我们可以和学生商量哪种追问方式在什么情况下效果更好。布丽安娜说过，学生在高度紧张的情况下可能比在轻松的氛围中，更需要不同类型的追问。感受事物的视角总有不同，那就大胆地去体验吧。在不同情形下，我们会做不同的选择。

学生总是喜欢选择的。当我们给学生上课时，可能有时不能向他们很好地说明为什么教这些内容，为什么要复习或预习。只有我们对这个班级学生的学习过程了解得越多，我们才能更好地指导他们度过学习的瓶颈期。这些瓶颈通常会阻碍学生对基因突变、自然选择和进化论等有难度的课程目标的理解。尽管每个学科都有差不多相似的难点，我们必须承认，追问如此重要，但也可能有潜在危机。

教师可以尝试在自己的学科领域应用以下有支持的追问策略。预习(已有知识的激活)以及口头和书面形式的混合法(教学媒介差异)似乎是了解学生学习的较好方式。但是，从已有的学习研究成果中我们了解到，应给所有学生提供机会来口头表达他们的想法(形成性评价的多个策略是相互关联的)。当追问时，教师需要时不时留给学生一些思考的时间。这有助于学生检索和编码信息，从而形成长期记忆。重要的是，这样做可以促进学生建立稳定、有意义、有秩序的思维导图，以达成学习目标。

有支持的追问：以中学自然科学课为例

中学自然科学教师怎么知道学生是否真正理解物体下沉或上浮的原因？我们可以从形成性评价策略中找到答案，这个答案与一个成熟的研究案例相关。

首先，用头脑风暴或词语网络进行热身练习。在练习中，教师在浮板的中央写下"浮力"一词，然后告诉学生："当你听到'浮力'一词时会想到什么？大家可以畅所欲言，没有标准答案。"

教师可以写出问题或提示："为什么物体会下沉？为什么物体能上浮？"接下来，教师让学生两人一组分享彼此的看法。然后，教师让他们快速写下答案。教师收集结果并选择部分答案。拿到这些不是很正式的评价证据之后，教师就有时间提问："纳姆，我喜欢你对这个问题的回答，你能多给一点解释吗？"

一些研究表明，学生关于浮力的错误认识主要有：大而重的物体才会下沉；小而轻的物体会上浮；空心的东西能上浮；有锋利的边角的物体会下沉(Yin，Y.，Tomita，M.K.，& Shavelson，R.J.，2008)。教师在提出物体为什么会沉浮的问题后，继续追问："那么谁认为空心的物体会上浮？能说出原因吗？请你的同伴为你举一个空心物体也能下沉的例子。"

追问有预备，有停顿，辅以口头和书面的脚手架，会有助于教师收集学生思维活动以及陷入困境的证据。收集的证据越充分，教师越能帮助学生掌握很难理解的内容。我们在教师教育计划中告诉教师：围绕质量、体积、密度和相对密度等浮力的重要概念进行追问，有必要在教学前与同事进行讨论，甚至做一些研究。没有哪一件事是轻松完成的。追问也需要时间和精心准备。

作为美国国家研究委员会的评价设计逻辑的一部分，预备—停顿—追问模式对于揭示和观察学生在每节课中的思维的复杂性至关重要。让学生为这些模式的运用提前准备也很重要。成功的追问需要时间且结果难以预料。只要能够获得充分的证据、公平的参与、深入的学习、教师满意度的提高，一切努力和付出的心血都是值得的。

追问学习生态系统

当教师提出初始问题之后，追问会使学生感到紧张和痛苦，逼迫学生抓耳挠腮、目瞪口呆。我们几乎能够确定，学生还没有习惯在所学的学科领域应对教师的追问。学生可能会有些困惑，需要求助。

为追问做好准备对于学生自己以及整个课堂来说都是至关重要的。现在是将追问准备细化的时候。我们可以通过构建学习生态系统来找出更多方法为追问做准备。教师可以去找同行教授寻求帮助，也可以使用系统范式。

- 最近课堂上学生的学习适应和选择情况如何？
- 在学习环境中，是否有足够的时间留给学生以找到所有可能的问题的答案？
- 每个人都能适应高阶追问和低阶追问产生的不断变化的认知要求吗？
- 谁擅长回答是什么的问题？
- 谁不喜欢回答为什么的问题？
- 谁更喜欢回答怎么办的问题？
- 一些学生是否对某些问题的回答方式更有偏好（是口头的还是书面的）？

当学生感到受到威胁或无聊时，如何恢复学习生态系统的平衡？我们可以共同创造各种范例和元数据来说明遇到的困境。追问不一定总是自然的行为。没有外力的推动，我们也会很自然地提出问题。现在，人们更加关注课堂管理技术，以更好地收集、存储和使用知识。遗憾的是，人们却忘却了追问。许多人只有在追问被实践证实有效的时候才肯使用。虽然我们也承认专家的说法：追问及其他形成性评价策略可以提高学生的成绩，但它们的作用远不止这些。追问的重要性在于使学生变成了"人"。

防范伪追问

在我们希望把握教学方向、控制好课堂的时候，我们所准备的问题可能会受到我们的想法、感受以及心情的影响。我们都曾经历过，在感到疲惫和沮丧时，我们很容易重新退回到旧习惯那里。

当我们有压力的时候，我们常常会问"猜猜我在想什么"的问题。当我们的脑海中已经有了正确答案时，我们就会向学生提问。目的就是在等待某个学生找到这个正确答案。

我们的追问也可能转变为一种猜测教师想法的游戏，即使这样的游戏对于课堂进展和学生学习都没有任何意义。这里的伪追问就是让一位学生说出我们心中的正确答案。这是我们作为教师在面对复杂要求时做出的反应。我们希望看到好的结果，取得成就。

伪追问可以成为一种模式，那些正在学习如何应付教学新规则的新手教师更是会采用这种模式。提高追问的水平需要摆脱这种模式。追问要求我们敞开心扉，真正聆听学生的回答，而不是在寻求正确答案的过程中忽视学生的其他声音。形成性评价者应该花时间建立规则，并且坚信重视过程如同重视结果一样。

研究这些问题，并在留白处做一个注释：什么情况下我们可能会有伪追问？我们怎么才能放弃伪追问？谁能支持我们？如何支持？如果我们在帮助新手教师成为形成性评价者，我们和他们如何探讨伪追问，支持他们，而不能发号施令？当出现一个值得关注的问题时，我们能做什么来帮助形成性评价者寻找他们可能无法发现的解决方法？我们可以分享如下这个形成性评价小贴士。

形成性评价小贴士

追问策略

- 你那样做的原因是什么？
- 你能想到什么原因？
- 什么可以解释＿＿＿＿＿＿＿＿？
- 我不太明白你这样说的原因。你能说得详细点吗？
- 你怎么向亲戚或朋友解释？
- 给我们解释一下你这样思考的背后原因吧，请多说一点。

误解和挑战

充分的证据表明，做更多的追问在公立学校是举步维艰的。与教学内容、课堂氛围和教学控制力相关的因素可以用来解释追问在学校很难推行的原因。黛比·迈耶和具有改革意识的教育工作者指出，学校组织结构的问题是追问较难推行的原因之一。例如，综合性高中的设立目的在于提高社会效率和使学习途径最优化(Kliebard，H. M.，2004)。但是初中和小学却不是这样。学校组织结构并不是推行追问面临的唯一挑战。其他挑战在于我们对追问在促进学生成长中的作用的信念。追问引发的误解和直觉问题(基于日常教学和学习经历的直观想法)比比皆是。目前我们已经解决了部分问题，揭开了那些有着悠久历史的传统教学法的面纱。我们更希望和大家一起解决更多的问题。

案例研究

追问：艾伦的案例

无论是口头的追问还是书面的追问，它们都是一种反馈。像其他反馈一样，追问有助于促进学生进步。让学生了解追问的过程，他们被追问时就不会感到吃惊。

我所面临的挑战是确保学生及时获得书面反馈，这是一种他们能理解的反馈并对他们完成作业有帮助。我很依赖于学生群体之间的反馈，因为学生之间的反馈会对他们自身有帮助。但是，学生需要的不仅仅是这些。在大部分情况下，我认为来自教师的追问和反馈比学生彼此之间的反馈更专业。另外，我还通过书面交流的形式与他们进行交流。

我批改作业的前提是这些作业有修改的价值并且学生仍然有动力去做改正。在我给他们的论文评分时，写评语和问题并没有削减我的批改热情。学生几乎不会阅读评语和追问的问题，实际上也基本没有人针对评语给我反馈。尽管这样，从教师的角度出发，批改作业是我的责任，这是教学大纲的规定。

因此，在课堂上我已经确定了论文反馈的方法，给大家提供反馈的机会，有需要的时候对反馈做出详细点评。总体来说，新方法对我的学生来说效果更好。现在每周末不会有大量的论文集中提交并且等着我去批改。

这项工作的关键在于规范化和集中化。我在课堂上必须能独立开展这项工作。具体工作如下：每节课的前三分之一时间将留给学生学习写作的几个特定方面。例如，要求他们检查和修改主题句，给引用的证据加注释，检查草稿中的时态。我创建了一个小课堂（mini lesson），在小课堂上根据需要来回指导学生。有时学生会相互帮助。他们会得到一个评分指南。

我还需要收集他们的作业。当我阅读他们的作业初稿时，会给学生观看一段与该单元的内容相对应的影片。其实我只是阅读了作业初稿的部分内容，如与小课堂相关的内容。然后我在便笺纸上写下一个具体的、积极的强化型评语和追问的问题。例如，"就这样写！看看你的第三段能不能也写成这样？""修改后的主题句很棒。""在正文中引用一段话更好。"

我经常利用追问敦促学生丰富论文的内容：这些证据需要包含什么才能凸显其重要性？或者我会鼓励学生将他们的想法联系起来。例如，请写一下这些想法是如何联系起来的。当我把评语写在便笺纸上时，模式化的现象就出现了。我发现自己已经连续多次写过相同的积极反馈，或者使用了几乎相同的问题。比如，这跟你的论文有什么联系？这些模式经常涌现出来，并且越来越重要。它们有利于我决定下一步应该怎么做。即使我不知道如何帮助学生将这些反馈与他们的论文联系起来，但我知道这就是我们应该努力的方向。我会在我备课时弄清楚如何解决这些问题。

在下课前我会将论文草稿发给学生，给他们时间阅读便签纸上我给出的评语。在这个过程中，我会跟学生交流：你能明白我写了什么吗？有什么疑惑不解的地方吗？哪里需要我解释？

我会特别注意需要解释的评语。解释评语很有指导意义。我的学生也可反过来教我怎么改进我的反馈。而且，在下课之前，我会抓紧时间通过我的反馈和提问来指导他们。我会限定时间，以确保我的上课节奏并保证我们的交流能正常进行。只有学生认真阅读我的评语，下次写论文时明白了在哪里应该采纳我的建议以及如何接受我的建议，我的追问才能真正发挥作用。

上课后，我了解了学生完成的课堂任务。我还注意到他们做作业时采用的模式，我利用这些模式来思考还要再教什么内容。重要的是，这个过程让我知道我的反馈是否以及何时可以做一些调整。

误解警告 1

小查尔斯教授在纸条抛撒游戏中为我们提供了一套追问的技术指导。他们采用苏格拉底式方法，用一连串的问题追问学生。每一个回答都伴随着连续的追问。在这个戏剧性的情境下，学生和教师争先恐后地去完成课堂任务。

事实证明，我们不用学习律师在法庭上那样的逼问，也可以很好地追问。研究表明，与追问的传统观念非常相似，教师使用非传统性追问的方式，反而可以增加学生表达的积极性（Dillon，J. T.，1978，1981）。我们知道，在课堂讨论包括小组讨论中，教师熟练地使用非传统性追问的方式说话（诸如"尖锐的金属边缘让物体沉没""比率与比例相同"等），可以促使大量学生融入课堂学习，从而更好地服务教师的决策。

这种非传统性追问有利于建立学习共同体，鼓励学习的开放性。由于传统性追问本质上通常是邀请式的和包容性的，不直接指向某个学生，因此很多学生都觉得这种追问很好，甚至比温和的传统性追问的效果更好。使用非传统性追问的方式，一定要善于聆听；选择在什么时候插话；决定在多大程度上刻意淡化追问，特别是在小组交流时。一些学生似乎很喜欢抛头露面，就好像这个追问是面向他们的，虽然追问是面向全体小组。对于另外一些学生，最好不要直接向他们追问，表达得婉转一点才能让他们获得安全感。有些时候把问题说得模糊一点反而可以让追问更有效。形成性评价者知道哪些策略有效、什么时候有效。因地制宜的方法、新兴的工具包、具有敏锐性的观察技巧、善于观察和反思的能力等，有助于教师成长为形成性评价专家。无论环境和对象如何变化，他们都能应对自如。

哈蒂等人认为，传统和非传统的追问在形成性评价的诊断分析阶段都可能是有效的(Hattie, J., Biggs, J., & Purdie, N., 1996；Hattie, J., 2009, 2012)。倾听—估量—干预过程中的追问可能比提问—倾听回答—提出后续问题过程中的追问要花更多的时间。对于这两种追问方式，形成性评价者都可以使用。至于在课程计划中研究到底使用哪种追问方式、什么时候使用、在哪里使用都不重要，重要的是追问的内容、追问的氛围和学生本身。但请记住，形成性评价者是专业人员，专业人员的特质就是做决策。

形成性评价小贴士

为什么提问和追问对于新手教师来说具有挑战性？

上学期提托写道："提问非常难。"如何为现在的课程学习选择一个好的问题？相比提问，追问似乎更容易。如果我们找到一些好的问题，无论学生说什么，我们都可以问为什么。

然而，问为什么，经常会引起学生的抗拒。如果我们提问一个特殊学生，虽然他没有完全的抗拒，至少也会由于有压力而引发认知的迟钝化。

我们建议新手教师先从这些做起：①思考问为什么问题有没有帮助。②记住有其他选择。③尽力多尝试几种备选方案。④努力去增强追问的技能，明确学生对追问答复的复杂性和面临的挑战。新手教师应该放慢上课的步调，在进行追问之前认真考虑。这样才不会鲁莽地抛出"为什么"的问题，给学生一种赶进度的感觉。

新手教师迫切希望能推进上课的进度。有人认为："有时候我觉得我的上课进度已经够慢了(没有多少追问)。"虽然教师的工具包中还有其他追问提示，但他们仍然面临许多挑战。

一位英语教师告诉我们他是如何尽力帮助一个学生的："我希望我能和马龙多单独谈谈，以便知道他的诉求。我同时还要和其他学生谈话。即使这样，我也可以为马龙腾出时间。单独对话很消耗时间。但是我发现通过追问来了解马龙的作用不大。"

我们的职前教师在形成性评价实践中常会遇到挫折。有人认为："当我试图追问学生的想法时，如果他们抗拒，我会感到很沮丧。他们挑战我，就是挑战一位教师的权威。这样会伤害我的自尊。"有时教师干脆就放弃了，不想继续自尊受伤害与忍受学生带来的痛苦。

一位代数教师知道学生需要做作业，写道："有时，我不得不承认当学生抗拒(我尝试追问)时，我只能放弃和让步。比如，今天为了帮助一个学生，我问她是否记得分解二项式。她两眼盯着我，虽然不是对我挑衅，但也只是说

'我不会'。"

这位代数教师还说道："也许她真的不知道，但对我的抗拒让她完全采取了简单的回避方法，彻底逃避了思考的机会。就像我之前说的那样，我被迫放弃。我在一张纸上写下了如何分解二项式，然后递给她。"

职前教师要理解，学生在被提问后的停顿并不都是在抗拒，实际上往往是一种不抵抗的信号。很多教师当遇到学生抗拒时，会说"这是在考试"。

学生开口说"我不知道"时常被新手教师误解为抗拒回答。教师还没有开始追问，就有了先入为主的误解。一位较有经验的职前教师写道："学生的停顿不是抗拒作答。通常情况下，如果学生立即做出带有攻击性的回答'我不知道'时，才是抗拒。"

一位职前教师在实习的时候就遇到了困难。一位拉丁裔学生说："我不知道。"指导教师在处理学生的情绪时所使用的方法让这位职前教师感到惊讶，因为指导教师似乎在让步："这位指导教师告诉我，她应该对这种不自信和自卑感表现出同情，并且对'让学生回答这个问题'持有信心，否则学生会用同样的借口说'我不知道'。如果我纵容了一次，那么他们就会一直用不知道来搪塞。"

一位人文类职前教师正在研究如何处理这种情况："我不会让学生说'我不知道'。如果他们对一件艺术作品做出这样回应的话，我不会只是说'好吧'，就继续教学，我会再问。一般情况下我会列出一些关于艺术的具体问题，他们可以选择性地做出评论。糟糕的是，我会告诉他们我先问别人，然后还会回过头问他们。"

学校领导对构建和维持追问的氛围发挥至关重要的作用。如果学校领导(诸如校长、系主任和老教师)没有明确且始终如一地重视提问，那么提问—停顿—追问的教学模式就很难在课堂中发生。追问需要时间、精力，并需要得到学校领导的支持。这些学校领导认为追问是实现目前的教育目标的手段。

为了改变教师没有时间追问或者先得到一些答案后再继续教学的思维方式，我们必须用赞扬和建设性的反馈来肯定他们的追问。关于成长思维的研究支持对课程中一些重要问题的最初回答更多地追问，部分原因在于衡量学业、社会情感和元认知发展的标准需要我们看到学生循序渐进的改变和改变产生的可能性(Dweck，C. S.，2010)。

误解警告 2

每个人都应该有过被教师突然提问的经历，知道教师何时会通过提问来把控课堂。

"为什么你昨天看了电影却没做笔记，桑切斯先生？"

"华盛顿女士，找到今天的实验步骤，请给大家说一下。"

沉默了一会儿。

"沃斯女士，拿出你的作业。你能告诉全班同学吗？"

"范姆女士，我看到你得出了正确的答案。你是怎么做到的？你能到前面来向同学解释一下吗？"

这些伪追问并不针对任何特定的学习目标。这是在课堂上没有使用任何脚手架，没有给学生思考的时间，也没有建立不同形式的课堂分享机制。所以，目前来看，这些会让学生有不安全感。

大家都误认为追问能有效吸引学生的注意力。那些感到害怕或不自在的学生在课堂上往往很沉默。沉默看起来似乎会营造出安静、有序和有效的课堂学习氛围。尽管为有效的追问而做准备看起来比较混乱，但也是有勃勃生机的。

一位具备询问者风格的优秀教师与约翰·豪斯曼教授描绘的一模一样，总是通过提问来吸引学生的注意力、控制课堂。当教师企图掌握课堂的主导权时，提问会成为课堂的常态。我们经常看到一些教师为了获得一些课堂的控制权而置教学长期的规划和可持续的发展成果于不顾。

我们不能简单地为了自己教学的方便而控制学生，忽略了应该教学生学会动脑筋思考问题。但是我们很容易看到，新手教师倾向于通过提问或追问的方式获得对课堂的控制权（比如，约翰尼，你在听吗？）。经验丰富的教师应该不会这样做。

为了吸引学生的注意力并获得教学成功，教师尽可能地避免进行开放性的课堂讨论，担心课堂失控。许多教师没有和学生一起协商出一套关于尊重、信任和谅解的学习环境的约定。如果在此环境下使用追问策略（如详细说明、解释、证明和推理等），教学过程中可能有很大的风险。

我们在前面已经说过，形成性评价策略有多种。这些策略有机结合在一起，使学生参与到学习中。那么，追问的目的是什么？追问不是好的提问方式吗？形成性评价者会在课堂上提出许多后续问题并提供课堂反馈，他们这么做的目的是什么？听听艾伦是怎么说的。

形成性评价小贴士
重塑追问，通往成功

追问。在想什么？

安静，振作精神，问题来了。

思想遨游。

那个问题太难回答了。

追问所包含的丰富的内涵提醒我们，深度思考是有风险的。当我们对学生进行追问时，就像跳入未知的水域，进入新的疆域。我们是在鼓励学生运用他们的思维超越事物的表层，达成更深层次的目标。

追问是形成性评价不可或缺的一部分。但是追问存在潜在的问题和风险，可能会引起学生的抗拒。他们会有如下的反应："我不知道""别管我""我已经告诉过你我不知道"等。追问并非易事，我们必须谨慎行事，尽量减少学生的抗拒，真正地发掘学生的想法。

作为形成性评价者，我们需要利用提问来发展学生的想象力。

在实施形成性评价的课堂上，我们不可能依靠有关追问的文献就可以建立、培养和维持教学的新模式。尽管这些文献非常关注追问的目标（如基本问题的价值），但很少关注我们在深入了解学生的想法却没有在全校范围内达成共识的基础上而出现的问题、风险和后果：对于追问，学生可能会抗拒，父母可能会感到恐慌，校长可能会感到担忧。追问的前期准备是必需的，即便在特别重视追问价值或对批判性思维技能感兴趣的学校里。

用问题导图将提问和追问联结起来

追问与提问密不可分。真正的对话包含信息、思想、观点和感受的给予和接受。我们利用追问可以获得更多的信息。像"你从哪里来"这样的问题经常演变为彼此分享与地域有关的经验或信息。与提问一样，追问对认知的要求更高，有时会让教师和学生产生一种情感上的负担。比如，"我来自纽约"，"真的吗？纽约在哪里？"

设计追问的路径可以帮助教师确定学生问答的时间。当对学生个体、学习小组或整个班级提问后，教师可以按照先前准备的程序一步一步地去追问。

要为追问事先制定好策略和提示，还有一些关键的事情要做（可以使用第二章设计的问题导图）。这个改良后的问题导图将帮助教师根据不同学生更有目的、更加谨慎和更加积极地追问。

我们可以在问题导图的中心位置写下基本的引领性问题。与引领性问题相关的每个节点都代表着与课程标准一致的关键性学习目标。这些节点可能包括证据、观点、联结、猜想、相关性以及更具体的内容，如质量、体积和密度；甚至是一套跨领域的学习目标，如公约、结构、组织和沟通。重点是，教师可以在任一节点的任一学习单元提问，并在课程的教授中加以追问。

下一步是抓住主要节点，区分出第二级和第三级追问的问题。教师要根据学生和学习内容的特殊性，选择联系这些节点的知识，确定值得在课堂上一次又一次思考的问题。教师可以设计利用学生的兴趣和与文化相关的内容吸引和维持学生注意力的主题(Ladson-Billings，G.，1995；Gay，G.，2010；Paris，D.，2012)。

教师可以通过聚焦节点来修改问题导图。既然现在的问题导图比在第二章拟出的问题导图更加丰富，那么在使用问题导图教学前是否需要扩展一下问题导图的内容？

首先是优先排序。教师要对学生的目标进行优先排序。教师需要思考：主题是不是共同的，或者是不是有新的问题主题？如果是新主题，是不是要有新的问题导图？是否需要用不同颜色标记出不同类型的问题节点(使用开放结尾还是封闭结尾，使用陈述句还是疑问句，口头的还是书面的)或者按照分类法区分出不同难度和等级？下一学年随着学习单元或课程的增加，是否需要绘制更多的问题导图？

当教师在单元或学期教学中使用问题导图时，可以做标记、记笔记。记录的内容包括：哪些问题和节点能吸引学生？哪些问题和节点与现行课程标准的要求是一致的？当学生在努力解决问题甚至徘徊不前时，需要哪些新节点来帮助他们？教师需要课前课后不停地做笔记，记录哪些问题是有效的，哪些问题应该改进。这样教师就可以对自己的提问和追问效果进行形成性评价了。

教师的声音

"Re"这个前缀既有积极的一面，也有消极的一面。让我们先看看消极的一面。有固定思维(与成长型思维相对)的学生会认为"Re"是对他初次做事或说话的否认，是额外的作业或惩罚。如果让学生做好充分的准备，"Re"就具有"解放"的含义。我的指导教师在谈及语调时，会事先让学生准备好，缓解一下学生的情绪，并问他们："当你的声音走调时，你是一个后进生吗？当然不是，你只需要调整一下就可以了。"在这种情况下，"Re"就产生了解放的作用，因为它给了学生更多的机会去改正。这样看来，"Re"是一个典型的形成性评价的一部分。

——杰瑞，音乐系新手教师

回顾：反思刚刚教授的课程

每堂课的内容都是暂定的。我们可能会把每堂课看作新课，也可能把它看作教学的固定模式。需要提醒大家的是，在教学中我们虽然不必追求完美，但也不能因此而马虎了事。

我们相信，为了完善自己的形成性评价，我们必须养成反复审视课程的习惯。如同放电影，可以看，也可以回看，必要时按下暂停键，反复研究这个动作。重要的是，利用形成性评价框架可以查看我们在评价实践中哪些工作是有效的，哪些工作是低效和有待改进的。对教师专业发展的研究发现，反思教学对于新一轮教学的改进至关重要。

与学生一样，形成性评价者将受益于自我评价和同伴反馈。前提是形成性评价是积极的、具体的、及时的并与教学内容相关的。形成性评价框架能指导教师关注有意义的内容，而忽略微不足道且容易分散注意力的内容（例如，"我的领带歪了""学生太吵了，尤其是约翰尼"），把学生的注意力引导、转移到重要的事项上。

如今，许多州允许教师通过档案袋学习去获得正式或者临时的教师资格证书。吉娜想成为一名艺术教师，她通过我们的课堂评价来录制她的课程讲授过程。每5分钟剪成一段，每一段都介绍自己的反思和改进意见。吉娜通过教学实践的反思，经过形成性评价框架的指导，学会了如何追问以及如何将学生的注意力集中于重要且关键的内容上。现在她已经完成档案袋学习，距离成为一名职业教师又近了一步。

州政府颁布的教学标准的要求让许多毕业生都不堪重负，对吉娜来说也一样。当她完成我们培训课程中的最后一个学期任务时，她感到筋疲力尽，随时准备采用传统教学模式。她说："只要能获得好成绩，管它是形成性评价还是总结性评价。"每学期结束，我们都能设法压制她的错误的念头并让她回到形成性评价上来。对于教师和学生来说，这需要付出努力。

当我们的课程学习进入第六周，吉娜给我们所有人做了一次演讲。她分享了她的经验："在对学生追问时，要求学生做更详细的口头陈述，跟要求他们修改书面作业类似。"吉娜指出，这两种方法都要求学生对已经习得的知识进行反思。对于学生来说，当评价活动结束后，他们会说"我说过了"或"我写过了"，所以他们认为没有什么可补充了。

尽管吉娜承认书面回答要比口头回答更费时间，但书面回答在艺术课上是有优势的。她讲道，她曾要求学生两人一组检查一部作品中的绘画部分。她要求学生讨论并回答以下问题。

- 描述一条你在同学的绘画作品中看到的有趣的线条，阐述线条的类型。
- 你选择的线条是否符合整个绘画作品的风格？为什么？

那天吉娜告诉我们，她注意到了追问与学术语言之间的联系。

这样教学的效果很好，因为学生能够看到其他同学的艺术作品，并使用与之相关的学术语言。在找到他们感兴趣的一条线条之后，第二个问题会让他们的讨论更深入。第二个问题要求学生查看整体的画面，并说明他们看到的线条是否相互支撑。这也让我能够与学生一起查看，看看他们是否理解作品的内涵，是否能将这些知识应用到他们的绘画上。

显然，口头追问和书面追问是考查学生理解程度的不同方法。在回忆周四的上课情况时（我们要求所有教师每周更新博客的内容），吉娜做出如下解释。

在本周的一次演示活动中，我向学生展示了如何使用灯箱制作绘画作品。在我的演示中，我向学生解释：对齐两张绘图纸很重要。这样我们添加到副本的所有线条都与原图线条的排列方式相同。我向学生展示如何操作灯箱后，停了下来，要求学生告诉我如何一步一步地操作。学生告诉我，他们已经把绘图纸都放在一起了。我又问他们："为什么我要把绘图纸放在一起才能对它们进行匹配？"然后我让学生两人配对合作，并相互分享。30秒后，我又把问题重复了一遍，让他们举手回答。一个学生说："您不希望它歪斜。"

我重复了那个学生的答案，并询问是否有人可以补充。另一个学生举起手说："因为您希望两张绘图纸相似。"我肯定了这个学生的答案，并询问是否还有人有不同的看法。又一个学生举起手后，他说我不想让绘图纸变弯曲。我重述学生的三个答案："你们有人说我想把绘图纸对齐，有人说我不想让它歪斜，还有人说我希望它们相似、不弯曲。"

这是一个口头追问的例子。我想通过分解演示的步骤来激发学生的兴趣，并问他们为什么我会做某些事情，怎么知道我做得对。这能让我考查学生的理解程度，看看我什么时候可以继续推进教学，或者需要换种方式来解释学习的内容。

我们分享这个例子有如下原因。吉娜是一位 20 多岁的师范生，正在学习成为一名形成性评价者。她认识到她和她的学生应该通过分解学习任务来学习。这是她正在将学习理论与评价实践相结合。能够分解学习任务并找到学生自学的部分，是成为形成性评价者的重要途径。

针对吉娜的课堂教学活动，我们要求她思考有效和无效的行为，以及如何运用更多的策略来实现她的教学目标。她调整了这节课以及其他几节课的教学目标。我们还邀请像吉娜这样的新手教师在网上分享追问的评语，深入思考自己的教学方法。

- 这节课需要用到哪些思维方法和工作习惯？
- 这节课需要用到哪些学术语言？
- 这节课的追问能促进学生的理解吗？谁从提问中受益？
- 如果下次重新讲授本课程，您可能利用哪些追问的脚手架来服务更大范围的教学方法的选择？

作为教师教育的工作者和形成性评价的指导教师，我们希望吉娜和她的尚未入职的同学都能认识到每一堂课是可以重新规划的。学习形成性评价是一个系统的过程，教师需要不断地积累学习的经验。第一次备课（或者上课）就是这样一个系统的过程，需要一直调整并重新思考下一步要做什么。

汇　总

我们不希望教师从书中找答案。学习如何、何时以及为何在我们的课堂中追问是我们成为一名形成性评价者所必需的。追问是科学，更是艺术。我们已经列出了所有提示和建议，但还需要反复尝试、不断探索。

如果我们的形成性评价中没有有效的追问，我们就不能深入了解学生的思想，促进学生思考，以及掌控课堂上学生个体和学习小组的发展。

当然，每位教师都需要投入时间和资源来认真考虑追问的目的。我们希望学校领导有远见并能支持这些教师发展。本章最后的练习可以给教师启发。让我们一起继续努力吧！

我们相信思维五步法有助于激发学生的深度思考。但是想要透过现象看本质始终存在风险。

有点讽刺的是，如果我们在现代教育制度和结构下过一种未经审视的生活，我们会受到谴责。据说苏格拉底曾指责他的同伴忙于追求财富、博取成功，在盛赞传统智慧的同时集中所有精力忙于日常琐事。他曾告诫雅典青年：善于提问，深入思考，知道自己在做什么以及为什么这样做。

现在的学校应该是年轻人自由畅想、发现自身能力、建立人际关系的地方。我们也知道，学校对于许多学生来说是通往美好生活的桥梁。对于少数学生来说，他们可能会遇到障碍、走弯路。我们需要思考的问题是，获得良好教育与质疑那些打着公共利益的幌子的教育，是否可以画等号。

现实主义者认为，在竞争激烈、努力领先于其他国家、提高下一代生产力的过程中，我们可能会被迫抛弃许多良好教育的特色。在未来，有些人认为深入追问应该是专家、高薪专业人士和技术专家做的事情。其他人如我们不需要太多的思考，只需要接受另一种形式的公共教育。在这里，教师没有时间问"你能详细说明吗""你能再解释一下吗""你能再说点吗"，取而代之的是问"你有没有复制信息""是否所有人都复制好了""不要忘记在铃声响起之前提交你的试卷"。

未来依然充满希望。现在的教育要求学生具备 21 世纪的技能和知识，为深入追问提供了各种新的途径，可以让学生更多地了解、更好地解释、更深入地发现现实世界。追问非常重要，就像重述一个立场，或者重新思考一个假设；要求学生去说、去解释，并详细阐述初始的想法。还有比追问更重要的事情吗？

如果教育改革者和政策制定者严肃对待公共教育，那么就应该将形成性评价引入教学改革。这样既能提高公共教育的标准，也能提升教育文凭的价值。前文各章所概述的学习和教学方法旨在让我们得到更好的发展，因为我们深知深度思考的价值所在。

检查理解程度

追问对于所有人来说都是一个挑战，因为我们很难更深入地让学生详细阐述并补充他们对初始问题的回答。以下内容旨在帮助教师提高追问技能，并且将本章的理念和想法往深入推进。"热身提示"可以帮助教师自检；"立刻行动"可以作为对话的开场白或小组学习时的预先准备。

热身提示

- 为什么要追问？
- 课堂上可以没有追问吗？为什么？
- 为了让追问顺利开始，需要在上课时先做什么？
- 你的问题导图上经常使用的追问策略是什么？
- 为什么追问的前期准备很重要？

立刻行动

·使用思维五步法来决定学习单元使用的关键问题和追问策略。针对每个思维步骤，写下一个关键问题。针对每个关键问题，准备两三道追问的问题。

挑战性任务：参照州和学区的标准，确定思维步骤和追问的问题。

·在跨学科团队中，针对跨学科学习目标开展活动。

·回顾本章的原则、程序和实践部分。设想你在学校的第一周就为你的课堂设定了期望。你需要确定课堂的基调、课堂中的价值观和脚手架，完成一个形成性评价任务——创设丰富的课堂氛围。让学生与你一起设定期望，也要让他们预料到没达到期望的可能性，要随时有补救的思想准备。

尽可能多列出一些追问的约定，确定约定的优先顺序。第二天再选择其中的一两个问题与学生分享。

·四角练习。

要点1：热身和破冰。

要点2：工具、脚手架和技术。

要点3：介绍和开场白。

要点4：价值和理念。

每个小组推选一名组长和记录员，然后列出与主题相关的例子。将四个小组的主题综合到一起，让大家讨论，说出每个例子的优点（注意：此任务可以让学生和教师一起做。）

挑战性任务：每个小组推选一个人解释为什么某个特定活动可以帮助课堂做有效的准备。再让另一个人反驳为什么这些活动可能对一些人不起作用以及背后的原因。

第五章 回 溯

一个班有 29 名学生，整个学习过程中却只有三人参与互动。这令我感到很惊讶。

——米拉贝尔，数学教师

关注回溯意味着对我所获得的信息量和信息类型负责，更重要的是确认谁提供了信息。

——阿图罗，体育教师

如今，学校里人人都在谈论数据：数据系统、数据管理和数据挖掘。在一个注重问责和高风险测试的时代，使用量化指标成为越来越多教育工作者的选择。当前还有一些人在讨论大数据，并设想如何通过网络测试平台或者智能手机来获取更多的学生在测试过程中的信息。

传统的纸笔测验（包括线上的标准化测验）可以通过大规模抽样的方式获得大量的学生学习数据。这些测验涉及面广，可以涵盖不同的学生群体，因而看起来具有公平性和包容性。所以，总结性评价者都认为标准化测验可以用于总结学生的发展趋势，为教育系统设置精准的目标。

除标准化测验外，评价教育的数据还涉及统考的分数、家庭作业的成绩以及小测验的等级分等。自《不让一个孩子掉队法案》颁布后，人们开始意识到数据对学校管理者和决策者无比重要。比起非标准化评价工具和教师给出的质性数据、特殊数据，总结性评价者更青睐量化数据、客观数据。因此，有人认为小测验、词语网络、速记和讨论等并不涉及专家设计的单选题和简答题（Bennett，R.E.，2011，2014）。

目前为止，教师迫于压力不得不跟随管理者进行评价。尽管如此，我们发现大多数教师都认识到了从大量形成性评价中获得质性数据和即时信息的价值。是时候把我们的想法和期望说出来了。

• 学生的精力和注意力水平如何影响上午的实验，以及我们做什么才能使事情得以继续推进。

• 在使用一系列追问策略之后，哪些特殊的手势能对乐队更具有针对性，或者哪种反馈技巧对参与乐队训练的学生更能发挥作用。

• 在学生的草稿纸上哪些内容会被标红，哪些内容不能被标红，不能标红的原因是什么。

• 在艺术课上哪些人在从"我能做到"到"我们能做到"的转变过程中感到吃力，哪些人在达成小组活动的目标上遇到困难，以及如何重新提出追问的问题而让所有学生都能有进步。

在本章，我们将通过引入回溯的概念，来拓宽形成性评价者所获得数据的深度和广度。需要明确的是，无论是量化数据还是质性数据，从各种数据源（口头、文字、触觉反应）中抽取样本数据都没有捷径可循。因此，教学中倘若只对一个学生的思维数据进行抽样，就会显得过于狭隘且缺乏代表性。这样做对制定教学决策、促进所有学生发展的作用微乎其微。

这就是我们为什么要引入回溯了。形成性评价者明白回溯的目的就是拓宽教师的观察范围，帮助他们在教学中获得更有力的数据。教师通过回溯有策略地获取学生（不是只关注总能够提供正确答案的两三个学生）理解的证据。回溯关注的是在课堂上学生说了什么、做了什么，并获得更多的有关学生在学习过程中的想法的信息。回溯也是督促我们检验自己数据抽样策略的一种方式。

什么是回溯？

提到"回溯"这个词，我们头脑里首先会想到什么？是一个球、一封邮件、一次测验，还是动画片里的跳跳虎？"回溯"的字面意思通常指动作：弹起、跳跃、反弹、反射、回弹。它也含有能量、激情、生机和活力之意。对于形成性评价者来说，回溯意味着促进学生思考。

"回溯"的含义可以帮助我们理解课堂学习中回溯的关键概念和细微差别。利用搜索引擎搜索"回溯"一词会找到很多不同语境下的含义。比如，"珍妮的舞步轻盈飘逸"这一例句表明"珍妮自信洋溢"。此时"自信洋溢"的近义词还有活力和热情。我们当然希望学生能像研究动机的教育心理学家说的那样抱有浓厚的学习热情。

在本章中，我们还需要考虑潜在的回溯方法。例如，人与人、想法与想法、事实与事实、机器与人涉及的回溯方法均需要考虑在内。也许有人会问，为什么要考虑这么多？因为只有这样才能收集证据以做出更好的教学决策，从而改善学生的学习状况。就像那些经常提问的形成性评价者一样，我们也想知道：我们的讨论是否可以考查打住？现在是否可以考查学生的理解程度？我们能否进展到下一项学习？我们之中有多少人掌握了学习目标？谁还需要我们再指导一下？

"回溯"含有运动、挑战和复杂性的意思。无论是弹开、反弹，还是课堂学习中的互动均有此意。由此可知，回溯的方法包括有耐心、练习以及用一种新的方法来与学生对话或者听学生说。

回溯是一种有目的性和系统性的抽样

回溯的目的是有意地、系统地对学生的各种反应进行抽样，以便更好地绘制学生在课堂上思考、理解和表现的思维导图。在回溯的辅助下，抽样可以在收集教学的最佳证据的基础上帮助教师做出明智的教学决策。回溯有助于提高学生的参与度并为课堂学习带来更多不一样的声音。

提问—回答（call and response）是回溯的一种常见方式。在课堂教学活动中，教师向全班学生提问，并让学生进行回答。通常主动举手的学生或者那些容易走神的学生会被教师点名。

上述场景在课堂上比较常见，但样本量非常小。如果回答问题的学生人数低于全班的10%，那么我们就无法获取不同学生对某一问题或话题的看法的准确信息。因此，我们有如下几种认识。

• 在回溯过程中，选择点名回答问题的方式至关重要：是随机点名让学生回答，还是让先举手的学生回答，或是让课堂参与度低的学生回答。

• 在回溯过程中，确定被点名回答问题的学生数量很重要。

• 在回溯过程中，确定哪些学生被点名同样重要。

与提问—回答的方式相比，另一种更为有效的问答方式是提问—轮流发言（call and pivot）。即教师有目的地在教室中走动，选择不同的小组或学生轮流发言。这种方式能让教师拓宽观察的范围，从而了解更多学生的想法。当学生以小组的形式讨论时，教师要学会倾听，根据学生参与活动或任务的深度和广度来获取更有价值的信息。

有时教师会把一个重要的问题抛向全班学生，让他们两两结对进行讨论。然后教师有策略地在班上走动，倾听各组的回答并就他们的理解水平进行总结。这样，学生的学习不会停留在表面。教师能知道谁的学习存在困难，谁需要帮助，谁能独立完成学习任务。更重要的是，一旦和其他活动相联系，回溯就变得很省时。通过提供计划，回溯能指导教师有策略地考查学生对问题的理解程度。

能在小组合作情境下进行回溯的教师，通常能在短时间内通过倾听或者提问、追问和再追问的方式，获得全班半数以上学生的初步想法，并继而可以调整和布置当天的作业和学习任务。我们认为，回溯是考查学生的先验知识掌握情况的前提，也是日复一日地考查学生理解能力的前提。提问—轮流发言—在教室走动—回溯是值得尝试的新的教学方法。

形成性评价小贴士

成为形成性评价者意味着不墨守成规

如果我们通过一个以教师为中心的教育范式来看回溯，教师就是关注的中心。教师在聚光灯下教学，学生围绕在其周围。教师进行点评，然后将聚光灯转向某一个学生。

较为理想的情况是，教师把注意力多引向一些学生，尝试了解学生的不同反应，进而做出教学决策。较为糟糕的情况是，注意力只分散到很少的学生身上，而很难关注到全部学生。

现在是时候提出一种新的教学模式了——舞台边上的指导（the guide on the side）。

为什么要回溯？对谁有好处？有什么样的好处？

课堂评价侧重向教师、家长或管理人员提供量化的结果。引起学生反应的周期越短——将其转化为数字和图表——汇报这些数据的时间越短，用来支持数据驱动决策的形成性评价的信息就越丰富。

我们承认量化结果（在我们看来是分数、绩点和数字）对学校系统而言是必要的。但倘若教师想要获得学生在课堂上学习的即时的质性信息，这些量化结果是否足够可靠？

教师在教学中会有不同的任务和问题，这些驱使他们对数据感兴趣。但我们的问题是，总结性评价的数据如何告诉教师在某一特定的课堂环节或课程进度中做出选择？分数如何为教学决策服务？例如，在课堂的什么环节提供具体的反馈、向谁提供反馈、在何处提供反馈以及何时提供反馈？一个百分位数或能力等级能告诉我们什么？是能告诉我们要再教的内容？是什么时候提供学习学术语言的脚手架？还是如何指导一个在大概念或复杂程序上存在学习困难的语言学习者？

要回答上述问题，形成性评价者需要重新关注那些能让学生的想法实时可见以及对教师有意义的信息。在收集对学生课堂学习具有教学意义的质性数据方面，回溯能够为教师提供帮助。

教师想要获得能帮助做出合理推论和明智的教学选择的数据。这些数据不仅能反映学生个体的思维和学业表现，还能反映影响日常教学的群体动态和学校氛围。这些数据对每一个学期和每一组学生都是有代表性的，从而帮助我们建立联系、识别模式以及提高教学效率。无论如何对数据贴标签、进行营销或包装，形成性评价者感兴趣的是那些能够帮助区分教学差异并在课堂上提供反馈的样本。要达到这个效果，就要用多种不同的方法研究如何回溯。

形成性评价小贴士

马克西姆：在其他条件相同的情况下，我们越有策略地、持续地对学生的反应进行抽样，我们就越有可能获得当天教学中学生更有代表性和更可靠的学习信息。

回溯与三角评价中的解释端点

现在我们已经认识到形成性评价者在课堂评价的设计中是有目的性的。借鉴美国国家研究委员会教育评价专家小组制定的一些原则，我们一致认为形成性评价的逻辑与其他评价学生学习的方法并无太大差异。三角评价也是我们评价时依据的指南。

我们首先需要确定的是什么值得评价。为此，我们依据明确的学习目标来指导确定课程和单元计划。我们关心学生如何学习，以及他们在课堂中用什么思维方法来完成真实的学习任务和项目。因此，第一个端点——学生的认知或学习——必须是所有形成性评价实践的基础。

接下来，我们使用一系列旨在收集学习证据的观察策略，将学习目标和学生如何学习的想法结合起来。我们先提出问题，然后停顿一会儿再进行引导，循循善诱，进而让所有人都能了解学生的理解水平。为实现这一目的，我们建立了清晰的、师生认可的日常活动指南，使学生逐渐适应一种常态化的、嵌入式的评价。这种评价能支持教师的教学和学生的学习。这些问题、提示和活动的设计与特定的教学目标是一致的，它们也是形成性评价的一部分。此外，我们有目的地为这些日常活动和实践搭建脚手架并进行调整，以最大限度地符合学生特定的最近发展区。

下面我们来谈谈回溯策略(常与标记和整理相关联)。它在三角评价中位于解释端点。无论是坚持公平点名，还是突击提问，回溯都需要我们关注课堂学习空间。为了发现学生的错误概念、揭示学生的先验知识、识别学生当前理解水平上的差异，我们必须拓宽学生的反馈网络以及我们还没有识别到的空间。我们必须系统地进行抽样，以便可靠并有效地了解学生现有的知识水平以及下一步的学习目标。

回溯允许形成性评价者去调整抽样策略，去盘点对学生能力和技能的推断的局限性，重要的是去检查基于质性数据获取的证据允许我们说什么或做什么。就像本书提到的其他策略一样，回溯的目的是使我们有目的性且有针对性地开展活动，并尽量不草率地做出判断。

形成性评价小贴士

将引导学生反馈放在首位，以测量学生当前的理解水平并了解他们对于课堂教学的需求，但这一原则制约了形成性评价者的行动。这时就需要有策略地回溯。测验对于静态的检验有效，且是一次性的。但回溯则要好得多，它是动态的检测。

系统化的、有意图的回溯可以帮助我们回答下列问题：哪些学生发言了？哪些学生没有发言？在课堂活动中学生混淆了哪些概念？存在哪些程序上的错误？对于全班来说，哪些学生的答案更具代表性？学生的回答是一种反常的现象还是一种正常的趋势？

那些即将成为形成性评价者的教师要清楚他们的回溯与另外两种策略——标记与整理——是有机联系的。三角评价的三个端点都需计划、协调和操作。图 5-1 为利用三角评价进行回溯。

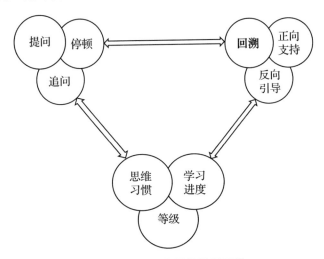

图 5-1　利用三角评价进行回溯

有一件事不容忽略：如果回溯没有为下一步的标记和整理做好铺垫的话，那么就会让接下来的教学决策大打折扣。不过，也不必过于担心。我们可以探索一些基本的回溯策略（如公平点名、流动式检查等）来提高我们获取有关学生思考的代表性样本的机会。但在此之前，我们有必要深入研究专家的观点。

研究是怎么说的

令人感到惊讶的是，相关的教育研究并未涉及教师提问谁与不提问谁的学生抽样心理模型。这类研究的重点在于教师提出好的问题、利用好等待时间、引发深度思考等，恰恰忽略了对教师如何采取抽样策略的研究和理解。

教师回溯的方式各不相同。有些教师似乎毫不费力地就能让学生回答问题，学生抽样也十分顺手；而其他教师则做不到。经验、技能、知识的深度和性格等因素都有可能解释为什么回溯策略的运用在不同教师那里有如此之大的差异(Carlsen，W.S.，2015)。也有可能是教师的错误观念(如突击提问让学生对回答问题产生抵制)和现象概念(全班轮流点名)所致。试想一下，现象概念好比源自经验的直觉。它更像是一种先入为主之见，而非错误观念。而这些观念我们人人都有。

当教师在思考应该提问谁、什么时候提问以及提什么问题能推进课堂进度时，教师的认知需求实际上非常高。认知负荷理论(第三章讨论停顿时已经述及)认为，教师和学生的工作记忆在能力和持续时间上可能是有限的。当教师准备、计划、监控和调整某节课时，他们需要一些时间来了解学生当前的理解水平，以便指导教学活动。

回溯时，利用投票器、计票应用程序等辅助工具可能会减少教师外部的认知负荷。然而，通常情况下这些工具对于揭示学生的高阶思维发展情况或支持进一步阐述和理解方面几乎没有什么帮助(Hunsu，N.J.，Adesope，O.，& Baylyn，D.J.，2016；Kay，R.H.& LeSage，A.，2009)。因为这些工具常常人为设置好了学生反应的类型，甚至会通过一个随机默认的设置给人造成一种有策略地对学生的反应进行抽样的错觉。所以，从这个角度来看，随机抽样对教师关注的公平性和多样性并不总是有用。

对于学生来说，这些工具像是另外一种形式的多项选择题。对于教师来说，知道哪个学生投了什么票并无多大用处，因为教师无法了解学生为什么这么投票。可以说，当学生陷入困境时，这些工具不能从认知情感和社会文化方面让教师为学生提供帮助，也无法使教师知道下一步该做什么或说什么。对形成性评价者来说，想要使不同的课堂变得有意义，他们应使学生在课堂上发言、进行口头报告，并详细阐述他们最初的想法。

研究表明，学生在课堂上发言的意愿以及他们获得发言的机会或准备发言受到很多因素的影响。具体包括如下。

- 物理空间、班级结构。
- 学生分组情况(能力分组或技术分组)。
- 社会经济地位。
- 性别。
- 语言。

　　沃尔曼-博尼拉发现，能力分组会影响学生参与讨论的时间和质量（Woll-man-Bonilla，J.，1991）。亨普希尔注意到，不同家庭的女孩发言的方式不同（Hemphill，L.，1986）。尽管这些研究很有见地，但我们发现很少有研究能揭示针对不同学生群体的回溯如何影响教师使用的评价信息的质量和数量。

　　突击提问受到一些研究的支持。研究表明，学生不是自愿回答问题，而是被迫回答问题。达利莫尔和同事发现，在点名回答问题比例高的课堂上，主动回答问题的学生明显变多；而且随着时间的推移，主动回答问题的学生数量也在增加。他们还发现，在一个有点名回答问题习惯的班级，学生参与课堂讨论的舒适度在提高；而在一个点名回答问题比例较低的班级，学生参与课堂讨论的舒适度并没有发生变化。尽管他们的研究结果表明点名回答问题在学生觉得舒适的情况下可以广泛推广，但我们认为是否采用这种方法取决于教师。教师可以决定这些研究结果在什么程度上、什么环境下以及什么课程中对学生适用。也许有人可能马上会问：当我被点名且要主动发言时，我应该如何摆脱这种困境？

　　研究表明，回溯策略可能并不合理或无法满足学习共同体的最大利益。以课堂上常见的话语模式——提问—回答—评价为例，韦尔斯发现70%的中学课堂都采用这一模式（Wells，G.，1993）。教师提出问题，一个学生回答，然后教师立即对这一回答进行评价（Mehan，H.，1979；Wells，G.，1993）。在后面两章，我们将为教师提供更好的方法来揭示学生的思维发展情况。

　　这一领域的教育研究主要集中在教师的启发式实践——教师为在课堂上获得学生理解的证据而采取的行为——和教师的反应能力（teacher responsive-ness）两个方面。皮尔逊将"教师的反应能力"定义为教师在即时的互动中关注学生想法的程度（Pierson，J.，2008）。这一定义已经暗含了回溯的概念。

　　皮尔逊分析了教师的话语，并将教师的反应能力分成高水平和低水平两类。高水平的反应能力再细分为两类：一类是为了识别学生的想法并有意纠正它们（高水平一的反应能力）；另一类是为了理解学生的推理情况（高水平二的反应能力）。低水平的教师反应能力表现为：教师的反应与学生的思维之间明显没有相关性。

　　我们对形成性评价中的学生学习发展和学习轨迹感兴趣，同时也认识到在分析教师话语时并不能完全捕捉到教师的每一个富有成效的、积极的或者高水平的反应。我们认为，研究人员和实践者承认教师在对学生进行回应时使用了一定的技巧来融合学生的观点和分析思路，但很少有研究深入探讨教师从职前到入职再到成熟的过程中如何发展这些技能。

　　雅各布斯、兰姆和菲利普在小学数学教学领域的研究例外（Jacobs，

V. R. ，Lamb，L. L. ，& Philipp，R. A. ，2010）。他们的研究中涉及的教师参与四年以上的专业发展培训对纵向研究有价值。他们发现，教师在刚开始从事教学工作时并不擅长关注儿童数学的解题策略，不会解释儿童的数学理解水平，或者不懂得如何给儿童反馈。一般来说，教师会通过教学经验来发展这几项技能，先关注儿童数学的解题策略，然后再提升其解释儿童数学理解水平的技能。

他们还发现，教学经验与如何基于学生的理解程度来决定反馈的技能并无关系。也就是说，从事教学的时间长并不意味着教师更能了解如何对学生做出反馈，也不意味着教师知道下一步如何帮助学生更好地提高学习水平。如预期的一样，雅各布斯的团队发现，指向关注、解释和决定如何反馈的三项技能都对教师专业发展有着积极的影响。

他们基于教师在儿童数学思维课上通过关注、解释和决定如何反馈来促进专业发展的研究为人们提供了一个例证。尽管这个研究很重要，但它并没有涉及回溯的关键方面，也没有涉及本章后面提到的抽样等更多的问题（诸如误差、偏见和公平性等）。

阿特从加利福尼亚州北部 10 所综合性高中选取了两位科学教师，针对他们的启发式教学开展了为期一年的研究（Ateh，C. M. ，2015）。选取这两位教师的原因是，他们会通过观看自己的教学视频发现学生受到启发的证据而做出教学决策，进而促进学生的学习。根据科菲、哈默、莱文等的研究，这属于实质性的形成性评价的例子（Coffey，J. E. ，Hammer，D. ，& Levin，D. M. ，et al. ，2011）。但事实上，阿特发现这两位教师关于形成性评价实践的观点与他对课堂上师生之间的活动的分析并不匹配，这些教师的启发式实践往往是低水平的。

教育研究者通过不断研究发现一个普遍公认的事实：课堂需要有效的、实质性的形成性评价，但真正实施起来却很困难，因此有效的、实质性的形成性评价在课堂上也很少见。

但这并不意味着没有好的教学模式可以借鉴。鲍尔博士以教学和研究闻名。她以自身教三年级学生数学的经历为研究对象，密切关注学生的思维发展并给以反馈。鲍尔并没有将她或者学生在课堂上的行为称为形成性评价，也没有意识到这就是回溯（那时候这个概念和术语并没有被定义和阐述）（Ball，D. L. ，1993）。然而，查看她 1993 年发表在《初等学校》(*The Elementary School*)期刊上的文章《从数学的视角看小学数学教学的困境》，我们发现，这篇文章介绍了回溯中教师决策的复杂性。

鲍尔的文章集中讨论了教学的困境。例如，课堂上教师经常面临困难的决定：我是否有必要验证学生不正确的想法。布莱克和威廉把这些称为"非正规的反应"(Black，P. & Wiliam，D.，1998)。从形成性评价框架的视角来看，我们认为鲍尔所经历的是回溯中真实存在的挑战，它涉及的是如何更广泛地对学生的思维发展情况进行抽样。关于抽样的困难，鲍尔做出如下解释。

有时弄清楚学生知道什么或相信什么很难——他们要么无法用语言表达他们的想法，要么我无法明白他们在说什么。就像著名的肖恩数字(Sean numbers)一样(肖恩数字是指在肖恩看来既是偶数又是奇数的数字)，学生表达的想法不同于标准化的数学……从传统意义上讲，肖恩是错的，如他认为 6 既不是偶数也不是奇数。但他的观点是从做中学数学的核心。

鲍尔并没有明确关注有多大比例的学生参与到她的回溯过程中，但在课堂上讨论肖恩数字时她所采用的回溯策略在揭示学生的思维发展情况方面起着重要作用。然而，鲍尔所做的的确是使用小组形式来发展每个学生的数学能力。

我们粗略地分析鲍尔的报告发现，当教学以"肖恩认为 6 既不是奇数也不是偶数，因为它由 3 个 2 组成"开始时，有 32% 的学生质疑、解释或支持这一观点。虽然这一过程并没有被称为回溯，但我们猜想鲍尔对构建课堂对话而使学生通过他们自己的讨论来理解数学的这种方式有着深刻的思考。回溯作为一个概念和一种可行的实践，在实现促进学生理解数学这一目标上发挥着重要的作用。鲍尔的研究证实了我们的假设。

鲍尔和其他专家教师所使用的回溯技术远远超过了我们所观察的数学课堂上新手教师所达到的水平。作为一名专家教师，鲍尔表现出了一种考察和自我反思的倾向。作为一名形成性评价者，鲍尔不仅具备考查学生理解水平的能力，还具备考查学生掌握的图式和现象概念的能力。她的工作值得我们关注。

智慧地回溯，有策略地抽样

为增加学生反应的样本数量，我们赞同利用随机选择的方式选择样本。这意味着在不刻意增加认知负荷的情况下进行抽样。这一建议很有意义(警告：我们可能因为质疑教师为中心的理念而触及教师的舒适区)。

我们认为，教师不应强迫不愿意回答的学生回答问题，不应利用解决难题作为管理课堂的手段，同时应避免使用回溯策略来对待课堂上行为不端或者注意力不集中的学生。相反，教师的回溯应可视化。教师应该和学生分享回溯的方式，并就如何提高参与度达成共识。有策略地对学生的思维数据进行抽样，意味着采用更加系统的、不随意的、更少应付式的和更有吸引力的做法。

回溯策略能够最大限度地实现有目的地选择学生回答或让学生主动回答问

题，同时也能照顾到班上那些通常不被点名的学生群体。这些学生在课堂上可以通过很多方式被识别出来。

教育心理学家通常把这些学生归为安静的、害羞的、内向的，并让教师来决定如何真正接近他们。参与个别化教育项目的学生、来自少数族裔的学生或者那些语言能力较弱的学生（总结性评价人员称他们为"亚群体"）可能需要我们通过更有目的地回溯来满足其学习需求。但我们不能因此就将他们和我们进行区分。我们应该是一体的，在课堂上我们应该有目的地、有同理心地进行回溯。

教师通常凭直觉决定什么时候提问哪些学生，但直觉可能不是最佳的决定因素。传播学学者詹姆斯·麦克罗斯基（James McCroskey）有如下认识。

当被问到如何去帮助一个安静的学生时，和我共事的教师通常建议给安静的学生更多表达的机会。这种方法对某些学生有用，但对大多数学生是有害的，因为不是所有安静的学生都一样。

这就难怪教师为什么都转而向那些主动回答问题的学生提问了。学生知道正确答案能给教师带来成就感。对于想要表现良好的新手教师而言，他们不会让安静的、可能存在回答困难的学生回答问题，尤其是当我们在课堂上进行观察和评价时。针对这一问题，研究者和形成性评价者并没有给我们太多建议。也许有人会问：我应该如何在课堂上抽取 75 个样本？当我发现我能用一个小测验与班上 37 个学生互动时，我为什么还要花时间让他们把他们的答案贴到墙上？

这些问题确实存在，也足以让我们放弃抽样。因为这种抽样光是想想就会耗费大量的精力，更不用说去实际操作了。

一些教师会使用外部奖励（如代币或贴纸）来增加学生的参与度，并让课堂互动氛围活跃起来。波涅茨基和穆尔发现，当实施代币制时，直接或间接参与的学生数量增多；而一旦停止实施，学生的参与又回到原来的水平（Boniecki，K. A. & Moore，S.，2003）。我们很难找出这些积极强化机制的形成原因和长期影响。但大多数人认为，不同的回溯策略对学生行为的影响不同。阿门达里兹和昂布里特发现，当使用反应卡片（response cards）时，学生的干扰行为急剧减少；一旦恢复传统的举手方式后，学生的干扰行为再次增加（Armendariz，F. & Umbreit，J.，1999）。

可以明确的是，选择学生回答问题的传统抽样方式并不适用于成绩不好的学生，无论是男生还是女生（Myhill，D.，2002，2006）。芬恩和考克斯发现，不积极参与课堂活动的学生退学的可能性更大。这是因为教师并没有关注那些坐在教室后面的学生（Finn，J. D. & Cox，D.，1992）。尽管每天都会经过他们的身边，但教师一直在花时间讲自以为会对那些学生有效果的话。既然回溯能用于更好地了解学生在课堂上的理解水平，增加学生的参与度，那么现在就让我们探讨一下回溯所必须面临的问题和发展方向。

深度回溯

促进学生积极参与课堂活动是教育民主化的一个重要特征。回溯能帮助学生在课堂上表达观点，但本书中所阐述的回溯不仅仅指参与。对回溯的数据进行抽样，是三角评价的一个解释端点，对那些想要成为形成性评价者的教师非常重要。他们能通过回溯基于课堂评价证据做出更好的教学决策。

深度回溯需要我们探索课堂中特有的抽样所面临的问题和挑战。为此，我们要做到以下几点。

- 识别并处理样本偏差、测量误差和不可靠的观察结果。
- 探讨常见的回溯模式的局限。
- 当课堂上的活动出了问题时，采取行动建立新的模式并调整学习方向。
- 对由当堂观察做出的推断的局限性进行思考，并明智地采取行动。

让我们来探讨课堂学习空间的样本偏差的影响。

样本偏差

样本偏差时常存在。当一个机构进行民意调查但只能使用一个社交网站时，很明显调查结果取决于那些拥有该社交网站账号的选民。虽然有的社交网站在美国很受欢迎，也很普遍，但调查样本中的民众并不具有代表性，因为该调查仅限于那些使用社交网站的人。

现在，假设在对社交网站用户进行调查后，该机构声称"根据我们全面的调查，民众认为……""我们发现绝大多数民众喜欢……""民众觉得……"我们会相信这些说法吗？我们会认可这种抽样方法吗？我们难道不想知道这个机构在发布他们的结果前是如何控制样本偏差的吗？

这种样本偏差在课堂中也普遍存在。我们可以只对举手的学生的先验知识掌握情况进行抽样。这类似于上面例子中的社交网站用户。我们也可以只选取那些对问题立刻做出反应的学生作为样本。（即便我们打算选取那些需要更多时间思考问题的学生，但现实中我们并不总是这样选取。）也许，在小组合作期间，我们会对那些用肢体语言与我们交流的学生进行抽样，但事实上我们更愿意和他们进行口头交谈。

教师的声音

我发现回溯可能是形成性评价中最简单、也最难的一项活动。

如果课堂准备得当，开展回溯活动就非常容易。学生知道回溯的每个程序，也了解我们会向每个人提问。但课堂如果准备不充分，回溯时学生就会感到很茫然。

等待是回溯中最难的部分。在等待时，我们通常会让学生指出他人是否已准备好，如问问他们。

很多学生已经习惯了不回答问题，安安静静地坐在教室中，等着教师下课。有些学生则会用一切办法避免在课堂上回答问题。

——多恩，历史职前教师

根据经验，那些积极进取的学生更容易回答问题，他们语言流畅、性格外向、对话题感兴趣、反应迅速、善于提问或会散发出正能量。

这些都是课堂上积极进取的学生的特征，这些学生很容易就能建立和维持反馈机制。这也难怪课堂上的样本偏差总是以他们为主的。

然而，形成性评价者所需要的是整个课堂更具有代表性的样本。若只关注个别学生，则会影响我们对整个班级的推断。同理，与基于更有代表性样本做出的教学决策相比，只根据那些个别学生的回答来做出的教学决策势必不可靠。所以，形成性评价者应该怎么做呢？

答案是进行分层随机抽样。

形成性评价小贴士

分层随机抽样

形成性评价者需要多样化的学生反应样本。实施回溯策略可以获得更有代表性的样本，但具体应该如何做呢？一种方法是对学生进行分组，确定哪些学生能作为样本。

在改良的分层随机抽样中，教师需要关注特定的学生群体，如英语学习者、接受特殊教育的学生或跳级生，进而考查他们的理解能力。比如，教师可以公平地将学生分成不同的组，然后把写有他们名字的公平棒放入一些杯子中。教师每天基于不同的教学目的和关注的学生群体，随机地从杯子中抽取公平棒并让学生回答问题。

教师在课堂上选择抽取哪组学生或者采用什么技术进行分类和提问并没有限制，重点是从每组中收集学生反应的数据。有了这个具有代表性的样本，并了解不同学生的需求，教师就能基于这些数据做出教学决策。

采用哪些常见的分类方法取决于教师自己。也许有些教师想让每一类的学生在某个特定的单元教学中回答问题。这类学生可能是害羞的学生？可能是已经听过教师的课的学生？或是那些存在各种语言沟通困难的学生？

从一个或两个类别的学生中收集学生反应的数据比采用一刀切的方法更好。这要求每位教师定期从他们认为重要的特定单元教学过程中收集各组学生反应的数据。

测量误差与不可靠的观察

在标准化测验领域工作的总结性评价人员知道测量误差时有产生。当我们利用分数来衡量一个学生的真实能力、技能和素养时，其结果并不完全正确。为此，测量专家使用信度这个概念来表示这些观察数据所反映的能力的不确定性。教师每天会问：这真的是他的最佳表现吗？我们得到的这个指标能正确反映他知道什么、能做什么吗？他的心情、精力、睡眠不足以及没吃早餐是否影响了他今早的考试？他在实验室里做的第一次实验是他最好的作品吗？

尽管我们的初衷是好的，但无论是专业的测验开发者还是课堂评价者都会丢失一些能反映个别学生或者全班学生真实能力和技能水平的数据。所有的观察数据——标准化的也好，非标准化的也好——都包含一定程度的测量误差，致使我们对学生的描述存在一定的错误。

糟糕的是，用来评价学生的问题、提示和任务可能会因为与学生发展无关而出现评价失败的情况。问题不好、教学混乱以及语言存在文化和语言学假设，都会促使我们期待的评价结果出现异常。太多的课堂评价者明知有误差却大肆鼓吹分数和等级的价值（Guskey，T. R.，2002；Winger，T.，2005）。

我们大多数人都尝试着为学生提供公平的测试、布置合理的家庭作业和设置无偏差的问题和任务，然而测量误差仍旧存在。我们可能永远也不知道学生的真实分数。为此我们只能假设学分绩点、分数和等级能够反映学生真实的理解水平。和总结性评价者一样，形成性评价者必须承认我们对学生当前理解水平的判断是暂时性的。有时我们对这些真实的分数有一定的信心，有时则没有。

建立新模式并非易事（摆脱旧模式也有风险）

突击回答在课堂中很常见，似乎也很管用。尽管这种回溯的方式存在很多弊病，但我们发现大多数教师都使用这种方式让积极进取的学生发言或者管理那些不听课的学生。突击回答和其他以教师为导向的回溯方式似乎能满足教师主导课堂学习的需要。在开始介绍如何更好地进行抽样之前，先让我们来进一步检查传统的问答模式（Q & A model），看看它存在哪些问题。

只问想发言的学生有失公允且会导致带有倾向性的结果

许多教师都习惯让主动发言的学生有更多的课堂参与机会。但实际上只有一小部分学生会非常深入地、积极地参与，破坏了全班的学习氛围。这就产生了两个问题：教师用来决策的证据太少；其他本可以直接参与课堂学习的学生被忽略了。主动发言的学生在课堂讨论中所占的比例越大，其他学生的观点能被接受的比例就越小。

教师可能熟悉这种因学生参与的不平衡所带来的影响。一些人把它称为倍数效应或马太效应（Gladwell，M.，2008）。与那些安静的、学习不太投入的学生相比，越深入、越直接参与课堂互动的学生往往会取得成功。这种相对的成功和教师的关注会让学生付出更多的努力（通常是教师和学生一起付出的），从而带来更多的成功。这是一个强化反馈回路，能让许多学生发生一些改变。

错失发现误解的机会与追寻错过的机会

即便学生不主动参与课堂互动，但按照随机回答的方式，一些积极进取的学生还是会得到更多的回答问题的机会。例如，当前课堂上开始使用一种应用程序来选择学生回答问题。在传统的问答模式中，教师仍旧倾向于从少数学生那里获得回应。因此，这种问答模式还是会出现以偏概全的问题。显然，教师不可避免地会错失一些发现学生的错误观念或深入挖掘学生的想法的机会。

可能教师已经经历过这些事情：在单元教学开始后，有些教师没有发现学生错误的想法或程序性的错误，抑或是没有发现学生坚定地持有的某些陈旧观点。如果课堂中缺乏回溯，如果没有对全班学生进行抽样，如果回答问题的学生不超过全班人数的 10%，所有这些都会导致学生的思维发展情况不会被教师察觉。然后许多学生在单元测试中出现不及格的情况。回溯作为一种新的习惯，能打破教学中的恶性循环，为早期干预提供机会。

只有好的意愿是不够的，追求最佳答案也是不够的

有时候学生回答问题往往是出于好的意愿。在努力与学生互动并引导他们实现学习目标的过程中，教师和学生之间的互动通常处于一种"猜猜教师在想什么"的状态。即便这不是猜谜游戏（这种情况我们观察过多次，并且在自己的课堂中也偶尔出现），教师至少要为让学生提供其答案而努力。然而这并非形成性评价者所需要的学生反应，并不能对学生现有的理解水平做出有效和合理的推断，无法满足学生的发展需求。

成为形成性评价者意味着要知道什么时候学生的最佳反应会出现，什么时候要有其他回溯方式可选，什么时候要尝试改善抽样的概率。改善回溯方式需要教师进行自我调节和发展指向教学实践的元认知。与同事讨论如何以及为什么在课堂进行抽样（对谁有益、好在哪里）会帮助教师更容易发现学生的思维发展情况。

形成性评价小贴士
在单元教学开始前找出学生的错误观念

之前我们举过物理课中有关浮力的例子，其中一个问题是为什么物体会下沉和上浮？一项关于浮力的错误观念的研究表明，学生一般会认为大的、重的东西会下沉；小的、轻的东西会上浮；中间空的东西会上浮；边角尖锐的东西会下沉（Yin，Y.，Tomita，M.K.，＆ Shavelson，R.J.，2008）。类似的工作还包括物理理解方面的研究（Minstrell，J.，1992，2000）以及数学学科中学生学习进阶方面的新突破（Clements，D.H. ＆ Sarama，J.，2014；Lehrer，R. ＆ Kim，M.J.，2009）。这些发现可以指导我们选择观察策略，但我们仍应基于良好的学生样本来关注学生的思维模式。

如果明知道学生的错误观念与质量、体积和密度相关，但在抽样时我们只局限于一两个学生的作答，那么我们就会错过找出这些错误观念的机会，更不可能在课堂上纠正学生的错误观念。因此，回溯非常重要。

要做出好的教学决策，教师需要了解学生当前的理解水平。因此，在提出为什么有的物体会下沉和上浮这一问题后，教师需要在全班进行互动以收集更多的学生反应的数据。采用探讨和回溯的方式可以拓宽学生的作答范围。例如，谁会因为物体是空心的，就认为它们会上浮呢？能解释下原因吗？请花两分钟的时间向你的同桌说明你的想法，然后写两到三个句子来解释原因。我们会把大家的回答投放在投影仪上来寻找共同之处。

掌握形成性评价可以让我们更深入地对学生的思维数据进行抽样。我们认为将课程导入、速记和随堂测验相结合能够让形成性评价者在课堂上基于更多的证据做出决策。但是，我们首先需要仔细考虑回溯的策略，以便使用抽样方法对学生所知的以及所能做的有更清晰和更可靠的认识。所以对学习的评价怎么要求都不为多。

在第二章"提问"和第四章"追问"中，为发展学生的思维，形成性评价者有布置和反思问题、任务和提示的习惯。除非我们是这个领域无可争议的专家，能够当场提出问题并评价学生的需求，不然我们建议教师在课前还是准备一些问题。课前准备的问题应与三角评价中学习目标的认知端点相一致，并且能够贯穿整个学期。这些问题可以帮助学生学会思考。

提前准备回溯的问题，如为提问和追问做准备，也可以避免因教师即兴提问而带来的意外情况。和大多数人一样，学生不喜欢突击的、大量的调查以及回答看似随机却要立即回答的问题。如果跳过提前准备这一步，回溯就会变得像突击。学生能深切地感受到这一点。

对于形成性评价者来说，要准备好回溯就需先计划好课堂活动，要预先考虑特定的学生会在课堂的哪些地方遇到困难、什么时候会担心提问。

教师的声音

在最初几周，我信心满满地使用公平棒回溯。但随着学期的推进，我变得越来越懒散。很快，由每隔一段时间使用变成了不再使用。

当我再次使用公平棒回溯时，学生开始怨声载道。我以为这是因为他们知道有可能被点名回答问题。我原以为学生已经适应了这种方式。后面即便在课堂上遇到困难，我也不会停止使用公平棒回溯。我深知要想了解学生的思维发展情况，教师需要回溯。对于我而言，使用公平棒是更好地回溯的关键。

——亚伦，社会科学教师

识别并克服课堂观察的局限性

坦诚地讲，即使我们在教室、剧院、体育馆或者操场进行抽样，我们所记录或研究的学生反应样本也都是有限的。由于抽样策略的特殊性和不一致性，学生的思维通常没有很强的可见性。无论我们的出发点有多好，要发现学生的能力、技能和素养的线索无异于在黑暗中摸索。由此可见，随堂动态观察（on-the-fly observations）突然间似乎不再那么公平和有用。

因此，要更深入地、更聪明地回溯就需要识别并有效地应对从随堂动态观察中做出的推断的局限性。

形成性评价小贴士

糟糕的抽样会导致推断失误。如果我们不了解学生当前的理解水平，就不知道接下来要做什么。

当我们与学生交流后，我们如何才能对学生当前的理解水平做出有效和可靠的推断？当形成性评价者无法通过头脑风暴或词语网络来获取学生关于某个话题的思维样本时，他们就没有办法继续推进形成性评价。在没有对我们使用的策略、程序以及对谁发言和谁没有发言进行检查时，我们如何能说学生的作答样本具有代表性？教育测量界有句格言："输入没用的信息就会产生无用的结果。"糟糕的学生反应抽样也是这样的。

要理解这些观点，首先要了解两种回溯的抽样策略和立场。第一种立场是问答式回溯。其支持者通常使用回溯策略来进行抽样，并倾向于在学生给出正确答案后再进行下一步操作。第二种立场是形成性评价的回溯。其支持者致力于研究新的活动和不同的抽样结构，以便抽取的反问数据更多，进而更好地理解学生的思维水平。表 5-1 为我们呈现了两种回溯的评价立场。

在形成性评价的过程中，我们不得不在两种立场之间进行选择。其实，我们可以自由变换评价立场。有时，我们觉得问答式回溯比较容易，那就在课堂上采用这种方式。

表 5-1　两种回溯的评价立场

问答式回溯	形成性评价的回溯
只有主动回答问题的学生参与；参与互动的学生数量少；大多数学生被动发言 回溯缺乏系统性，具有随意性，存在更多的偏差	既有主动回答，也有随机参与；参与互动的学生数量多 回溯是系统的、有意的、可见的、更加公平的
只有很小一部分学生回答；目的在于纠正答案；学生在课堂上出现的错误观念难以发现	学生的回答范围更广；注重了解学生已有的知识；课堂上能发现学生的错误观念
教师按照封闭的、预设的答案进行提问；互动陷入"猜猜教师在想什么"的游戏；教师无法了解学生当前的理解水平	教师注重发现学生现有的理解水平；用可视化的程序标记学生的反应；反复记录学生的想法，包括错误的观点；学生在课堂上经常使用开放式提问
提问策略与学习目标的关联性不强；观察工具缺乏差异性；只注重任务导向型问题而非学生的不同理解水平	提问策略与学习目标的关联性强；采用多种观察工具和策略；在单元教学前，提前准备问题，使用问题脚手架，针对高阶和低阶的问题、提示或任务进行提问
很少提前准备；当开始参与时，学生感到没准备好、惊讶、困惑、焦虑 回溯活动与其他行为的关联性不强，不能拓宽对学生思维的认识	提前准备；学生有准备、有意识地回答问题；如果抽样失败，有补救的程序 回溯活动与其他行为的关联性强，能辅助考查个体、小组和全班学生当前的理解水平

把回溯和其他行为联系起来

回溯与标记紧密相关，这两种策略都可以使整理策略更加有效和可靠。如果回溯失败了，就会缩减学生作答的抽样范围（sample space），进而导致用于解释的标记好的作答数据减少。由于抽样范围受到了限定（如听到的、看到的、读到的学生反应的数据），整理策略的效果就会大打折扣。一旦没有了检测的环节，教师就很难发现和纠正学生的错误概念。一旦没有抽样，就很难讨论学生关于一个想法或有关材料的先验知识与经验。换句话说，当我们没有可靠的质性数据时，我们就无法做出好的教学决策。没有教学决策，下一步的行动也无从谈起。因此，研究回溯活动的价值就在于增强学生思维的可见性。有了对学生的充分了解，教师就可以应对学生的未来发展了。

摆脱突击提问：在球场上把球传动起来

让我们把课堂提问想象成一个篮球场，也许我们能更好地发现球员之间相互传球的必要性。没人会喜欢那种一直在球场上持球而不传球的人，因为这种情况并不能带来一场胜利。任何球队都欢迎一些"超级明星"。但是一场好的篮球比赛就像成功的课堂教学一样需要团队合作，每个球员在球场上都有着各自的角色。篮球只有在球场上传动起来——对许多球员来说，需要传动很多次——才能最终确定谁是赢家。

形成性评价就像篮球比赛一样，并不只是关注进了几个球或者扣了几次篮，而是要让篮球（好的问题、丰富的任务、聪明的追问）能够在球场上运转起来，以更好地协调每一个人的学习。

新手教师通常会让第一个举手的学生回答问题。通过提问的方式来掌控学生的学习会令新手教师感到兴奋："你是说，只要我提问，学生就会回答我的问题吗？""这种提问的方式让人感觉太棒了。只要有学生说明白了，这种好感觉就来了。"

许多新手教师喜欢与积极应答的学生进行问答式互动。这些积极进取的学生总是迫不及待地参与，他们勇于在同学面前讲话，乐于举手或者兴奋地说出答案。他们让球传动起来，然后传给教师，留下一种"我们在掌控比赛"的感觉。

那些想让学生给出正确答案的教师与少数知道答案的学生之间存在密切的联系。这种联系通常会造成一种关于反馈的错觉。当一节课结束后，如果我们问新手教师谁似乎理解这堂课的目标，新手教师通常会说是那些勤奋的、积极参与的学生。

新手教师以及有经验的教师需要扩大提问的范围。当然，我们会提供相关的建议和程序，但我们需要思考我们为什么要回溯。原因是增加学生的样本量。形成性评价者可以使用公平棒、索引卡或者其他工具来获取课堂上学生个体和小组成员的回答数据。那些正在学习成为形成性评价者的教师可以在座位表上标记以扩大学生参与的范围并掌握学生参与的模式。通过增加学生的反应广度和深度，教师能更好地对学生的理解水平做出正确的判断。

如若没有与回溯相关的教学程序和可视化的反馈，或者没有在课堂上提出问题，那么就不可能有足够的证据表明班上的大多数学生都在思考同一个话题。从学术语言和英语语言发展的研究中得知，为学生提供各种富有成效的方式以表达其思想的机会是至关重要的（Abedi，J. & Herman，J.，2010；Abedi，J.，2010）。这种方式更能让学生感受到自己融入了课堂对话（Zwiers，J.，2007a，2007b）。

原则、程序和实践

有策略地回溯能帮助教师做出有效的推论和合理的教学决策，因此教师需要知道为什么要运用回溯策略。回溯通常是有意图的、有意识的。不要让回溯过程只反映一些偶然发生的行为或那些旧的思维习惯（Lortie，D.，1975）。

当学生在进行小组分享时，教师可以通过听取课堂上至少一半学生的想法来进行自我回溯（bouncing yourself）。教师需要做的是去倾听，而不是去指导。教师要试着去倾听教室里每一个学生，尤其是那些很少有回答机会的学生。教师可以在不让学生受到关注的情况下，对害羞或易出错的学生进行抽样。回溯的方法有很多，如蛇形回溯（通过座位安排，让学生以蛇形的顺序进行发言），鞭形回溯（学生在教室中以鞭子的形状按序发言），爆米花式回溯（学生自己决定什么时候说话，就好像可以发言时从任何地方蹦出来一样）。每种方法运用的过程中都有高潮和低潮。无论是提问，还是抽样，要掌握其此消彼长的节奏。这一教学单元中哪些内容最难理解？学生对这个话题留下了多少现象概念、偏见或者错误理解的记录？我们怎样快速找出哪个学生卡在了对主要观点的理解或者某个教学环节上？哪种抽样策略在教学的哪一个环节取得了较好的效果？

课堂上

利用技术使学生的反馈最大化

回溯活动是复杂的，我们去倾听并试着获取有效的反馈以扩大我们的样本量。像停顿一样，回溯的主要目的是增加学生对问题或任务的反应样本。通过系统回溯，我们可以让更多的学生在课堂中做出反馈。

假设班上有 36 个学生，某一天戴维、克里斯蒂和亚历克斯在教师提问后立刻举手回答问题。这意味着 36 种可能的反应中最终只出现了 3 种反应。也就是说，在课堂上，每 12 个学生中只有 1 种反应。

假设这三个学生中有两人答对了，一人答错了。那么现在的问题是，我们不知道其他学生中到底有多少人也会答错。是超过一半，还是少于一半？是因为不懂而答错，还是因为其他原因？

如果这么说太复杂了，那就让我们利用技术手段来简单阐述一下。一位教师说："同学们，现在请大家使用投票器进行投票。如果你同意戴维的方案请选 A，同意克里斯蒂的请选 B，同意亚历克斯的请选 C。电脑上显示还有几个人没投票，我再等等。好了，看上去同意戴维的方案的人最多。"

在这种情况下，学生最好能正确地进行判断，而不是去猜答案。他们要解释为什么同意戴维的方案。假如这一次戴维的方案错了，那么那些同意她的观点的学生可能也犯了同样的错误。他们之所以支持戴维的方案可能是因为她总是会给出正确的答案。可见，技术既能揭示问题，也能掩盖问题。

如果一位教师使用三个咖啡杯来进行调查，其结果会怎样？我们可以设想一下：教师让这三个学生阐述他们的答案和理由，然后把结果投到投影仪上。教师再用三个咖啡杯来代表三个学生的答案，让其他学生将刻有他们名字的公平棒扔到与他们想法一致的杯子中。

之后教师随机从杯子中抽出一根公平棒，要求被抽到的学生解释自己的理由并阐述论证过程。这种系统回溯的方法不仅提高了学生的回答率，也增加了学生阐述每种答案及其优缺点的机会（CCSSI，2010）。

本书中诸如此类的回溯策略可以带来如下效果。

• 解决学术语言的使用以及涉及数学或其他学科话语的实践问题，达到学习目标与标准的要求。

• 听取专家关于需要等待和思考的时间的建议。

• 通过邀请学生进行合作、讨论和权衡选择以实现解决问题的目的，并进而建立现实世界和学习标准之间的联系。

• 帮助创建公平和具有包容性的课堂学习环境，在回溯时要求更多的学生能使用高阶技能参与进来，而不仅限于那些积极进取的学生。

在回溯时试着反思回溯的理由

现在需要思考的是，回溯的调整和提高不仅指向教学实践，而且也要指向信念。幸运的是，尝试新的实践有助于教师检验信念，因为实践可以检验真理。

尝试新的回溯方式会打消教师头脑中潜在的一些无用且有害的错误信念。例如，"害羞的学生不想说话""这个学生并不知道答案，他的回答就没有对过""那个学生没做家庭作业而且学习总是落后""这些学生不愿意与他人分享想法，况且一旦发言我也听不懂他们在说什么"。

教师要做的不是去放大自己的恐惧感或由恐惧感所支配，而是去尝试新的回溯方式，与学生一起反思回溯的价值；根据需要调整程序；创设人人参与的课堂氛围。教师可以在突击提问时让学生说出他们的困惑；问一问学生要做什么。通过这些互动，教师会为和学生一起发现新事物而感到惊喜不已。

在基于形成性评价的课堂上，学生有更多的机会参与课堂活动，他们会为此感到高兴，回溯也相应增加。但并不是所有学生都有同感。对于教师而言，他们需要告诉学生：没有付出就没有收获。回溯就像举重，要学会承受。

形成性评价小贴士

试着和学生一起感受从挫折中走出来的喜悦；询问他们哪些回溯方式对他们有效；提醒他们，当他们越来越擅长回溯时，他们实际上已经成长了。我们要将工作、学习与生活紧密联系在一起。例如，医生遇到问题时就会与同行讨论；建筑工人遇到问题时就会向结构工程师请教；零售商也会向客户了解商品的特性和服务的成本。在这个社会上，我们需要听取别人的意见才有可能做出正确的决策。回溯能够创造这种反馈的机会，所以人们就能听到别人的建议。我们的社会需要会回溯的公民，他们知道如何区分突然提问和回溯的差别。

现在需要什么？现在需要的是坚持、尝试运用新的社交技能，学会更好地表达和倾听。现在是 21 世纪，全球性的沟通能力最重要。

为时刻提醒学生，教师可以将全班认同的价值观和信念展现在教室中。以下是学生所认可的关于回溯的观点。

- 我们一致认同"传球"非常重要。
- 如果谁不想立刻回答问题，我们过会儿还会来提问他。
- 我们每天听取新的意见和倾听更多的声音。
- 在同学发言结束后，我们再举手。
- 我们相信每个人都有自己的想法，并会让他说出来。
- 我们轮流发言。
- 我们明白倾听需要时间和努力。
- 我们会检查今天是否每个人都发言了。下一个是谁？
- 我们承认回溯能帮助每个人享有他们接受良好教育的权利。

在教室中策划回溯活动十分复杂，如同我们同时指挥交通、举办晚宴、调解冲突和在迷宫中玩游戏一样。为回溯制订计划意味着我们需要将我们注意、记忆、编码和检索信息的努力与追问或标记结合起来，从而取得最大效益。

最终，我们的注意力需要放在学生回答的意义上。但是在我们开始记录学生计数、建立联系、推断模式以及对学生的反应重新表述前，我们需要想办法，以快速增加样本量。

基于学生的需求支持回溯

在单元教学开始前准备互动

• 作为你的教师，我很想知道你在这个单元教学中都在想些什么。如果你不明白或者不确定，我需要听到你的声音，这样我们才能进步。

• 当问题很难回答或者你想回答问题却遇到困难时，我怎么能知道？你能给我一个信号吗？我们应该在每个周末考查你的学习情况吗？

• 感谢你这一周的努力和付出。你的学习热情值得赞扬。让我们看看下周能不能把其他人的学习热情同样调动起来。谁的课堂发言很少？下节课我们要怎么做才能帮你更好地分享你的观点？

在课堂上准备回溯

• 在让一些同学回答问题之前，我会给大家足够多的时间来思考。

• 我想听一下每个人对这道难题的想法。

• 让我们听听今天这个小组的观点。

• 让我们听听今天还没发言的同学的观点。

• 关于这个问题，可能有许多不同的答案。我们可以把这些答案一个个找出来。首先，我们要……

• 谁还有不一样的观点？

• 我不确定……是什么意思。

• 还有什么其他可能的观点吗？

• 让我们听听其他同学的想法。

• 这个问题对全班同学来说都是个好问题，让我们大家一起来回答。

让积极主动、经常回答问题的学生支持很少发言的学生

班里踊跃发言的学生是谁？健谈的学生是谁？有从不发言的学生吗？如果有，那就安排他做记录员。我们说利用学生的精力与热情，其中也包含着如何控制其热情。教师可以将那些子任务分配给那些健谈的学生去完成，从而有精力去关注那些还没有养成发言习惯、总是沉默的学生。教师应尽力将参与讨论的范围扩大，最后让踊跃发言的学生参加讨论。

做好记录

要如何以不同的回溯方式获得更好、更有力的课堂数据呢？一种可行的办法是从收集每堂课的所有质性数据着手。这些宝贵的数据（从词语网络到课堂

小测验）会帮助我们找到问题的答案。

回溯指南是否有助于我们获得想要的效果？我们怎么确定这些数据是否可信？我们从互动中获得的有关学生反应的数据有效吗？如果没有对课堂记录的质性数据进行复查、检验或审查，那么我们如何确定回溯指南能在多大程度上揭示学生的思维发展情况？我们如何才能确定学生昨天的基础、今天的进步和明天的新要求？

在我们进一步探讨这件事之前，要记住回溯的效果会因回溯的原因不同而不同。用回溯去检验学生的理解是一回事，去揭示学生对比率的概念或论点的先验知识是另一回事。在选择抽样策略以获取质性数据时，搞清楚回溯在研究层面的背景和目的也是很重要的。回溯方式的选择需要教师再次考虑三角评价的认知端点和构成形成性评价重要内容的学习目标。

案例研究

回溯：悉尼的案例

为了做好回溯，我通常使用公平棒。在每节课，我的杯子里都会装满木制的公平棒，上面写着每个学生的名字。使用公平棒能帮助我鉴别出那些不愿意主动回答的学生。我坚信的是学生要从"说中学"，教师的工作就是帮助学生学会倾听、做出反应，并从其他同学的回答中进行学习。对于我而言，我们回溯的方式很重要，它能帮助我进行抽样、探索以及让学生相互交谈并同我交谈。

我在公平棒的末端涂上了不同的彩色圆点，学生看不到：黄色代表英语学习者，浅绿色代表个人教育计划项目成员，橙色代表那些学业处于中间水平但不存在学习问题的学生，浅蓝色代表对任何话题都给出正确答案的学生。

当然，这种筛选会出现重叠的情况。比如，有的英语学习者在数学等科目的成绩上非常好。尽管如此，这些彩色圆点会提醒我为了更好地了解整个班学生的理解水平，需要从所有类型的学生中进行抽样。这种分类方法帮助我在回溯策略的使用中变得更有目的性和系统性。

使用公平棒还有另外一个好处：公平棒可以让回溯更好地实现可视化。即通过从杯子中抽取公平棒，可以清楚地知道提出哪一个问题、在哪里停顿以及在哪里进行提问。我也用过索引卡。我喜欢让学生看到我在做什么。

当我开始上课或过渡到某一个活动时，我经常会提问，并让学生静静地思考一段时间，之后让他们结对进行讨论。接着我摇动杯中的公平棒，摇晃的声音会吸引学生的注意力。这好像在说"停止讨论了，我要选一些人来谈谈你们的看法"。我发现公平棒等实物比任何应用程序都好用。我会有效地利用课堂时间。

当我使用公平棒或索引卡时，我并不喜欢要求自愿回答问题的学生来接话。我们的课堂是安全的，学生可以进行试探性的回答或简单的反馈。

作为一名数学教师，我会关注学生如何得出答案，而不只是关注答案本身。我通过回溯来了解学生的解释，他们知道这就是我们一起上数学课的方式。我会肯定学生的回答，并根据他们的回答阐述我的观点。学生知道他们在课堂上说什么都会得到尊重。

我也会追问。使用公平棒回溯时，我会小心翼翼地追问，因为使用公平棒意味着我并不知道学生是否会主动回答问题。一般来说，我认为相较于不积极发言的学生而言，积极主动回答问题的学生更容易接受追问。但也很难确定事实是否如此。

基于不同的目的，我会采用不同的回溯方式。当这种完全随机或部分随机的选择（我使用颜色编码）有意义时，我会使用公平棒。我的决定常常取决于课堂的进度。

有时我会提前决定让哪些学生以何种顺序来回答问题。例如，当我让某些学生去投影仪或者黑板前演示他们如何解决问题时，事实上在这之前我已经在课堂上巡视了，并知道谁已经会解这道题了。随机选择学生对于我来说毫无意义，也不符合我对学生学习的要求。因为我已经对学生进行了抽样，这时回溯不是为了我自己，而是为了学生。我希望所有学生都能看到这个问题的不同解法，这对我们都很有意义。在学生演示以及我们一起讨论时，我会使用其他形成性评价策略来协助教学。

在教学过程中，我会先讲解更为常见的、具体的、可操作的问题解决方法，然后过渡到更为抽象的或不常见的方法。目前，我的六年级学生正在从算术思维向代数思维过渡。所以我采用的回溯方式致力于服务所有学生，我试着让他们不同的思维方式和解决问题的方法进行碰撞并建立联系。

无论学生是主动回答问题还是我使用公平棒选择学生回答问题，其出发点都是一样的。现在我的学生也知道我的想法了。对于我们而言，全班学生一起理解数学学习的意义与学生个人的成长和进步同样重要。

试着将回溯活动划分出优先等级——一次只能开展一种活动。我们有自己的学习目标，所以知道下一步应该把精力放在哪里以及如何安排。但对于新手教师而言，他们尤其要关注的是如何针对学生有关内容知识的理解进行有效的回溯。这能帮助他们形成学科教学知识（Pedagogical Content Knowledge，PCK）。学科教学知识是指经验丰富的教师所具有的专业学科知识以及与学生的学习内容相关的专业技能(Shulman, L., 1986, 1987)。

教学理论知识不仅是对一门学科基本原理的深刻理解，而且是对学生可能遇到的各种困难以及如何利用创造力克服这些困难并进一步加深学习的理解。我们认为，新手教师回溯策略用得越好，他们掌握教学理论知识就会越快。在本书中，我们反复提醒，揭示和支持学生的学习没有捷径。专注于掌握形成性评价，并将它们与教学理论知识相结合，意义重大。

形成性评价小贴士

立足本土，放眼全球

在人文学科课程中遇到回溯问题怎么办？试着把它变成我们教育领域的一个社会问题吧。教师可以让学生来思考"沉默的大多数"对社会和政府的消极影响。教师引导学生看看墙上贴着的思维五步法的海报，进行联结和猜想。比如，教师追问：当只有少数人表达观点时，一个社会将会发出什么声音？当只有少数人发言时，谁来为所有人做决定呢？

试着让学生结对讨论并写下这些问题：我们在学校的行为与我们所期望的生活在什么样的政府和社会之间有什么样的联系？或者在课堂小测验中让学生思考：我们在课堂中被训练成无能为力的人，以便我们能成为他人眼中的"好"公民吗？不论我们教什么科目，我们都要强调沉默、冷漠和毫无兴趣所带来的后果。学生都希望成人做事认真。

轮到我们反思了

分享观点、交流意见和探索学生的思维发展情况是形成性评价的核心原则。在当前社会中，我们需要重新确立形成性评价的价值观和规范。试着花点时间思考一下我们对回溯的信念和态度：回溯是自然和正常的吗？哪些课让学生很想发言？哪些课让学生坐在教室后面一言不发等下课呢？

就如何智慧地回溯，我们已经提供了一些建议。现在教师和同事应该根据自身环境的特点一起提出并确定回溯的特殊方法和规则。毕竟，在艺术课或者舞蹈课上奏效的方法未必在科学实验室或者数学课上起作用(Mewborn, D. S. & Tyminski, A. M., 2006)。现在我们已熟知回溯背后的原理以及与评价设计逻辑相关的抽样策略。当教师和他们的同事一起研究回溯的程序时，我们希望他们能扩大参与的范围，通过反复地研究回溯的建议和观点彼此相互学习。

误解和挑战

误解警告 1

很多教学理论都认为,复述(revoicing)学生在课堂上的发言能引发回溯。通过复述学生的声音,教师试图增加学生回答问题的信心。就像一个回音室一样,学生刚刚说过的话被教师重复一遍,这可能会让其他人都听到。的确,复述是一种很好的实践,但我们希望能将其与旨在收集更多、更好的学生数据的抽样策略区分开来。

回溯(和我们在下一章中提到的标记)旨在改善学生的课堂反应情况,从而为学生解决问题提供更多的支持。回溯鼓励教师收集更多的学生样本,重视学生样本的多样性,而不是仅仅复述学生关于一个话题的观点。

回溯与复述有何关联?回溯并不是复述,但是在回溯时教师可以选择重复学生说过的话。奥康纳和迈克尔利用戈夫曼(Goffman,E.,1974)的动画概念提出了一个新概念,这就是所谓"复述"(O'Connor,M. C. & Michael,S.,1993)。复述是指教师通过将一个学生说过的话大声说出来以让其他学生都能听清。在回溯的过程中,我们需要让全班学生参与到讨论中。

误解警告 2

一位比较内向的实习教师观察到,回溯似乎与学生的学习动机有关。他发现,因不同的年级和课程学习进度会导致课堂准备工作各不相同,因此要进行回溯很难。在他的例子中,学生的学习动机和参与的差异非常明显。他这样描述道。

为了给每个学生参与课堂讨论的机会,我向全班宣布,我想听听那些还没有发言的学生的想法。接下来,那些踊跃发言的学生保持安静,最终会有一个一直没说话的学生站起来发言。然而,这个方法并不在所有的课堂上都有效。这可能对高年级学生有用,他们要做所有的课堂作业、阅读和家庭作业。但对七年级学生就不一样了。对于他们来说,学校不是他们生活中较为重要的场所。他们不像其他人那样有学习的动机。

让我们来看看"动机"这个词。我们指的是有动机的学生,还是有动机的教师,抑或者两者都是?到底什么是动机?什么会引起动机?换句话说,动机从何而来,为谁而来?有效的回溯取决于高水平的动机,这一误解源自一个未经检验的假设。

动机是学生参与的结果，也是学生参与的原因。认知行为治疗师戴维-伯恩斯（David-Burns）认为，动机源自行动，先有行动，才有动机。我先要压水泵，然后有了抽水的动机，之后水就自然而然地被抽了上来。它的原理如图5-2所示。

行动
↓
动机
↓
更多行动

图 5-2　行动—动机模式

新手教师看到了学生在班级公开分享的意愿的差异。他们常常将这些差异归因于人格类型和非认知指标。在教学过程中，新手教师非常关注专家提到的学生的毅力和自我概念。为此，在教学和实习过程中，他们并没有看到那些坚持不懈或积极学习的学生。而一旦学生的情感倾向和认知倾向影响到他们的努力时，新手教师会变得沮丧无措。

新手教师没有看到的是，学生的行为差异更多是条件作用的结果，而非学生的内在素质。在许多情况下，学生是学校系统本身行为、规范和态度的镜子，他们的差异折射出的是学校教育系统问题。事实证明，不同的学习方式也与课程设置的不同有关。对于那些正在为步入大学而准备的学生来说，他们所采用的是一种不同的学习方式。因此，与那些认为学校不是他们生活中较为重要的场所的学生相比，这些学生可能会对不同的行为线索和信号做出更多的反应。

年龄和成熟度也影响参与回溯活动的动机。在不同的班级环境中，相同的回溯活动会以不同的方式展开。经验丰富的教师往往以"你能做"（can-do）的态度面对这一现实，并不认同"回溯只对动机强的学生起作用"的观念。他们善于调整和重新定位，拒绝采用现成的解决方案，并避免针对特定的学生采用一刀切的方式。

对于正在学习形成性评价的新手教师来说，由于害怕挑战，他们通常会认为有些事情是不可能发生的。新手教师往往认为失败的回溯是因为他们没有做到如下。

•还没有与学生进行过回溯。

•有不切实际的期望，认为回溯应该能在不同的条件下迅速让所有人成功。

•尚未掌握将新实践与不断变化的环境相结合来使学生获得成功的技能。

• 对于什么是回溯以及回溯与对学生的特质和倾向的理解之间的关系认识不足。

• 难以发现一般性挑战，特别是对学生的反应数据进行抽样时，难以发现反应范围的限制、测量误差和信度之间的关系。

不要贬低和责备新手教师，他们的错误观念以及偏见是他们当前理解水平的真实反映。我们也不要认为一位教师的专业发展达到最高水平，就一定会对回溯有很高的理解水平。随着环境、学生和课程的变化，我们期待形成性评价者也会发生改变。不要轻视新手教师，也不要过分抬高老教师。我们要以抽样策略和设计的新视角来看待回溯的问题。

为了解决这些问题和避免许多先入为主之见，所有基于形成性评价的课堂都需要借助一定的程序和实践来扩大学生参与的范围。这样我们才能更好地理解所有学生的信念、观点和想法。

我们建议新手教师重新利用形成性评价策略，并反思自己基于回溯的教学实践。在一所主要是拉美裔或西班牙裔学生的高中，一位实习教师在其第二阶段的实习期间做出如下解释。

让已经习惯突击提问的学生先回答问题。虽然回溯有点理想化，但突击提问会让人感到不舒服。上这节课让我意识到，我们需要准备一系列问题来引导课堂讨论，并尽可能公平地让每个学生回答问题。有时这很难，尤其是如果我们想按课程计划继续下一个教学活动的时候。毕竟让同样的学生回答问题对推进课堂进度总是更容易一些。

我们很了解这位实习教师以及其他许多像他这样的人，我们意识到他非常关心那些有学习困难的学生。这位实习教师在一所学校实习，他也曾觉得自己被指导教师忽视。因此，他致力于实现课堂公平，但他也明白目前突击提问很管用。他认为课堂管理是核心，而形成性评价就没那么重要了。

相较于那些让教师感到尴尬或沮丧的突击提问，我们选择提供形成性评价的反馈。

• 也许下周的学习是一个新的开端。我们不妨问问学生更喜欢哪种方法：是轮流提问、使用公平棒，还是回溯。

• 当失去动力时，我们如何坚持使用回溯策略？批评被突击提问的学生公平吗？这里隐藏的深层次问题可能是什么？

• 记住课堂上的开场白。倘若我们事先做好准备，回溯的效果会怎样？也许可以让那些踊跃发言的学生带头参与，主动回答或是充当抄录员？

• 让我们制订一个计划。首先，列一个表，确定在课堂上哪些行为会让我们对回溯更有信心。其次，在另外的学习场所观察学生，如体育馆、实验室、乐队排练室等。在这些场所，同样的学生还会回溯吗？他们会一起分享有关实验的观点吗？他们会在课后一起参加乐队活动吗？要让这些学生像在课堂一样回溯，需要做什么？

回溯无处不在。学生都知道使用社交媒体与他人互动。我们要做的是与他们一起每天让回溯发生在他们身边。

巨大而必要的转变

一些学生已经习惯了教师喜欢提问那些率先举手想要回答问题的学生的方式。并且他们当中大多数人习惯于让少数踊跃发言的同学在课堂上做"表演"。用恰当的方式提出恰当的问题，推行"不举手"课堂制度也许在短期内会有效果（Wiliam，D.，2014）。但是我们鼓励课堂上多用回溯方式，让教学进入更深的层次。而实际情况是我们并不知道如何打破少数活跃学生"霸占"整个课堂互动的教学陋习。

我们问形成性评价专家和教育研究人员：谁能打破我们多年形成的这种教学陋习？怎么才能让习惯了沉默的学生突然发言呢？怎么才能让被剥夺了选举权并习惯了压抑自己的人们来公开演讲呢？教学系统应该怎样设计去促进全体学生发言和提问而不只是让一些人自由发言和推进教学进度呢？为什么学生要在足够信任一位教师的前提下才能发言？为什么学生会认为当他们发言时教师会对他们说的内容感兴趣？

上述这些都是很棘手的问题。我们提出这些问题不是为了模糊或逃避责任，而是要清楚哪些习惯我们需要保持和哪些习惯我们需要放弃。形成性评价是一个起点，它能阐明我们的立场，但前提是学校的架构和重心必须支持而非阻碍形成性评价中蕴含的民主立场。

就如我们在第一章中介绍的预备策略可以帮助教师关注学习目标、课程目标、学科内容，现在我们提出引入回溯策略。这是因为回溯能让形成性评价者拓宽提问的范围，尽管我们知道我们很有可能难以拓宽。

如果课堂上没有人参与关于观点、问题解决思路和初始答案的相互交流，或者思考这些观点、问题解决思路和初始答案，那么提问和追问便失去了意义。

那些一言不发的学生比形成性评价专家想象得更难以接近。这些人是我们希望课堂参与人数达到预期目标的"最后一公里"。我们能否在一堂课中找到完美的平衡点，让一言不发和积极踊跃发言的学生或者其他学生都可以各抒己见呢？回溯是否只是学术专家和教学发展专家的突发奇想？也许它只是不断的教学改革中风靡一时的时尚(Cuban，L.，1990)。

时间会证明一切。目前而言，大家对于如何在课堂互动中获益的特例都比较关注。教师和学生之间、学生和学生之间，甚至是管理者和学生之间都在进行生动的、有思想深度的、形式丰富的交流。我们能从课堂的形成性评价中，特别是在 STEM 学科评价中找到一些例子(Ball，D.L.，1993；Furtak，E.M.，Ruiz-Primo，M.A.，& Shemwell，J.T.，2008；Franke，M.L.& Kazemi，E.，2001；Hammer，D.，1997；Lampert，M.，2003；Warren，B.，Ballenger，C.，& Ogonowski，M.，et al.，2001；Warren，B.& Rosebery，A.S.，1995)。但是这些互动性强的例子许多都是关注小学和初中学生课堂互动的，很少有关注高中学生课堂互动的研究。事实上，我们对处于中间水平的已经学会学习的学生所知不多。我们的教育忽视的正是这些学生，而不是踊跃发言者或始终一言不发的少数学生。

教育改革家特德·赛泽(Ted Sizer)在《贺拉斯的妥协》(Horace's Compromise)一本书中提到了这种现象。这本书指出课堂和学校致力于以轻松的方式运行，教师和学生都能开心地接受"学习就是学会上学"的观点。基础学校联盟的西瑟研究团队呼吁我们要关注被忽视的中间水平的那部分学生。为此我们需要重新思考评价的方式——为了哪些人的利益在评价。我们不会一味地增加学生的样本量，但也不会利用总结性评价去筛选那些没有达到标准的学生。

如果我们认为将回溯策略融入教学实践的要求太过分，那么我们在看到学生因为出了一点错就失学时也不应该感到太惊讶。对于那些想让学生变得对学习感兴趣的形成性评价者来说，他们知道我们能评价得更好，我们也应该增加学生的样本量，帮助不爱发言的学生发言。

回顾：反思刚刚教授的课程

我们的职前教师正在学习基础知识部分。他们知道让课堂环境变得具有包容性和公平性的技巧。在加入课程学习之前，他们已经在方法课上学习了公平棒等的使用方法。在跨文化交流、语言识字和教育心理等课程的学习中，他们也学会了其他教学方法，以提高学生的参与度。还有一部分教师尝试使用过这些教学方法，他们在课堂上拿着公平棒、索引卡、做好标记的座位表展开教学。

就课堂评价和鉴定这门课程来说，我们知道回溯是有用的，因为回顾教学过程本身也是一种课堂参与。思维五步法正在发挥作用，它促使新手教师思考布卢姆教育目标分类学理论。知道教学方法是一回事，而要在不同的班级中运用这些方法则是另一回事。有策略地思考哪些形成性评价策略对学生起作用，什么时候不起作用，原因是什么，正是我们需要探讨的对象。

到现在为止，我们应该能认识到反思刚刚讲授过的课程的目的是再次体验、重新思考什么是值得强调和落实于实践中的。通过进行形成性评价，我们能把注意力放到对那些希望成为形成性评价者的教师有帮助的事情上。我们在回溯策略的框架下提出抽样策略的概念。就如帕梅拉·格罗斯曼所说的那样，它是一种"实践的章法"(grammar of practice)，可以让研究型教师彼此分享和使用(Grossman，P. & McDonald，M.，2008)。

在下一步教学之前，我们需要明确：对学生进行抽样可不轻松，需要我们做出教学决策。我们要在决定选取哪些学生时做出妥协和让步。不是所有学生每时每刻的观点都需要被听到。我们应能理解新手教师在职业成长的过程中在这方面遇到的困难。

目的明确、有批判精神有助于学生在每个学习进程中都能有所收获，这在教师身上也是一样的。按照教育心理学家的观点，一些实习教师已经掌握了概念性知识，如抽样是什么；也掌握了过程性知识，如怎样有效地使用公平棒。他们还能将知识的原理运用到形成性评价中，也会运用关于决策的知识，根据课堂环境、学生需求和课程需求判断采取哪些策略才能保证形成性评价真正有效。这些教师在朝着形成性评价的领域迈进，发现形成性评价的内容与教育全局息息相关。

当我们关注一门课程时，我们最好问问自己："为什么在科学实验课刚刚开始时，明明可以用一些活动去介绍'扩散'的概念而我却选择让学生快速写出想法，并且在最后还进行了随堂小测验？"

我们邀请一位英语教师玛丽亚为我们回顾她刚刚上过的一节课。玛丽亚决定根据她之前对课堂的观察，关注具有目标指向性的抽样策略。

过去我很难把回溯策略融入课堂。最近我拿了一个毛绒玩具作为激发学生发言的道具。我把道具传给发言的学生，然后再让他们传递给其他同学。目前为止，这个方法在我的新生班里很有效果，学生都很踊跃地发言。课堂讨论的内容丰富了，学生也随之更尊重彼此。

这种课堂上的讨论更多以学生为中心而不以教师为中心。我很开心地发现，学生越来越习惯把他们经过深入思考的问题与班级的其他同学分享。这对课堂上内向的女孩也有效果。我们班的男生居多，男生发言的次数也会多于女生。那么道具的作用就是让女生大声地说出答案，让所有男生都听见。我希望这种教学方式能帮助班里的女生建立自信，同时也让男生对回答问题的次数和回答问题本身更有耐心。

　　玛丽亚遭遇了回溯中的挑战。她使用了本章讲到的抽样策略。玛丽亚可能没有把这个策略告诉她的指导教师。对于大学教师来说，这显然是有关公平抽样的问题。对于她来说，回溯不再是抽象的学术概念，她能主动使用抽样策略来解决学生课堂参与的需求问题。在一个多样化的公立学校的课堂上，我们希望不同的学生都能拥有发言权。而在其他学校，学生可能会缩手缩脚，观望多于参与。对于这些学生，我们应当拿出咖啡杯、锡筒、毛绒玩具，用我们的方式跟学生互动，让他们一点点、一步步朝着目标迈进。

　　像玛丽亚一样想掌握形成性评价的教师会利用一个抽样策略来拓宽学生样本的范围。他们可能会根据教学中学生的性别、语言、能力采取不同的方法，控制他们的课堂参与度。他们也可能针对特殊的学习目标（如学生的阅读、写作、口语交流）和同事一起研究抽样的难点。或者他们会咨询学校的顾问、专业辅导员以及课后辅导教师，去探究哪些学生会在回溯中遇到困难以及怎么做对学生来说恰当。

　　在学科教研组会议上和其他专业学习社区中，形成性评价者并不满足于打分定级。他们通过利用学习需要的时间、资源和经历去提升学生的学习效果。这意味着形成性评价实践能够让更多的学生表达观点，从而帮助我们形成对学生学习理解程度的更可靠的认识。形成性评价者应一起努力让学习过程变得更加可视化，一起抵制把学生束缚住的教学技术。

　　通过关注三角评价的各个端点以及发现抽样策略的重要性，玛丽亚越来越能够像研究人员一样去思考，会考虑什么抽样策略有效果，什么抽样策略不能拓宽学生反应的范围。她知道自己观察的局限性，并通过咨询专家寻找一个更可靠的方法推进下　步的教学。

　　我们希望所有教师都能拥有更具代表性、更加公平的视角去看待学生的想法，从而摆脱在黑板前不停地写和说、一问一答或者突击提问和那些会影响教师对质性数据的了解和使用的违反常理的行为。想要做到这些，我们应该借鉴玛丽亚的教学实践。

　　我们可以研究玛丽亚在这学期第二阶段教学中的做法，用锡筒或者杯子进行抽样。听她讲课之前，我们可以让她说明她和她的指导教师有关公平棒的使用情况：你考虑到特殊学生群体了吗？这些学生群体之间有什么联系吗？他们学习的方式和遇到的问题是否有交集？在使用公平棒和索引卡的时候，我们怎么确定学生没有不适感以及被忽视的感觉呢？

玛丽亚在学习回溯的过程中还没有达到成熟的水平。了解到这一点，我们可以为其提供更好的指导。我们不需要在她的课堂上主导师生的交流，也不必认为她在与学生个体、群体之间的互动中已经考虑到学生之间的个体差异和群体差异以及他们心理特征的差异。这就意味她已经成长为成熟的形成性评价者。相反，我们应当将她的努力视作她不断探求职业发展的一个个环节。我们还应看到她的进步，如打破常规抽样的方法，拓宽学生反应的范围以及有意识地将公平和公正融入自己的教学（Guitérrez，K. & Rogoff，B.，2003；Noguera，P.，2008）。

像许多实习教师一样，玛丽亚知道了要成为形成性评价者，应该改进教学，打破我们认为理所应当的教学步骤。她不断利用形成性评价策略进行教学分组和配置，在一次次教学中尝试着了解学生的所思所想。在学期结束时，她写道："我希望通过回溯的方式让班里的女生可以更勇于发言，在课堂上更加以学生为中心。让我们来见证它的实现吧！"这种对以学生为中心的课堂的期望在她的教学生涯中是一个大的飞跃。而"让我们来见证它的实现吧！"这句话正是形成性评价者的追求。

汇　总

正如我们刚刚强调的那样，深度的回溯与其他教学行为交织在一起，很复杂。我们下决心做一件事并不难，做的过程中也难免会遇到问题。如何解决问题对于我们来说才是真正的挑战。

作为教师教育者，我们希望新手教师能够多学习。这就跟皮亚杰等学者提醒我们的一样，我们可以期待那些正在学习新工艺、新技能或新概念的教师经历一个同化和适应的过程。建构主义的学习方法让我们认识到需要超越某些理论。比如，对初学者进行学习评价，需要采取更多的措施来支撑更深入的教学实践。其中经验是关键，而耐心的指导也同样重要。

我们想看到学习形成性评价的教师勇于犯错并通过实践重新进行回溯。只有将努力学到的知识运用到学生的抽样上，并且知道当事情出错时可以得到指导教师的帮助，教师才可以在形成性评价领域取得进步。

为了建立一个用于回溯的心理模型，那些努力成为形成性评价者的教师需要时间、经验和指导性训练。这正是学习的过程。

对于形成性评价者来说，真正的挑战是开发一个心理模型，用以抽样和拓展学生反应的范围。回溯可以让我们为形成性评价领域中的初学者建立发展的新的联结。如果课堂评价实践有了深刻的转变，我们则需要一种新的话语来描述这些新的实践，因为旧的实践会逐渐被取代。

在此过程中，我们不应该迷失在对技术的狭隘追求中，否则我们不会加深我们的理解。回溯更多代表着深度思考，而不只满足于眼前所看到的。

检查理解程度

以下内容可以帮助教师拓宽回溯的范围和提高回溯的技能。请记住，重点是考查我们收集学生反馈的抽样策略。我们可以利用热身提示来自测，可以将立刻行动中的想法作为对话的开场白并展开个人或小组练习。

热身提示

- 为什么回溯？
- 跳过形成性评价的回溯阶段，后果是什么？
- 在您的课堂上，哪些学生能在突击提问与回溯过程中得心应手？哪些学生不能？
- 在您的课堂上，您和学生对于回溯有约定吗？对学生回应的比例，您自己的目标是多少？如果低了，怎么调整？

立刻行动

- 开始一个新单元的教学时，在没有开场白的情况下参与这个活动。在黑板的中间位置写下"回溯"这个词，然后问自己："我想到了什么？"在 30 秒或更短的时间内，在黑板上写下你认为正确的答案。
- 第二天，向学生解释道：我们今天要绘制一个词语网络。让他们明白绘制词语网络是热身任务，可以帮助我们思考一个主题。在黑板的中间位置写下"回溯"这个词。让学生在便笺纸上写下看到"回溯"一词时他们脑海里所想到的东西，然后将他们的答案贴到黑板上（如果愿意，可以使用便笺纸以外的替代工具）。完成该步骤大约需要 2 分钟。
- 在下周的第一天，让学生讨论，然后写下"我们回溯，因为……"，说明一个理由或共识。指定一名抄录员在黑板、海报纸或社交网站上记录这些理由或共识。完成该步骤最多需要 5 分钟。
- 举一个本周进行的回溯活动的例子。思考：起到了什么效果？在哪些地方的效果不尽如人意？因为谁？列出几个后续步骤，以便更好地进行回溯。
- 突击提问和回溯是否可以共存？请讨论。
- 要求职前教师按照他们对回溯反馈的主题而分组练习（重置期望、达成协议、失败后应该做什么事情等）。

要点 1：预热和破冰。

要点 2：器具、脚手架以及技术工具。

要点 3：陈述和开场白。

要点 4：价值观及信念。

每组指定一名发言者与一名记录员，然后创建一个与其主题相关的示例列表以及选择一种支持回溯的方式。每组相互分享，一起就教研组或学校关于如何以及何时考查对回溯的认可度和评价推荐方法的计划达成共识。

（注意：此任务适用于学生和教师一起参与的场景。）

挑战性任务：小组中的一个人解释为什么某个特定程序可以帮助在课堂上更有效地进行回溯，另一个人反驳说为什么这个程序可能对一些人或事不起作用。选择一个学生作为重点对象，并使用"鱼缸观察法"（fishbowl approach）来讨论各类挑战及相应的工作方式。

第六章 标 记

如果要创设一种教室环境，使学生身处其中且能够相信他们的话语很重要，那么我们需要创造机会使学生的所有想法表达出来以及都被听到。而这些行动就是标记。

——凯拉，科学教师

形成性评价主要关注质性数据——那些无法被简单标签化或快速类别化的课堂学习中最鲜活的东西，诸如学生的问题、关于初稿的想法、模糊的理念、困惑的眼神、未说完的言论、稀奇古怪的反馈等。标记就是在课堂学习中很好地记录以及使用这些质性数据。

处理质性数据的一个困难是将它们放置在一处。不像量化数据——数字、分数以及绩点，质性数据很难被获取、上传并存储。目前很多评价方案都能帮助我们记录、分析课堂数据并让这些数据变得有意义。但是这些评价方案对一个更重要的问题仍保持着沉默：当形成性评价者需要做合理推断和有效解释的时候，如何接触并准备好他们自己的质性数据？

在我们回答这个问题之前，需要先弄清楚：在课堂上标记学生的反馈，而不是在课后记录学生的分数、绩点以及等级，是重要的。

数年的研究成果告诉我们，形成性反馈是促进学生课堂学习的核心要素。分数、绩点以及等级都不能为那些致力于评价学习的人员提供形成性反馈。以等级为例，其仅仅能告知学生、家长以及学校谁位于成绩分布的顶部、中部以及底部（Winger，T.，2005）。研究表明，学生更倾向于忽视与等级相伴而来的反馈（Black，P.，Harrison，C.，& Lee，C.，et al.，2003）。因此，当试图将两种评价目的混在一起的时候，我们简直就是在做无用功。

尽管等级对于总结性评价者非常重要，但它对于形成性评价者则没有什么意义。我们需要在课堂上评价当前学生的理解水平。我们需要让学生在课程内容的学习节点实现思维的可视化。我们需要评价流程和行动，在测验、考试和家庭作业之外了解学生关于学业内容和认知难点的所说、所做和所思。这需要标记以及不断地标记。

像所有教师一样，我们知道对学生的作答情况采用数字、分数以及排序分等的原因。等级竞争本就是学校教育的一部分。虽然收集量化数据能够帮助学校体系运作，但这些数据并不是我们想要获得的关于学生发展的数据。形成性评价者需要一种高质量的有关学习的即时信息。真实的学习评价依赖于高质量的反馈，而反馈则依赖于获取、记录以及公开我们对学生的理解。

形成性评价的一个核心目的是能够给予学生即时的反馈。不过要想实现这个目的，我们需要让学生的思维得以可视化。标记学生的作答情况是一个非评判性的行动。在正式开始标记的时候，我们暂停评判，先忠实地记录学生的思考情况，之后再去评价，做出相关决定。

本章关注形成性评价中很少被提及的部分。这是为那些力求成为形成性评价者并且改进整理策略的人们而准备的。

标记放缓了课堂行动。在上课或第二天复习时，标记能够促使质性数据显现，提高了其可获得性。正如凯拉和卡尔所指出，标记在培养班级的学习共同体氛围上起到了至关重要的作用。同时，标记还能记录学生的各种答案。重要的是，标记可以帮助我们记录和拓展学生的作答范围，这样我们在决定下一步要做什么的时候能够更为明智。

什么是标记？

标记是通过连续记录课堂反应的方式来公开表征学生思维的差异情况。在大多数情况下，标记记录了学生所说的内容。教师将其记录下来以便让全班其他人都能看见，并且参与记录。

学生和教师都可以进行标记。教师利用标记能够将学生的写作、画画或者思考过程展现汇报，包括记录句子、短语、图表、图片、符号等，并将其融为一体。例如，学生在便笺纸上写下想法，这就是一种标记方式。

标记的关键要点如下。

• 标记的目的在于在授课中就一个主题或问题，将学生思维中的所有差异情况都表现出来。

• 对这种差异情况的记录是可视的、公开的并且是潜在的能被保存的（能回溯的、能存储的）。

• 这种连续记录减少了无关认知负荷，同时增加了相关认知负荷（如追问前有脚手架的支撑）。

在课堂学习环境中的标记是记录、标注并且创造数据。整个社会长期依赖标记这种行为，尤其是它对商业活动和社会生活有很大帮助。大约 5000 年前，苏美尔人将楔形文字压印在黏土上来做抄录，以捕捉和表达他们一闪而过的思想。我们现在在课堂上所做的抄录的内容亦与标记相关，只不过是在力争体现另一种形式的精准。

我们的目的是精准捕捉和表现学生思维的巨大差异。我们的标记努力呈现所有学生在思维上的贡献，因为当我们在课堂上做决策的时候，我们可以从学生的回答中了解学生的思维发展情况。

在教室的标记和涂鸦也有关联。学生有时表达他们的情感，维护他们的身份。这些可以作为课堂标记的一部分，就好像是涂鸦艺术家在标记自己的身份。作为形成性评价者，我们强调在教室标记学生回答中的原创而有价值的元素，我们可以标注、确认、描述学生的思维发展情况，使这些想法不至于消失。

在第五章，我们注意到学生的想法会在课堂上被触发、传播。伴随这么多行动，标记经常很难进行并不是一件奇怪的事情。当然，我们的回溯活动能够对此有影响，但更常见的是无数宝贵的了解学生的机会就此消失。如果我们能够专注于标记，那些学习形成性评价的教师可以更好地表现学生的思维发展情况，也能更好地在标记的过程中呈现学生习得的知识和信念。

为什么要标记？对谁有益？对什么有益？

标记是为了鼓励所有人参与；是为了确保所有学生的想法被了解和被意识到；是为了给想法上存在巨大差异的学生提供参与的机会；是为了开展证据记录和集中收集证据以支持教师的决策制定；是为了让回顾学生的想法成为可能；是为了协助激活学生的先验知识；是为了放缓并使那些言语行为可视化；是为了更好地提醒每个人课程学习的进展；是为了增强口语和写作语言之间的联系；是为了帮助学生公开地使用他们的思维五步法。

标记能够促进学生思维的可视化。让思维和学习可视化的好处有很多，并且已得到学者的证实（Hattie，J.，2009，2012）。一个充满标记的课堂氛围对于培养和维护良好的课堂文化来开展形成性评价起着关键作用。标记出所有学生的答案情况，不管用的是什么方法，是启发，还是提问，都能强化这样一个信息：课堂是一个安全的地方，足以承担智力风险。

形成性评价小贴士

要想有效地标记，我们必须保持学生言语的原状——不要用我们自己的理念或思想去阐释它。之后我们会有时间去解释和处理这些信息（比如，通过整理学生的作答情况来解释和处理）。

形成性评价必须避免加快授课速度，要看有没有对课程内容进行重新解释。同时，教师必须仔细观察学生的思维发展情况。在此刻，对于整个形成性评价行动，标记的目的是让学生用自己的语言说出他们的想法，而不是让他们当场做出价值判断。

标记帮助提升教师素养

标记学生的思维发展情况同样非常重要，因为它能帮助教师发展学科教学知识。学科教学知识是指教师所拥有的专业知识和技能。借此，教师能够因材施教，针对不同的学生选择不同的教学方法。比如，确定教学的重点在哪里，为什么这些很重要。了解如何教授历史学科（不管是历史专业的学生还是一名专家）需要花费时间。深入地与学生打交道，开展反思性分析，以便教学活动深入开展。毕竟，给四年级学生讲解有关工业革命的内容与给八年级和十一年级的学生讲解，一定存在巨大的差异。

我们认为在形成性评价中新手教师的相关技能与他们掌握的学科教学知识紧密相连。这需要更多的研究来证实，不过目前我们已经注意到标记能够帮助新手教师发展倾听的技能。没有清晰的、具有目的性的标记，很难获得更多的提问、停顿和探究机会，更不用说解释和整理学生的想法。标记能够帮助学习形成性评价的教师与学生获得围绕特定授课内容的互动体验。当然，标记最终需要和其他方法融合在一起，标记从来不是一个孤立使用的策略。

作为师范认证项目中的大学教师，我们将在能力范围内鼓励实习教师在实践中尽可能多地进行形成性评价，我们也和他们一起在实践中进行摸索。我们提供机会录制微课，回放形成性评价新手实录，反思在课堂上正在做什么以及还需要做什么。标记能够为新手教师提供其所迫切需要的认知处理时间、调整授课速度的机会以及对授课方向的反思时间。正如我们给新手教师的提示，标记能够释放认知空间，从而让教师关注到课堂管理问题以及其他非认知的、社会情感性的焦虑问题。标记可以从多方面服务于教师。

形成性评价小贴士
设想一个没有标记的学习环境

• 想法稍纵即逝，并且无法被编码。当学生回答后，他们的思考、误解以及想法若没有被标记，很快就会消失。其中一些想法不可能在人的长期记忆中再次被编码。

• 激活先验知识。让学生和未被标记的想法接触具有风险。我们很难倾听或记得谁说了什么。在没有对课堂做连续记录的情况下激活先验知识，会让学生出现很多认知困难，不知道当时在想什么，也不知道现在需要关注什么。

• 维持和吸引注意力。词语网络可以促进学生表达关于某个主题的想法，减少了学生的认知负荷。这是因为词语网络有助于学生进行相关信息的处理、理解和阐述。

• 互动以及意义构建。标记记录了学生的作答情况，使得每个人在课堂上都能一次又一次地与他人互动。学生通过标记流程构建意义和联系；标记增加了信息进入长期记忆存储的可能性。

标记帮助记录反馈的过程、学生的理解错误和突发事件

标记不仅可以帮助教师赢得时间、创设空间，变课堂为互动友好型空间——一个为激励所有学生做出反馈的安全港湾，而且发挥着重要的作用。当一个想法被标记时——记录下来并易于学生提取——教师可以为培养学生的思维习惯提供更好的支持。利用标记这一策略，形成性评价者能够帮助学生回顾和反思想法，将其与其他主题或学科建立联系，探索不同的思考的视角，质疑当前呈现的证据，琢磨同一主题或问题引发的不同反应之间的相关性，并且对记录下来的想法再次涉及时提出"如果……怎么办"这样的问题。

标记同样对支持"Re"文化发挥着关键作用。"Re"文化指的是重新思考，重新设计，重新写作。这些对教师和学生之间的形成性反馈非常必要，对下一步的教学如何设计至关重要。

要在课堂上进行形成性评价，我们需要学生标记他们的作品。自我评价和同伴评价都是形成性评价的重要组成部分。在观察展示长廊时，学生可以为本班同学的作品提供可视化的反馈。无论是友好的赞赏还是冷静的批判，都是一个很好的做法。同理，一个使用标记策略的组织者可以标记学生的最佳反馈以及下一次改进的目标。学生可以数字化的方式标记他们的建议，也可以对团队项目给予称赞。本次的记录可以和下次的记录关联起来，通过比较就能知道有没有进步。

教师将学生的作品和答案标记出来，将其呈现在教室墙、擦写板、投影仪以及互动白板上，可以和学生更好地观察一节课的活动是如何进行的，能够看清楚学生的想法是如何随着时间而发展的。即便有错误的理解，我们会如实地将其标记出，等待再次纠正。不仅教师和学生可以一起标记，而且标记的可视化效果很强。研究思想转变的学者（Smith，J.，DiSessa，A.，& Roschelle，J.，1993/1994）希望我们能记录所有的想法（"预先想法""错误想法"以及其他想法），花时间去琢磨这些想法。在单元教学开始阶段标记的学生各种最初认知发展情况会被定期回顾。学生可以看到我们对认知的定义以及他们的认知发展情况。

最后，标记在应对课堂出现的突发事件上发挥着特殊作用。突发事件要求我们必须把教学决定建立在学生的反应或反馈上（Leahy，S.，Lyon，C.，&

Thompson，M.，et al.，2005）。教师通过放慢教学进度，帮助学生呈现他们的所思所想。

形成性评价小贴士
标记在前，评价在后

有效的标记取决于教师暂停说出自己的评判，不对学生的作答做现场评价。在标记的过程中，教师的注意力应当聚焦在引导、激发以及毫无偏见地记录学生的反应上。在标记的时候，教师的评判不能缺席，只是不需要表达出来。教师要有专门的时间来构建整理箱、归类作答情况以及决定谁需要支持。现在请放松，让标记为后续的解释提供连续记录的数据。

标记在三角评价中的位置

一开始我们想把标记安排在三角评价的观察一端。当学生开口说话时，我们记录，将说话的内容标记在某种载体上，让记录可视化、可提取、可分享。当学生用纸笔作答时，我们就请他们将作品展示在一个可以被信任、公开以及不做评判的载体上。如果学生吟唱、跑步或在教室涂鸦，我们也是用同样的方法进行标记。标记帮助我们更好地观察他们，并且注意到他们表现出来的关键信息。

我们认为标记同回溯一样，亦是演绎端点的一部分。没有彻底的回溯和标记，我们无法真正获得关于学生知道什么和能做什么的第一印象。在第五章中，我们讨论了在一节课中如果我们不能收集到关于学生学习的数据，我们没有做好抽样，那就会影响我们对下一步要做什么的推论。本章中一个相关的挑战就是针对一个提问，我们试图捕捉的不仅是谁能回答，或者有多少人能回答的信息，还需要记录、标记、使用这些信息，以便做出更合理、更有效的教学决策。

形成性评价者需要为记录学生思考的数据增加前提条件，那就是标记。标记忠实地记录了学生的所言、所做、所行，帮助我们不断接近我们的教学目标，或者帮助我们获得错误认知的形成轨迹。标记以及回溯均是一种重要的前提条件，决定了我们要解释什么，以及我们的解释是否经受得住推敲。这就解释了我们为什么要将标记放在三角评价的解释一端。

关于形成性评价的文献经常强调，形成性评价者的实践普遍集中在整理策略上：分类、评价以及评判学生想法的价值。形成性评价专家不经意地把压力给了新手教师，让其进行评价、区分以及提供反馈。他们收到的建议似乎是在教导他们如何当堂开展评价、解释以及做出决策的工作。

尽管如此，对于那些学习形成性评价的个人来说，第一步必须是获得一个尽可能全面且精准的有关学生思考的画像。通过强调回溯和标记，我们带着初学者进入了正确的运作轨道。尤其是实习教师，他们有权学习如何先倾听、再行动。

将思维导图或先验知识公开化会使学生更容易学习别人的做法。正如图 6-1 所示，我们连续记录的数据呈现的变量越宽泛，教师能够做出的推论就越牢靠，教师关于教学调整的决策也就会越合理。我们希望随着时间和经验的增长，教师也能在他们的学科领域获得相应的学科教学知识。

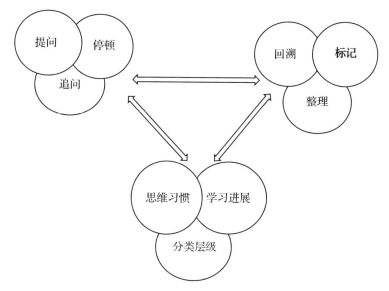

图 6-1 利用三角评价进行标记

不管对个别具体片段的标记是如何进行的，是用软件还是用黑板，是教师记录还是学生摘抄，标记的目的都是一致的。形成性评价一般要求教师先观察（更多情况下是仔细倾听），然后收集和记录观察数据，以服务教学决策的制定。

在了解标记是如何与形成性评价行动框架关联之前，我们需要明确的是，总结性评价者总是关注成绩、等级或者其他量化数据。与这些不同，形成性评价者所关注的证据不是预先准备好的。它们需要被一些载体识别、收集并且捕捉，而这些载体通常是由教师提前选择的。一个擦写板、一块学校操场的碎石路面、一张防水厚纸、一片便笺纸，上述任何一个载体都会是获得证据的载体。

由于标记是由三角评价指引的，因此它需要得到包含回溯在内的形成性评价的其他策略的支持。对于标记而言，事先准备是关键。标记中事先计划的部分以及即时标记，都为充分的分享提供了机会。

标记和其他策略

我们将标记视为预整理的体验。现在可以这么说，标记对于弄明白学生的所思非常必要，但还不充分。我们同样认为标记对于教师而言有它自身独特的学习过程。没有人生来就是形成性评价专家。每个人都曾经是新手。教师需要在自身的最近发展区内进行形成性评价，调整预期并为提升自身的标记水平提供支持和脚手架。

作为形成性评价策略之一的标记，其潜在影响力与教师对学生所开展的预备、提问、停顿、追问、回溯及整理的技能水平直接相关。想要忠实或有意义地记录一群学生的未述之言是不可能的。同样，如果无人知晓如何了解问题或困难，通过提出一些流行的集体口号来减少认知负荷是不太容易实现的。需要注意的是，如果一个停顿的问题超越了学生的最近发展区（或者学生对此没有相应的参照系），通过熟练的事先准备来标记学生对这个问题的回答便会变得没有意义。如果我们错失了班级半数以上学生回答的数据，两三个学生的回答对我们评价学生不会有多少帮助。

在形成性评价的过程中，以下观点大家并不会觉得惊讶：面向共同愿景，形成性评价做得越好，学生和评价人员就越会在形成性评价中受益。

课堂上
标记的力量：课前预备会让全班做好准备

教师在选择形成性评价行动时可以做出如下思考。

我可以采用一个围绕主题的词语网络来考查学生的先验知识并根据回答节点提升学生回答的速度："当你看到或听到单词'比率'时，什么是你首先想到的?"这些词语网络中的回答节点可以作为我们对本单元现阶段学生理解的一份持续性记录。我可以探查这些回答节点并当即给回答问题增加难度或在下个星期回顾时再增加难度。在公布正式的定义之前，我可以标记学生有关比率的回答反应。我还可以将我们在这节课中标记的学习片段整理记录下来。

研究是怎么说的

我们自己的研究支持这个观点：形成性评价者需要合理地实践和重视标记策略，以提问和准备为开端。比如，"当你听到单词'对比'时，什么会首先出现在你的脑海中?""这个问题的答案是什么?"在标记过程中,学生的所有反应都被记录下来并被标记。标记会对如下情境非常有帮助:激活学生的先验知识,确认建构主义者称为纲要的内容,构建一个视角来审视在下一个教学环节中将要出现的对认知有挑战的学习内容。

研究表明,附带更多约束的记录学生思考情况的标记流程也能有所收获。施瓦茨(Schwarz)和格拉斯纳(Glassner)两位学者 2007 年的研究发现,与范围更广的讨论相比,初中生在限制范围的条件下展开了更为深远、更高质量的讨论,并附带相关解释来进行争辩。

我们认为标记学生的贡献有助于教师更好地促进学生讨论,尽管教师和研究者运用的方法有所不同。对于教师而言,标记过程中通常会构建词语网络、思维导图或者概念图。评价专家和研究者则记录下一些方法,利用这些方法能够获得量化数据来证实他们对学生学习的看法(Herl, H. E., Baker, E. L., & Niemi, D., 1996;Yin, Y., Vanides, J., & Ruiz-Primo, M. A., et al., 2005)。对于我们而言,不管是质性方法还是量化方法,标记的流程和方案对于想成为形成性评价者的教师来说,都是非常有用的工具。

钦(Chinn)和安德森(Anderson)在 1998 年通过研究课堂视频(课后回放)把学生对整个课堂讨论的贡献标记出来,并创建了围绕讨论的因果关系图和论证关系图。如此详细的记录可以用于对课堂讨论质量以及个体学生所做贡献的量化测评。钦和安德森还指出,当给教师展现这些关系图时,他们寻找更多证据的热情更高,如追问学生在课堂讨论中的论断。

如此详细的、准确的记录已经超出了一线教师的日常工作范围。但有意思的是,钦和安德森在 1998 年的研究中提到了一个案例:研究者用一种简单的方式标记了一场生动的课堂讨论,并且在课堂上给教师展现了一个围绕讨论的缩略论证关系图。案例中的教师表示非常重视采用这种更为直观的方式来观察学生的讨论。

这就是教师在标记过程中存在自我探索的可能性。很多人认为,教师已经在自己的头脑中做了标记,不需要写下来。我们认为,教师在尝试让课堂对话、主题转换甚至是笔记记录变得对所有人可视化的同时,更有可能从其他(组织管理的、观察的以及专业的)支持那里获益。除了需要更多的研究来关注教师的标记策略,我们还需要更多的资源来给予那些已经获得质性数据并准备应用这些数据的教师。

关于标记的重要性,不只是我们在强调。钦和安德森认为,标记提供了一种认知图式,可以帮助教师用一种新的方式将讨论概念化,并且帮助他们拥有更多的视角来看待如何改进讨论以及如何加深学生的理解。

数学课中的标记

数学教学的相关研究赞同标记支持学生更好学习的观点。尽管在我们之前没有研究者提出有关标记的概念，数学教师一直有标记学生的理解情况以及将其公开化的传统。

美国数学教师联盟（National Council of Teachers of Mathematics，NCTM）一直在倡导上述基于研究的实践行为。玛格达莱妮·兰珀特（Magdalene Lampert）和德博拉·鲍尔在 1998 年的研究中阐述了通过在黑板上表达、分享学生的作品和想法以及参与教学对话的方式实现数学教学的路径，以及这样的路径是如何进一步深化学生的理解的（Ball，D. L.，1993；Leinhardt，G. & Steele，M. D.，2005）。

日本的数学教师需要练习板书，这是一种和标记类似的行为，涉及对黑板的有效使用。

在日本，黑板在课堂上的用途极其广泛：用于记录课堂上学生的学习情况，协助学生记忆他们需要做到的事情和思考的内容，有助于学生看到课堂不同教学环节之间的联系以及整个课堂的进展，用于比较、分析、讨论学生的想法，以及发现学生新的想法（Takahashi，A.，2006）。

学者皮亚尼奇（Pjanic）强调板书具有重要的价值。板书给予教师和学生一个视角切入的机会，即在教学结束时用第三方的视角来看待课堂上发生了什么（Pjanić，K.，2014，p. 90）。

标记和概念导图

有关研究认为，标记能用于构建概念导图，以促进学生学习。阿吉雷-穆尼奥斯和贝克在 1997 年指出基于概念导图的评价能够帮助英语语言学习者学习，因为这是利用一种不依赖语言的方式来提升学生的理解水平的（Aguirre-Munoz，C. Z.，& Baker，E. L.，1997）。我们还知道通过概念导图来标记学生的想法能够加强学生的想法之间的联系，能够更迅速地表述学生复杂的想法。

尽管当前已有非常多的关于给个体学生的概念导图评分的研究（Herl，H. E.，Baker，E. L.，& Niemi，D.，1996；Ruiz-Primo，M. A. & Shavelson，R. J.，1996；Rye，J. A. & Rubba，P. A.，2002；Yin，Y.，Vanides，J.，& Ruiz-Drimo，M. A.，et al.，2005；McCloughlin，T. J. & Matthews，P. C.，2012；Richmond，S. S.，DeFranco，J. F.，& Jablokow，K.，2014），但关于合作构建概念导图以及教师如何使用概念导图来快速确定教学决策的研究较少。我们对 8 个学科领域里的职前教师的非正式观察显示，利用

一个简单的词语网络是教师上课时进行标记的起点。形成性评价者不用担心给学生的词语网络进行评分，关键在于定期考查学生的理解水平。

基于技术的标记

现在让我们谈谈标记的时候如何整合技术的运用。研究者发现采用技术来支持标记能提高学生的参与和投入程度，无论这个技术是使用互动白板（Smith，F.，Hardman F.，& Higgins，S.，2006），还是使用遥控器、平板、点名器（Hunsu，N.J.，Adesope，O.，& Baylin，D.J.，2016；Kay，R.H.& LeSage，A.，2009），或者使用我们自己选用的技术设备（Grant，M.，Tamin，S.，& Brown，D.，et al.，2015）。

研究者还注意到，为了提高学生的投入程度、动机和技术运用技能，一定要考虑学习情境的交互性（Glover，D.，Miller，D.，& Averis，D.，et al.，2007；Knight，P.，Pennant，J.，& Piggot，J.，2005；Higgins，S.，Beauchamp，G.，& Miller，D.，2007）。再次需要强调的是，技术运用只有与学生本身、学习情境以及课程和教学相关联，才可以取得预期效果。

形成性评价者对希金斯（Higgins）、比彻姆（Beauchamp）和米勒（Miller）的观点并不感到奇怪。他们在 2007 年的研究发现，教师是融合技术的关键能动者。例如，互动白板的使用常以学习目标和课程计划为依据，以促进师生富有成效的互动。我们和专家在这个问题上的观点一致：不管是将什么技术用于标记，教师是其中的关键能动者，用以构建或维持一个充满形成性评价文化的课堂。教师确定教学进度、目的以及标记开展的计划。最终是由我们来判断技术在多大程度上促进学生思维的可视化。

将标记深入推进下去

开放型和受限型标记：目标驱动一切

标记发生在一个教学连续体中，从充分开放到有一定的限制。比如，"赞同的学生请到这一组"，"今天让我们聚焦这个主题"。

标记处在这个教学连续体的哪个位置通常取决于教师的目的。通常实际情况（标记到底应处在这个教学连续体的哪个位置）有可能不那么依赖于教师一开始设定的目标，更多地依赖于教师的准备技能和引导学生做出反应的追问技能。一个糟糕的准备和很低回溯水平的标记，如 32 个学生中只有 4 个学生做出了反应，是不会变得开放的。对于一个很有深度的问题，只标记八分之一的学生作答情况，将会让我们对学生相信什么、思考什么或了解什么的推论大打折扣。

标记的开放程度应当同教师设定的课程目标有关。比如，为了发现学生的先验知识，教师也许会在上课前或者在不同课程内容的过渡学习中运用标记策略。从概率或统计课来看，标记应该是教师先在白板的中间位置写下"单词偏差"，然后问："当你们看到'单词偏差'时，什么出现在你们的脑海中？这个问题的答案无所谓对错。记住，每一个人的想法都重要。"

教师要在 4 到 7 分钟内记录下超过半数的学生的回答情况。教师将记录下学生的回答和反馈情况，对于重复性的回答可以用打"正"字的方式来标记。

在这里，教师想要看看学生在课堂交流中的深入程度，并且想让学生理解他们构建学习共同体的理由。教师期望每个人在教学结束前都能有所收获。这既是对他们参与的肯定和激励，也为解决后面教学中的抽样问题打下了基础。

形成性评价者传递出这样一条信息："我在意你的想法，它们源自课堂，源自这个单元，甚至贯穿整个学期。我会标记下来，以便于当你对这个主题有更多了解的时候，看看你的想法是如何发生转变的以及如何发展的。"标记也为教师提供了大量的记录，为调整自己下节课的计划提供证据。教师可以利用智能手机来捕捉学生的词语网络，思考相关的模式和预设，以使标记的内容越来越有价值。

标记支持即兴的教学举动

有时教师会运用标记策略来回应学生的即兴提问。换句话说，学生表达出来的观点需要大家共同思考，包括教师、同班同学。

比如，在上课的时候学生也许会问："再问一下，什么是表面积？"教师据此立即暂停了新课，让所有学生思考这个问题。教师可能让学生思考、分组、讨论并与同学分享（Duckor，B.，Holmberg，C.，& Rossi Becker，J.，2017）。教师通过引导学生回答，并让全班学生针对大家的回答情况展开讨论。教师还可以根据学生的部分回答进行追问。在这个过程中，教师能了解到学生当前对表面积以及物质这些概念的理解，也使学生在真实的情境中有机会应用新学的专业术语。无论对于新手教师还是对于资深教师来说，标记能展现并强化课程对专业术语的需求。

民主的标记与了解学生

研究表明，学校越是有组织地考查学生的思考情况，那些被边缘化的学生越能从中获益（Boaler，J.，2002；Delpit，L.，1988；Freire，P.，1970；Plaut，S. & Sharkey，N.S.，2003）。标记的价值也同样体现在课堂以外的剧院排练、乐队训练、法庭模拟和田野研学中。民主的、支持性的标记要求我们在任何时间让学生相互支持和帮助。别说学生，即便成人，又有多少听说过这些理念，或者将其带进自己的课堂教学中呢？

学生学习成为一名社会公民和劳动者的过程需要学习共同体的引导和支持（Dewey，J.，1902）。支持学习共同体建设的教职员工不仅需要了解为什么要履行职责和义务，而且需要作为表率在实践中展现平等、民主以及公正的理念。他们需要经常开会，为标记所有想法做准备。他们需要倾听同行的意见，也需要忠实地记录下来。他们需要为记录、提升并呈现学生、教师以及家长当前的理解水平而努力。

我们没有夸大标记背后的原理：我们的民主实验能否成功将取决于这样的表率行为，那就是能在多大范围和多大程度上进行标记。标记帮助确定想法和实现思考过程在整个学习共同体中的可视化。正如卡尔在本章提及，这些课堂上的民主行为能为社会民主化的实现做出重要的贡献。

如果一位教师面对的是来自不同种族或文化背景的学生，标记可以帮助这位教师更多地了解自己的学生。标记让这位正在学习成为形成性评价者的教师可以倾听并了解很多学生的先验知识。教师需要接受这样一个理念：标记是一个非常重要的策略。

为了建立标记和深度学习必要的关联，教师需要了解学生是如何思考一个宏观的想法的。标记可以帮助展现教师对学生还不了解或了解不深入的地方。在教学开端，教师将问题展现出来，慎重对待，仔细审视。这是成为一名形成性评价者的关键所在。

形成性评价小贴士

标记和最近发展区

为了迎接以学生需求为中心的教学挑战，学者聚焦在诸如最近发展区等概念上。最近发展区描述了一个区间，该区间介于学习者在没有外在助力情况下能做什么和在有了基本脚手架的引导、支持后能做什么之间。在最近发展区，一名学习者能够在最少协助下完成特别的任务和取得特别的成就。假以时日，我们移除这些支持，学习者也能够高度自主地独立学习。

标记帮助教师更为清晰、持续并公开地触及学习者的实际需求。重要的是，标记为教师和学生创设了连续不断的记录机会。随着对技能的不断熟练，教师可以回顾并反思这些记录。

我们视标记为形成性评价策略的一个组成部分，因为它能够帮助教师对学生的最近发展区有更多的了解。

为所有人做标记

总体来说，教师需要获得尽可能多的学生反馈。学生反馈涉及被标记出的学生的思想、意见以及想法。但是做多少标记才是足够的？我们到底需要标记多少学生的想法？是不是所有的理念都值得公开记录？让所有人看到自己展现出来的"错误"和"错误想法"是不是一个错误？会不会让其他学生将那些错误观点视为"正确"的？或者至少会被这种情况给弄糊涂？标记各类反馈给我们以及我们的学生带来如此众多挑战，到底是否必要、明不明智？

标记的时候没有涉及记录学生反应的数字，也没有在恰当的时机来删除互动中"不正确的答案"或考查学生的观点和看法。研究表明，多数新手教师在任何课堂上都无法获得一个准确的、具有代表性的学生反馈的样本。一些新手教师还因为害怕或担心收到不良反馈而驻足不前。

形成性评价者致力于为所有人做标记，这对标记成为一个体现民主价值观的实践至关重要。这意味着过程与结果同样重要：学生的互动过程与教师对在课堂上收集的数据所做出的分析一样重要。

教师的声音

我的一些学生拼命地希望第一个回答问题。其他学生则希望让同伴先冒一下险。你必须为标记做好准备。

——卡拉

口头标记、当场回复与标记的区别

当成为形成性评价者的新手教师踏出他们标记的第一步时，他们通常会重复学生刚刚说过的话，让全班其他人都能听见或者再听一遍。这就是新手教师所谓"口头标记"。尽管他们在课堂上没有公开做笔记，但他们还是会自豪地说："我今天做了口头标记！"

口头标记是他们独创的。口头标记没有做任何形式的书写，尽管他们使用了新概念"言语的"。当这个新概念出现时，尽管我们并没有将它作为一个概念介绍给实习教师，我们依然为此值得庆祝。因为从这点出发，假以时日，他们将沿着形成性评价者的方向发展，在上课的时候正式地进入真正的精心准备的标记过程。此外，努力尝试精准地重复学生的话语，是值得鼓励的。这是教师需要发展的一项技能，且这项技能并不容易获得。

不过，我们还是要提醒新手教师，口头标记并不能减少认知负荷和用于调动工作记忆或者后续记录学生的想法。

标记，坦率地说，和复述在很多方面都不一样。奥康纳和迈克尔斯（O'Connor，M. C. & Michaels，S.，1993）以及格雷（Gray，L. S.，1993）曾经说过，有太多的东西需要复述，不只是教师重复学生的话语，让所有人听得见。复述通常会伴随着有意地修正、添加以及重新讨论学生的话语的过程。教师会纠正学生再次表达的观点，或者愿意的话，使之变得学术化。

教师通过复述来引导学生构建学术体系或形成学科专业的思维和行为模式。在复述的时候，教师会强调一种特定的表达方式。譬如，"麦克，你说'学习了渗透'""瑞恩，我听见你说分布"。或者教师也许会重新组合学生的话语，使其变成更加专业的术语："因此，基于你作为目击证人对事件的理解，你假设这个人是有罪的。"

专家还指出复述包括将学生的想法置于一个明白显见的立场，如此学生能够宣扬或否认这个立场。学生经常没有意识到他们的言语是如何暗示了某个立场。

复述并不要求将所有东西都写下来。如同口头标记一样，复述的流程也许会增加无关认知负荷。因此它不能让每个人将所有想法、意见以及观点公开并接受考查。标记可以做到这点，并且可以做得更好。

这里有一个例子，介绍的是新手教师如何在自己班上进行复述。当实习教师告知我们他们的教学时间，我们如此回复："当你欢迎所有答案时，不局限于正确的答案，你是否激活了学生的先验知识？"

这是带有目的地进行复述的例子，但它运用的不是标记，不能记录和扩大学生回答的空间。表 6-1 为标记和复述的区别。

表 6-1　标记和复述的区别

对比维度	标记	复述
谁来引领，谁来做	教师和学生记录课堂回答情况	只有教师接受课堂反馈
过程是什么	书面和视频记录	口头和听觉感受
会有什么后果	公开记录学生的思考情况	为学生澄清立场提供机会
如何关联学生回答的样本	和回溯相关联，努力让学生互动回答的范围更广	可以很好地描述学生所做的贡献
是否提升了学生的发言和倾听技能	是的，因为想法、意见都被明确表达、记录	不一定，因为观点是被重新扩展的、被学术化的
效率如何	不高，增加了思考时间，允许对信息进行编码和检索	通过言语使学生社会化，允许教师支持学生发言，特别是用学科的专业语言进行支持

续表

对比维度	标记	复述
实践中的权力感从何而来	不仅从扩充词汇量中获得，还从将它们记录下来并让所有人看见和听见中获得相应权力；协助追问以及停顿来检视学生的理解水平	从一定程度的扩充词汇量中来；学生的话语被教师注意到，也许能增强学生的自信心，并增强其言语的专业性
如何与整理关联	发生在整理之前；本身是描述性的；扩大了作答的空间；增加了可供下一步评价和分析的质性数据	描述或评价依赖于教师插入话语来重塑学生回答的过程

教师的声音

我试图让自己形成一个习惯，将学生的答案标记在白板上，因为我比较依赖词语标记。将它们写在白板上会告知学生我在努力思考他们的答案并且将其展示给全班同学。在尝试引导学生讨论的同时进行记录是非常花费时间的。现在我让学生来为我记录。这让他们全身心投入，并感觉到他们是课堂学习共同体中的一分子。

——凯伦，小学音乐和艺术教师

标记支持多语言的学习者

研究表明，语言学习者和有特殊需要的学生会从排演中获益；反复练习他们将要大声说出口的内容，可以用来满足他们学习个别课程或学术语言的需要（Zwiers，J.，2007a，2007b）。教师可以且应该协助这些口语彩排的分组，并采用开场白或提示等形式促进学生对话。

形成性评价者不能停留于此。他们需要为在标记过程出现的、对语言学习者来说都很陌生的词语建构一个界定的模板。学生的单独对话和直接翻译也是值得鼓励的，并且学生被允许使用他们自己的工具来查询学习的新词语。

不考虑学习者的语言专业水平，让标记流程支持所有学习者也是很重要的。同事提醒我们，满足学生学习学术语言和认知处理的需求是教学中比较难实现的。作为形成性评价者，我们准备了明确和可视化的流程，以便能够将其运用到语言、文化、经济背景多样化的教学中。

我们不要受困于越来越多的标记的倡议，诸如要求满足学生学习学术语言的需求。当标记开始的时候，形成性评价者能够协助建立标记流程和机制：为单词墙增加新的词语或在学生的笔记本上更新滚动清单。面对学生的互动，教师可以继续追问，让学生能够有意义地使用这个新词语，进而让学生接触新的词语或句子。我们的目标是形成这样一种认识，即每节课都有内在特殊的语言需求，标记过程能够一环一环地拆解这些需求。形成性评价者不仅要在编写教案时意识到这些学习机会，还要用个别的标记流程（以及媒介）来帮助学生形成更为复杂和深刻的理解。正确的行动方向是将为学术语言而做的标记融入课程的各个部分，收集众所周知的质性数据，并且分析数据，然后确定接下来做什么。

形成性评价小贴士

一个快速的澄清：标记是否能记录得简单点？或者说，标记时是否必须对学生的作答做出一定程度的调整和解释？我们坚持认为标记是一种尝试不带偏见做记录的、让学生活动可视化的行为。标记传达的是对学生的思考、信念和想法的尊重。教师代表任何一位学生，站在中立的立场分享自己的想法。教师既不是记分员，也不是球场旁做指导的教练。当教师为所有学生回答问题提供了一个安全港湾，学生就会开始相信教师为他们产生任何想法或尝试性的观点保驾护航。

原则、程序和实践

以启发和词语网络为开端

对于刚刚关注标记的教师，我们建议创设一个流程：每隔一段时间上一次这样的课，使学生的先验知识变得词语网络化。部分原因是让形成性评价者认识到学生需要为连贯性学习做准备。对于已经习惯传统学习模式的学生来说，词语网络化就是向他们宣布，我们将会探索出一种新的相处和学习方式，在课堂中每个人都要做好准备。

起初，很多人觉得形成性评价让人感觉很陌生且不友好。学生不习惯在公众场合将他们的先验知识分享出来（或提出相关问题）。他们喜欢看着教师将其他人放在聚光灯下——自己则处于光线之外，不会被注意到。标记可以让所有人的贡献可视化。标记的内容具有公开、半永久性的特性，这会鼓舞和激励一部分学生。因此，不断地准备对于提高标记的效果极为重要。

教师有责任做对学生有帮助的和有意义的标记。在标记过程中，将标记的目的向全班学生陈述清楚，时刻做好帮助学生的准备，有助于教师顺利推进标记。教师还要在真实的生活中寻找案例。如果学生看见他们崇拜的人做过了什么，他们就会模仿。要让学生接受教育学的原则，让他们认同标记策略，榜样的作用也是很大的。

课堂的头脑风暴是标记开始的一个标志。就我们所知，对于很多教师而言，这项活动具有风险。不过，教和学无处不存在风险。想想那些努力想改变过去的习惯和思考方式的人。

对于指导教师来说，这里传递的信息是混合的。在每学期实习教师都会提及他们的担心，担心用头脑风暴的方式开始教学可能会带来课堂混乱。如果学生说一些奇怪的、离题的东西呢？如果他们开玩笑呢？如果我写得不够快（学生觉得无聊）或者不能拼写正确（学生嘲笑我）呢？如果我记录了他们的错误观点，会不会出现负向强化呢？如果我把所有东西都写下来，会不会有少数学生学习了错误的东西？

作为培养教师的指导教师，当我们与这些新手教师一起工作时，我们应提醒他们学习教育心理学的相关知识。罗马不是一天建成的，思维导图也不是一天形成的。建构主义者倾向于为学生建构关于某个主题的想法、理念以及知识的学习空间。如果我们回顾教师专业标准以及有关如何学习的研究，事实再清楚不过，我们的努力就是定期地、持续地以及动态地考查学生的先验知识水平。

在实践中，大多数人并不经常做标记。为什么呢？因为标记有风险，这是一个理由。标记会很费时间，这是另一个理由。还有一个理由是考查教室的所有学生的先验知识水平，需要一定的社交技巧和共同的约定。这些约定很可能还没有形成。教师选择与学生一起做标记，需要时间，需要不断练习，久而久之，才能够熟练地掌握这项形成性评价策略。

我们注意到词语网络适用于任何学科和任何年龄段的学生。由于网络非线性的特性，我们建议在清单或 T 形图上构建词语网络。这样所有的答案都会被呈现出来。在这里，顺序、结构以及等级倒是无关紧要的。标记学生反馈的目的是保持开放的态度，尤其是在考查学生先验知识的时候更是如此。让思想和信念流通起来才是关键（我们可以在整理过程中分出次序）。

形成性评价者需要有策略地制定有关宏大主题的方案，这些单元或课程中的主题需遵从的流程和程序是可以调整的。在本书的第二章，詹姆斯的提问基本没有得到学生的回应。詹姆斯站在黑板前，渴望做记录。他停顿了，但他的停顿行为并没有改变这个情况。如果我们高估学生的理解水平，再多的停顿也挽救不了这种没有回应的情况。

正如詹姆斯所说："这样的沉默让人痛苦。"难怪我们不做公开的标记。这样的标记还不如非公开的课堂练习和测验。

像上述这种对我们来说很不舒服的时刻，是形成性评价者在成长道路上必定会遇到的。错失的机会能够更激励我们去改进自己的教学。詹姆斯的例子也是如此。当天晚上我们将詹姆斯遇到的困难视为我们自己的遭遇，并且努力探索如何大声说出"如果这样，那将怎么样？""试试这个"以及"还不明白"等。

标记过程中运用的配套插图也能激励我们。让我们看看一位接受培训的高中数学教师塞丽娜是如何在白板上用词语网络来标记学生的先验知识的。她的整个教学过程的时间少于 3 分钟。这多么鼓舞人心啊！

随堂测验与词语网络：标记的两种方式

在学习单元中新的核心概念之前，教师至少有两种方式来对考查学生的先验知识水平：可以开展一个传统的随堂测验作为前测，或者可以使用词语网络（还有更多的方式，这里不再赘述）。

随堂测验的好处有很多，因为测试题都是可靠的且特意选取的。在相同的条件下，每位学生都有时间来作答测试题。每位学生会得到一个测试分数。教师可以看到班级的成绩分布，了解本班学生对与主题或单元相关的知识的掌握程度。

词语网络的运用则与课堂测验完全不同（见图 6-2）。词语网络并没有让学生的答案保持私密性。当回溯开展顺利时，每位学生都能在相同条件下有时间来回答。在词语网络中，没有成绩排名，教师也不会给某个学生特别的表达机会，也不会指明谁的答案是错误的。

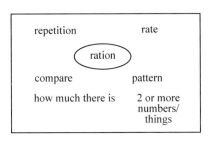

图 6-2　对词语网络的标记

词语网络的标记过程没有借助成绩单，也不会运用技术来给学生的答案赋分。词语网络化是一个真实情景下的呈现过程，因此它无法轻易被标准化、脚本化或基准化。词语网络呈现了所有人的贡献，并和课堂测验一样，让学生全员参与互动。

案例研究

标记：塞丽娜的案例

我认识的每一位数学教师都强调：数学教学中获得正确答案是远远不够的。教授数学应当持有这种信念。数学教师对此都是赞同的。不过，说起来容易做起来难啊！

我的职业成长历程中形成了如下理念：学生的先验知识极其重要；每个人的参与都需要被鼓励；教师帮助学生增强与先验知识的联系以促进学生对概念的理解。

我的经验提醒我，教学以概念界定为开端并不合适，譬如学习比例的概念。为了考查学生的先验知识水平，我们必须绞尽脑汁地付出行动。我介绍一个专业词语或学术短语（如对切分这个概念的理解）的方法是标记一个有关学生先验知识的词语网络。

我在教授 28 个学生代数内容的过程中收获较大。这些学生来自一所城市综合高中的九年级到十一年级，那所学校学生的母语超过 24 种。我在整个课堂教学过程中没有录制视频。

我们刚刚完成了热身环节，涉及冰激凌的个数和根据不同的季节计算出冰激凌的平均销售量的内容。当我开始教授新的单元内容时，引导学生了解比例的概念。我应当在我们对比例这个概念达成一致理解之前发现和验证学生有关比例的先验知识。

我：现在我们用比例的概念来解释冰激凌之间的比较情况。在我们确定比例实际是什么之前，让我们来进行头脑风暴吧。当我在黑板上写下"比例"，我需要你们来帮忙界定它。当你听到单词"比例"时，你会想到什么？

柏妮丝：比较。

我：比较。康拉德，你怎么认为呢？当你听到"比例"时，你想到什么？任何事物都可以。

康拉德：（轻轻地说）说的是多少。

我：这里有多少？好的，（标记）这里有多少。

雷纳尔多：一个模型。

我：我听到了一个模型。是的，是模型。（标记）谢谢！其他人还有别的想法吗？

马特奥：重复。

我：重复（标记）。你有什么想法吗，利昂？没有吗？当你想到"比例"时，头脑里面什么都没有吗？甚至当前的冰激凌都没想到？是什么？

利昂：比率。

我：比率，好的。(标记)我们如何，我们在比较什么？

阿丽莎：2个及以上的数目。

我：2个及以上的数目，很棒(标记)。还有其他想法吗？冰激凌的个数用数字表示了吗？我们可以用数字写下个数，对吧？或者我们可以说具体的数目。好的，所有的想法都是非常棒的。还有其他想补充的想法吗？目前我们了解了比例的概念，看起来是告知东西有多少的，对吧？是对2个及以上的数目做比较。那么，让我们继续去对这个概念做界定。

如果今天我能再教一遍，标记的整个过程可能会有点不一样。当然，标记的价值在我刚开始进行形成性评价时就一直存在。

比如，标记展现给学生的是他们的言语值得写在白板上。白板就是课堂上我们分享观点的空间。标记有助于建立班级学习共同体。现在我会让学生进行小组分享，将他们的初始答案写在便笺纸上，将其贴在白板上。然后我会让学生帮着把其他人写的话读出来。这样的举动将我解放出来，我没必要同步做所有的提示以及记录工作，不用随堂做反馈式整理和证据整理。

我明白我必须把所有学生的答案都标记出来，不只是标记正确答案。也有人认为，错误答案会在学生中间传播开来。但是我学会变得更有耐心了，即便是错误答案在起初看起来似乎要传播的时候。我必须放下这样的害怕和担忧，获取一些新的视角。随着时间的推移，我还要提升我对学生的学习进行理解并制订新的计划的能力。定期地、常规地以及用不同的方式标记学生的先验知识，是我运用质性数据的一段历程，也是我此后采用的重要方法。

用于形成性评价的词语网络就是要标记学生实际的想法、理念以及意见。当我们拥有一个广泛的、实际的、即时的学生答案分布数据时，我们知道标记发生了。不过这只是形成性评价者工作的一部分，利用词语网络收集的数据需用于教学的下一个环节。利用词语网络考查学生的先验知识水平可以帮助教师做山其他教学决策。不像随堂测验，标记不需要等待评分。词语网络以及其他类似的工具都是用来促进教学的嵌入式评价(Wilsonm，M. & Sloane，K.，2000)。

在单元教学中介绍核心概念时，形成性评价者可以有目的地选择随堂测验和词语网络两种评价工具(或者其他评价工具)。但是只有在形成性评价者了解其优缺点、明白其潜能和局限性的前提下，这些评价工具才能满足形成性评价的目的和需求。

随堂测验和词语网络这两种评价工具有明显的差异。前者是不能被共享的。我们在考试的时候是没有机会去了解他人的想法，也没有可能即时地发现谁在哪里出了错。

我们对随堂测验或考试的信念很难动摇。当要考查学生理解程度的时候，我们会有强烈的驱动力采用在我们年幼时教师使用过的办法。而且，考试似乎更为客观，容易操作和评分，可以在学生群体内外进行比较。

但是这些传统课堂评价工具没办法带给我们想要的信息，并且随堂测验和考试的过程对于学习者来说不如其他评价工具那么有帮助。如果要为学习而评价，那么我们应该选择诸如回溯和标记的策略协同使用。只有收集到足够的质性数据并进行相应的整理分析，我们才能将教学以回应学习者的方式推进。

好消息是我们还有一种折中的选择。我们可以在课堂上将形成性评价和总结性评价混合使用。我们可以根据学生的不同需求，设计不同的标记流程。我们也可以深入思考理想的标记应该达到什么样的程度：当标记速度慢下来的时候，谁分心了？我能否换一种方法让学生再次参与互动？我是公开所有的答案还是只公开一部分？我是否获取了足够多的质性数据来帮助教授课程、转移到下一个活动，并在下课铃响起时完成教学工作？我们是如何即时地利用这些数据的？课堂上我们已经发现的可轻松实现的目标是什么？

教师的声音

我不太会写字，即便是在最舒适的环境下。当在标记过程中我将学生的答案写在白板上时，速度虽然很快，但写的字不太好。我可以用技术做记录，也可以让学生来记录。但有时我必须自己来书写。我想至少应该是这样的。

如果让学生多记些，我就会觉得我对白板放弃了掌控权。有时班级管理放松起来特别容易，掌控起来却很难。

为了让我们都从标记中获益，我需要采用一种方法，让学生能阅读和理解这个词语。我同样看到了我对标记过程的纠结程度远远超过了我对我的糟糕的书写的关注程度。

——山姆，高中社会科学教师

鼓励学生一起创建和调整标记的约定与流程

我们需要构建一个约定清单，将回溯和标记联结起来，提醒学生：如果没有准备工作，两种策略都不会见效。记录员是在认真抄录还是心不在焉？他们更倾向于使用高科技媒介吗？有人建议使用更有效率的方法吗？有可视化更强的方法吗？有更容易保存和分享的方法吗？标记让人更有安全感吗？还是相反？为了构建一个学习共同体，我们对此能做什么？

我们要让学生相信，他们可以充满激情而开心地分享（也可能是不愿意和感到厌烦）。感受有好有坏，但是再坏的感受也无法阻止一个学习共同体达成一起学习的目标。大家要就标记的重要性以及如何标记达成约定，这些约定要得到大家的认可。这种认可将对形成性评价行动框架的落地起到非常重要的作用。自豪地将这些约定公布，约定将提醒每个人为什么要标记、如何标记、如何努力标记以及如何将标记做得更好。

在课堂上遇到过标记的问题吗？如果遇到，请回到我们的思维五步法中的证据和猜想两种方法上。问问学生：如果所有的记录手段消失了会发生什么？

请反思一下：对于记录和展示所有学生对课程的所知和所能，考试和随堂测验是最好的方式吗？如果我不用其他标准化测验或者不在网络上传成绩会怎么样？对于同伴、督导员或者学校管理者来说，是不是不可能知道我的学生是否掌握了学习内容？什么是我的课堂学习的质性数据，我们能否让其更为公开和可视化？

鼓励学生做记录

我们要尽量让标记的风险变小。我们要提醒学生标记是一项体现高认知需求的活动。越是标记不太熟悉的教学内容，挑战就越大。我们可能会出现拼写错误，可能会出现沉默的情况。但标记是一种生活技能，人们在开会、露营或者进行专业运动训练的时候一直都在运用它。

当学生标记了，整个课堂生态就转变了。教师可以动态地观察整个课堂。学生之前隐藏起来的优点会显现出来。学生也许会在没有教师引领的情况下勇敢地站起来回答问题。问题是，如果启动了标记行动，谁的行为可能会改变以及怎样改变？

参与抄录的学生在全班面前表现出了领导力。他们努力挑战自己，在改进自己的倾听和记录技能的同时，努力成为一名引导者。不论利用什么方法写字，学生作为抄录员均获得了一种体验，对同班同学的想法表达出专业的关注和兴趣（"我写得对吗？""你能再说一遍吗？""这个是你说的吗？"）。尝试以及体验这种职业角色，对学生进行评判尤其重要（时而有激烈或否定性的观点）。抄录为学生提供了从另外一种视角来看待同学的机会。

相较于教师抄录，学生抄录时也能获得更为真实、毫无保留的回答。这样学生很多学习的优点也会得到展现。如果让教师做对学生思维过程的记录，他们有可能会做得更为精确。当作答情况是由学生抄录而不是由教师抄录的时候，提供反馈的学生也许说话的声音会更大。教师可以对大多数说话声音较小的学生做出计划调整。学会大声说话对于教育政策制定者来说，是一个很重要的文化技能，不仅是自信地发出合适的声音，还涉及在其他场合想要出声掌控他人。

增加助手来做标记

对于需要更多帮助的学生来说，有必要安排两位学生一起做标记：一位抄录，一位做帮手。抄录的学生作为助手的职能就是协调同学发言，协助同学倾听、澄清以及重复。当抄录的学生在白板上记录时，作为助手的学生可以重复发言同学的话。这一安排是很有帮助的，因为抄录的学生需要同时倾听同学发言和记住其说过的话，还要准确而工整地将其写出来。任何人同时完成三件事都是有困难的，因此有必要安排助手分担这些工作，以便把标记做得更好。具体而言，分组分享或同桌分享会创造一种安全感，也能建立一种一起完成任务的信心。

提前预备，让全班形成约定：为抄录提前做演练

抄录员、抄录助手以及班级所有成员都能从标记开始之前的简要演练过程中获益。教师要提醒所有学生："对于较长时间的回答我们要怎么记录？"抄录员也会主动问："我怎样记录才合适呢？"

教师要邀请抄录员尝试做一些追问，告诉抄录员："一个同学说一个你从未听到过的词。你会说什么呢？"

教师要指导抄录员，特别是指导那些不善于对同学做出评判的抄录员在每个回答之后说一句谢谢。教师需要给抄录员和抄录助手以下提示。

• 仔细书写或用打字记录每一个同学所说的话。对细节的关注展现了你对他人的尊重。拼写出错也是允许的。

• 在积极反馈之后，大家的回答热情也许会降下来。这也是允许的。你的责任就是要确保更多的反馈以及耐心地停顿等待。一旦同学有机会读完被标记出的反馈，他们就会提出新想法。

• 遵循班级的共同约定来点名提问。

• 如果有同学用西班牙语或越语回答问题，那就要问他们如何书写或者邀请他们来做标记。尊重每一种答案，提醒每个人只要分享有助于学习，它就是有用的方法。

为标记的收场而准备

标记结束时教师需要思考：要说什么，做什么，强调什么？比如，学生会用词语网络做什么？要如何过渡到课堂的下一个环节？为什么提醒学生词语网络如此重要？要在今天回顾这个词语网络吗？

标记的内容是很重要的，它是学生理解水平的一种反映。标记的内容应当被消化，且不能被忽视。一旦我们忠实地记录后，标记的数据需要做后续处理。有时我们想对数据的某些方面进行高亮处理，用彩色编码，重新整理，或

者深入聚焦于在共享时候凸显出来的某一部分数据。

数学教师可以围绕术语"比例",在让学生抄写在笔记本上之前,标记学生的先验知识。音乐教师可以标记有关合唱以及和声四重奏的先验知识。体育教师可以在授课过程中,在白板上为学生做标记:当你听到匹克球时你会想到什么?

形成性评价者知道标记的收场其实是下一次开场,因为他们准备过渡到教学的下一个环节了。它为下个活动提供了一种过渡。它可以成为我做—我们做—你来做这一过程的一部分。融入教学的标记策略能帮助我们调整教学进度,根据学生理解水平的变化而调整教学内容。

误解和挑战

投票不是标记

随着新的教育技术的出现,民意调查变得很流行。民意调查方法多种多样,如通过应答器、举手表决,还可以问"如果您同意,请把手举起来""让我看看您的终止卡"等。这些做法对于如何把学习环境变得有序十分有用。看起来这些做法在收集意见、想法,但是更多时候那些测评专家称它们不能很好地服务于教师的评价目的。如果考查学生的发展情况以及满足对应的需求是我们的评价目的的话,那么我们还需要借助其他操作步骤。

我们可以在课堂上让学生投票或者将答案归于不同类别。将学生的答案归于事先确定好的类别,有助于教师确定下一步的教学选择。但这还不是标记。相反,预先设定好类别也许会"倒帮忙",让我们错过获得学生发展信息的机会。与学生有关的重要信息可以帮助我们做出更合适的教学决策。

投票本质上是一种整理和归类的程序,与标准化测验背后的目的一样。投票让我们追踪学生发展的相关信息,并将其从低级到高级进行归类排序。投票在教师整理和分析学生的思考情况中占有 席之地。但投票不能被错误地认为是能够忠实记录所有学生表达观点的手段。说得更严苛一点,投票只是一种评判。

标记不是投票。投票是将学生的答案整理进不同的类别。这里面临的挑战是,在教学开始之前,我们不可能总是知道我们是否将所有可能的答案都设计在疑问、难题以及提示中。我们也不能确定我们是否考虑了这些答案的所有微妙之处和复杂所在。

比如,自我调查报告在社会科学研究中存在一定的不足。基准偏差和社会期许偏差十分影响我们有关学生知识和技能的客观推论(Duckor, B. , 2017)。

当回答选项提前被限制时，我们难免会将学生的思考归于三四个答案。事实上，三四个答案无法真正反映课堂学习空间的复杂性。大多数情况下值得怀疑的是，正确答案会指引着教师思考；对于错误答案，教师的兴趣就没有那么高了。通常这些投票设计的目的是让大家来回答一个都很熟悉的问题："我们能否继续向前发展？"

当然，我们需要秩序、结构以及对于学习共同体的快速感知。我们渴望解决方案和效率。我们也需要对手段、方式加以关注。也许它们不经意间会在打开学生思维之门以前就替学生把门关上了。相较于评判，也许我们更应该追问："那个听起来很有意思，你能说得更多一些吗？"

教师的声音

有时候，我们在学生表达观点之前就先给学生的答案贴上标签了。我们看不到这些答案的意义，部分原因在于我们从没花时间去记录它们。我们看待一些学生的想法时没有花点时间去仔细揣摩或者深入挖掘。至少，标记放慢了这个进程。在我们进入下一个教学环节之前，它给予了每个人一定的思考空间。

——罗瑞，院校辅导员，全美知名放学后项目教师

精准呈现学生的想法具有挑战性

仔细倾听以及忠实记录是成功标记的关键，二者都不容易做到。在听取多节课以及参与课程学习总结后，我们注意到新手教师在标记学生的答案时做了细微的调整。我们在视频回放、轮流备课以及现场观察诊断环节发现教师一直问学生问题，几乎听不见学生回答。于是教师重复他们所听到的。

我们尤其感兴趣的是，当我们承诺帮助教师成为形成性评价者时，教师重复学生的回答这一方法通常是不经意地表现了他们对学生思考的误解（Coffey, J. E., Hammer, D., & Levin, D. M., et al., 2011）。我们经常看到学生所说的与教师呈现和归因出来的有所不同。有时这两者的差异非常大，我们称其为精准差距。

精准差距对于动态的形成性评价来说将是一个反复出现的有争议的问题，特别是当标记流程和约定的共识缺失的时候。这是因为与总结性评价不同，形成性评价的流程注重教师的工具属性。教师必须记录、处理以及分析课堂数据。教师必须在匆忙中将所有的数据收集放置在记忆库中并且在情境提示下能够提取出来。即便对于优秀的形成性评价者来说，这也是一个艰巨的任务。

减少精准差距的一种方式是倾向于将学生所说的写在纸上或记录在电脑上。标记能够将语言的交互活动放缓，取得更好的教学效果，为澄清、判断以及精准地确定教学进度以及下一步的活动创造机会。精准差距问题只有当课堂上每个人开始关注时才会得到解决。结果是对个人表达的尊重以及和他人的关联将不可避免地增多。

形成性评价小贴士
焦点：标记是描述，不是评价

标记的媒介必须向所有人公开，对所有人都有用。标记的目标是形成一个有关学习共同体集体思考的氛围。标记的灵感来自描述、记录、抄写以及呈现的艺术，绝非评价或评判。

回顾：反思刚刚教授的课程

在职前教师专业发展培训活动中，我们必须认真倾听职前教师的声音。当我们询问不管处在哪个学区或者学段，使用形成性评价有什么困难时，他们的回答是形成性评价花费太多的时间，有太多额外的工作，面对学习动机不高的学生挑战太多，在数据和个体之间建立联系很困难，需要太多的资源，课堂时间很紧，匆忙完成目标也有挑战。

资深教师对此很了解。新手教师的感觉更为强烈。一位教师候选人直截了当地总结了困难："这是一个需要花时间来掌握的策略。"

的确如此，在我们的培训项目中，我们给教师候选人的时间有限。我们努力把形成性评价的"整体"内容"卸载"后给他们。我们把形成性评价分解成可拆卸的"零件"，以便为操作、讨论和从不同的视角来审视学生提供方便。

弗莱德从工业界改行来高中教数学。他描述自己是传统学派。他提醒我们，数学是一个很有挑战性的学科，学生的学习需要思维的投入和训练。

经过一个学期，我们从弗莱德那里了解到，他每周都会客观公正地给学生的作业打分，让学生知道自己在班上所处的位置。

和弗莱德就课堂评价逻辑开展争辩是很困难的。尽管我们已经发现并不需要这么做，但要为新手教师打开一扇门，让他们改变观念，特别是改变那些非常固执的教师所持的观念，对我们来说都是较大的挑战。

弗莱德像参与培训项目中的其他教师一样，并不总能看到将时间和精力投入一门独立的测量和评价课程的意义。为什么不聚焦在更有效率地打分来减少工作量？谈论预备、停顿、追问、回溯、标记或者整理的确很有意义，但是他指出，我们需要管理所有的数据。弗莱德了解他的学生，就像了解他自己的两个孩子一样，认为他们都需要这种真实的反馈。

有些新手教师告诉我们，他们问了很多问题，并且他们从学生的考试、家庭作业以及课堂测验中获得了所需的答案。他们也提醒我们，他们很忙，每天公布成绩的压力很大。

在接受我们的培训后，史坦布伦纳（Steinbrenner）先生——正如学生这么叫他——的反思令我们大吃一惊。

我在课堂上采用了一种标记和抄录的方式来了解学生的思考情况。在讲授之后，我会让学生独立解决一个和课堂讨论相关的问题。通过走道巡视，我了解了学生是如何解题的。当我发现某个学生有一个特别的解题方案时，我会让他（或她）写在黑板上，带我们走一遍问题解决的整个过程。较之寻常的问答，我会刻意让一些很少在课堂上发言的学生来回答问题。不管我在哪里发现这种情况，我会立即捕捉这些很好的思考。

我喜欢在课件上用图表呈现我的授课内容。在我们学习下一章之前，我通常会利用图表设置问题，期待学生回答。有时，学生的答案要么不知所云，要么令人困惑。我会让学生把答案写在白板上，以此来确定他们对这个观点的理解以及对其开展辅助回顾。

尽管弗莱德一开始对课堂测评以及评分在激励学生方面所起的作用有强烈的先入之见，但他在我们的培训中还是取得了很多突破。我们认为弗莱德已经决定攀登"高峰"，他想要成为一名形成性评价者。我们不知道他将要选择哪条道路，或者是否需要他人来沿途设置一些"登山"的路径。和其他"登山"的成员相比，他需要在基地进行一段更长时间的适应。他也许会在那里感到焦躁不安。作为他的指导教师，我们会努力将他的想法延展至标记过程中以及其他能够展现新式教学和学习的行动上。在呈现学生的思维上，随机抽样、概率、正面结果的获得上述种种，都可以通过标记来实现。

弗莱德写道："我在任何时机都在捕捉那些很棒的思考。"我们想知道他是否养成了在标记前进行整理的习惯。换句话说，只去选择很好的思考而忽视其他类型的思考，是否在学生思维类型多样的班级里错过了对有其他想法的学生的观照？

我们就弗莱德在课堂教学和测评中采用的方法向负责方法论课的高校同行进行咨询。在一次采用化名的分享中，我们形成了一个"鱼缸"来审视我们的教师教育课程哪些内容是有效的，哪些内容是无效的。我们的关注点都在专业对话上，对事不对人。我们呈现没有个人标记的案例。我们的同事建议我们进行更多的追问，帮助弗莱德突破"很好的思考"的局限，看到学生思维特质的多样性。

我们的同事很好奇我们是怎么想的：标记可以帮助教师和其他人冒着风险让学生在白板上呈现解题过程。我们分享了我们在本地学区一所初中的见闻。该学校的教师标记出不同的解题方案。当教师流畅地追问时，他们让学生集体解决了问题。

采用不同的视角来看待教学实践对我们培训的成功至关重要。弗莱德在他的记录中是否写下了他对学生的概念理解、程序流畅度、解释技能、思维组织以及沟通方面的感受？实习教师是否觉得"很好的思考"可以简单指代正确答案或解题思路而向全班分享呢？让错误的理解或者典型的程序性错误用一种公开的、可视性强的方式呈现出来，可以让更多学生都从中受益吗？

作为教师教育工作者，我们的目的就是为新手教师排除评价的预设和成见，让指导教师和现场督导员对于他们在现场所见的正在发生的评价实践做三角验证，对每个人都视为理所当然的东西加以追问。形成性评价不仅是一种技术，还是一种基于研究且业已被证明正确的理论方法。形成性评价是教师学习如何和学生打交道、将学生的高阶思维以及 21 世纪技能建立关联的有力帮手。

我们是公立大学的教授，天天与实习教师打交道。实习教师会运用从教育心理学、课堂管理、学习环境、语言和文学以及多元文化课程中习得的知识，来应对学习评价的诸多挑战。我们努力向他们展示如何克服困难、转移知识，以及用新视角来看待教师职业。借鉴佛陀（Buddha）以及苏格拉底的话，我们邀请新手教师从本质上看问题，因为万物终相关联。

我们没有理由去低估弗莱德有关测评和作业的价值。里克·斯蒂金斯及同行指出，用传统学派方法教学和学习的人大都成功了；作业、测验以及考试是一些较好的学生学习方式，可以为他们的进步设置基准，从而使他们在学校取得较好的成绩（Rick Stiggins，2002）。我们注意到杜威以及其他学者适时地提醒我们教育者应有的立场。

在很多学校，标准化考试非常受欢迎。其采用的试题容易操作，也能用于开展典型的低阶认知技能的测评（Newmann，F. M.，Bryk，A. S.，& Nagao-ka，J.，2001；Resnick，L. B.，1987）。并且通常在这些学校，教师的测试之间的差异很小。他们强调的是对通常不起眼的陈述性知识的掌握，也不期望学生未来用这些知识去思考课堂外产生的问题。这些"仅仅是吸收事实和真相，"正如杜威颇有预见地指出，"是极其排外性的个人事务，会自然而然地转变成各自为政"（Dewey，J.，1900，p.29）。这种评价所强化的氛围充满着评判和失败的意味，最终会演变成自我应验的策略并加重社会不公平在学校内的重演（Duckor，B. & Perlstein，D.，2014，p.23）。

不管是否同意杜威的观点，我们都要重申一下本书的编写目的：通过满足教师（不是原先作为学生的他们）的最近发展区所需，来指导教师成为形成性评价者。弗莱德对自己课程的反思即形成性评价对话的起点。

我们当然更希望通过直接观察来三角验证他的记忆情况。他是否做了他所说的完成的事？他的有关刚刚教授的课程的记忆和那天其他学生在课堂上的真实经历有差异吗？还好弗莱德有一位导师可以帮忙。他有一位大学的督导员来帮助他进行反思和探查，以便为所有的学生带来可视性强的学习以及确定他在哪些地方还需要加强训练。

弗莱德和我们只相处了一个学期。很快，他与其他希望加入这个行业的实习教师一起开始攀登新的"高峰"。我们对弗莱德的目标是期望经常回访他——不是为了评判他，而是了解他作为教师整体上的未来如何，观察他作为形成性评价者有无实质性的变化。

我们所知道的是这一代教师如果既缺乏能力和技巧，也没有激情、信心成长为形成性评价者，那么我们这个职业发展就堪忧了。公立学校教师对形成性评价的维持率和保留率很低。成为一名形成性评价者是教学专业性的另一种表达，它意味着我们知道自己在做什么和为什么要这么做。教师现在比以往任何时候需要学会就证据本位的教学与行业外的人进行有效沟通。我们将形成性评价视为一条保持投入以及努力增加成功机会的道路。

弗莱德的想法让我们冷静下来。我们感谢他在课堂评价上的表现。他促使我们想到有必要与参与培训的教师分享和沟通共同的愿景。我们有必要再重申以下问题。

• 如果我们试图标记但是没办法让大多数学生的想法可视化，怎么办？

• 学生标记和教师标记，哪种方法更好？

• 我们能否提供证据说明我们的标记可以激发更多学生的参与，能否就某个思想或解题方法提供一个更丰富的案例？

• 标记看起来对谁有效？我们是怎么知道的？在工具和评价使用的效果和效率上，是否还有其他观点？

• 依据不同的年级、学科或学生群体而开展的标记，其相关研究提供了哪些成果？

比较常见的情况是，我们的标记进展比较慢。我们充满激情地提问："有人愿意将他们的答案分享在白板上吗？"但学生是一片沉默。我们点名胡安，他答道："我不知道。"故我们只好倾向叫停这项"攀登"行动了。攀爬之山太高，学习之坡就会太陡峭。

我们有时会怀疑弗莱德事实上也在学习倾听、收集数据及做记录。我们同他一起前行在标记之路上。他的步伐也许比我们想象得要慢。他也许不习惯有人陪同他一起前行。但是，是时候做准备把他带到我们前行的道路上。否则，我们怎算教师之师呢？

汇 总

让我们重新整理，将知识关联起来：标记发生在课堂上师生之间持续的、稳定的交际互动中。标记是一个充满活力的、积极主动的流程，包含着大家一起就信任、尊重以及课堂对话所达成的约定。教师是引领者，所有学生都要参与并支持这种对话式的互动。

学生可能会帮助同学抄录或呈现同学的思想。在一个充满标记氛围的课堂，教师和学生更为看重评价的过程，而不是评价本身。课堂学习共同体重视标记的意义就在于其展现了对学生的意见和想法的尊重。

标记和回溯是紧密相连的，虽不完全相同，但是相互共生，有内在的关联。标记是一种技能，也是一种思维模式。标记体现了一种价值观，提倡的是想他人之所想，并投入时间认真倾听他人说话。

学生需要学习捕捉、记录即时话语以及让即时话语变得有意义。我们从维果茨基有关学习、语言以及思维工具的研究中得知，真正的课堂教学需要搭建脚手架、展开引导、运用标记策略。

不管是配对活动还是小组活动，我们期望的是我们的学生能以尽可能多的视角看待问题。就有关学科内容而言，我们需要展现想法、理念以及意见的重要性和复杂性，否则我们的行为就会让人感到很奇怪。这些奇怪的行为可以归结为为什么要回溯和为什么要标记等问题。

在课堂上，形成性评价者不仅亲自开展回溯或标记，而且让学生学习回溯和标记的策略。这些策略在将来对学生会很有用。我们希望学生将来成为终身学习者，进入一个多元化的社会和一个日趋复杂的全球社区。帮助他们获得相关技能、扩大交际范围、包容和尊重多元价值观的同时，就他们自身的以及整个社会的用来适应多变环境的能力而言，更多地表达自己的观点至关重要。

我们认为，每个策略(预备、提问、停顿、追问、回溯、标记以及整理)都是互为条件的。这意味着形成性评价者需要同时学习回溯和标记策略。没有标记的回溯是错失了一次机会——学生就上课内容进行了表达和行动，竟然没有被记录下来。没有初期回溯的标记也是错失机会——花费了时间，却只收获了一些过于局限以至于没有意义的数据。如果我们没有不辞辛苦地将形成性评价的种种策略联结起来的话，工作就会无效率。

将七大形成性评价策略融合进一个共同的课程目标，这是我们反复提及的。本章的目的很简单：帮助教师获得更多对学生的知识、理念以及想法的了解。在很大程度上，我们是在研究如何依靠更为忠实的记录来更深刻地反思学生的思维发展情况。但是为了做到这一点，我们需要首先考虑我们每天在教室里的所言和所闻。没有利用辅助手段(思维、技术或其他工具)去捕捉学生的想法，思考很难开展。到目前为止，标记过程特别尊重学生的回答和反馈，能帮助教师对学生的想法保持真正的好奇心。

在成为形成性评价者的道路上，很显然我们刻意地放慢了课堂学习行动的脚步，特别注重教学和评价的关联。教师也许已经注意到了有主要行动和次要行动。主要行动，如回溯，由次要行动来支撑(使用公平棒)。我们希望展现形成性评价所需要的条件。如果教师只是对学生的答案进行严格而常规的标记，我们也可以放心地说教师已经获得了一个非常有价值的新技能。

我们已经获得课堂数据了，现在是时候整理、归类以及让其有意义，以方便之后对教学做出调整，同时方便更好地弄清楚学生所表达的学习经历的真正含义。

检查理解程度

我们可以改进发生在学习环境中的标记行动。我们呈现出以下要点，供个人或团队参考，以便更好地掌握这一对认知要求更高的形成性评价策略。教师可以将热身提示作为自我提醒，将临时安排的任务中的想法作为沟通的开场白和组织学生个人或小组活动的练习。

热身提示

• 为什么要标记？为了谁的利益？有什么目的？
• 形成性评价中标记的准备工作没有做或被忽视了会有什么后果？
• 班上的学生哪些缺少学习兴趣，哪些学习比较主动？让他们做抄录员有什么好处？描述一下你是如何接近这类学生的？为学生提供监督和支持，需要与他们达成什么样的约定？

• 要忠实地记录学生的回答和互动情况，应该达成什么样的约定？

• 什么时候邀请沉默的学生到讲台前做抄录员？将他们招募成抄录员能产生什么好的结果？描述你是如何接近这些学生并且和他们达成了什么协议，以确保和支持他们成功的？

小而重要的任务

• 呈现标记的优点和缺点。做一个 T 形图：一边列举缺点；另一边列举优点。随着时间的推移，在学习环境中，预测一下你对标记的观点将会发生怎样的演变。

• 思考新手教师关切的内容：我喜欢这个想法，即尊重每一位学生对互动所做出的贡献。但学生将抄写在白板上的所有记录都抄下来，有意义吗？在我看来，如果教师不给学生提示哪些重要、哪些不重要，那么学生的学习会受到大量的互动的影响。什么是富有成效的回答方式？

• 在专业学习共同体中，就"标记的问题"构建一个词语网络。指派一个抄录员和抄录帮手。将"标记的问题"呈现在一个学生都能看得见的媒介上。预备：让我们一起想一下有关标记的问题。我们先开展小组头脑风暴，然后各组将想法报告给全班同学。提问：当你听到"标记的问题"时，第一个出现在你脑海中的是什么？提醒大家：没有正确或错误的答案。重复一遍问题，请学生上台回答。

• 给出一个你一周所做的标记的例子（如用擦写板、展示纸或者智能板）。在具体行动中，思考什么做得不错，什么做得不好。接下来你要认真做决策，以便更好地为标记做准备。挑选一个你能开展的热身活动，时间不超过 5 分钟。

• 在新单元教学开始前，重新调整对三周的学习环境的预期。为了让课堂充斥着形成性评价的文化氛围，整个学习共同体重建价值观以及重新确立相关的支持条件，使其能够联系实际生活。其中关于标记、记录以及公开展示答案的相关约定则需要修补完善。为学生规划一个课程学习流程，采取分组讨论的方法探讨与标记相关的主题。

要点 1：什么做得效果好？

要点 2：什么做得效果不好？

要点 3：我们要做什么来进行标记？

要点 4：为什么标记很重要？

　　根据学生思考的问题，要求每个小组委任一名组长和一个抄录员，并就自己选择的主题重新准备，创建合适的课堂文化氛围。将每个小组的讨论清单合并，形成一个方案，计划三周后再就约定加以检视。

　　挑战性任务：请每个小组中的一位成员解释为什么一个特定的流程能够为标记提供高效的准备。再请一位学生作为反方来与前一位学生讨论，指出这些行动为什么没有效果或者对谁有效果。

第七章 整理

我采用百分制和等级制给学生打分，包括F等级。起初，F等级就是不及格。到评价的最后，如果他们还是没有进步，那就只能给他们F等级了。在我的学校，我们都是这样做的。

——克鲁斯，中学社会学教师

为了给学生的作业提供没有分数的反馈，我在空白处写评语或盖印章。学生会问"我到底得了多少分，这个印章是什么意思？"

——贝琳达，西班牙语教师

布莱克和她的同事写道："总体上，教师似乎都深陷于心中愿景和外部需求之间的'无人岛'。心中愿景是指他们在形成性评价初期做出的承诺。外部需求是与承诺完全不同的，来自外部应试体制的需求。"

将有关教师课堂教学的两个相互冲突的需求并列放置，我们总结了两种形式的整理：评分式整理和反馈式整理。两个相互冲突的需求以及它们所要求的课堂评价的立场对教师的时间、注意力以及资源占有的要求不同，也可能对认知的类型提出不同的要求。可以说，形成性评价的理念与制度化的评分方法之间存在一个分歧。在一个较为注重总结性评价和问责制的背景下，形成性评价共同体处理这种分歧是值得关注的。

不过让我们先对课堂评价中总结性评价与形成性评价的冲突做一点澄清。为此，我们需要回顾以往，从更广的视角看一看到底发生了什么。

我们坚持认为整理——解释、归类以及评价学生的学习体验是不可避免的。当教师天天需要负责做出关键的教学决策时，他们必须对相关数据进行整理。

在本章，我们提出三个基本问题，供形成性评价者参考。

• 你什么时候进行评分式整理？依赖于整理策略来评定等级，还是采用众所周知的字母分类等级来评价？

• 你什么时候进行反馈式整理？如果学生的反馈分为口头、言语和书面三种，哪种方法使你的整理效果最好？

• 评分式整理和反馈式整理的区别在哪里？哪一种方法让学生受益最大？

综合使用这两种方法，能否让学生受益最大？这两种方法一起使用有没有问题？你有没有证据？

　　当然，在这个充满争议的议题上，存在的问题比答案还要多。我们并不是说"评分或不评分是个问题"。相反，我们是在提醒自己，形成性评价者不能躲在诸如"两者都好用"后面而"蒙混过关"。虽然两种数据整理策略在课堂上都有一席之地，但结果表明只有一种可以提高学生的成绩（Hattie, J., 2012）。

　　不过，在我们参与这个争论之前，让我们先对采用的整理策略进行挖掘，分别从总结性评价者和形成性评价者的立场尝试分析这些策略对课堂上的学习者来说意味着什么。我们不能凭空而论，这样做虽然很容易，但不能忘记学习者其实是有着姓名和家庭背景，有着独特的学习习惯，在情感、学业、元认知以及其他领域都存在不同的最近发展区。因此再一次强调，我们须谨记，最终我们需要深入现实，关注学生的发展。总结性评价和形成性评价在改进学生学习方法上都是有效的。

　　我们知道总结性评价者习惯于利用等级、分数来传达成绩的意义。他们之所以经年累月使用等级和分数，是因为社会对标准化测验、问责制有需求。很多学生也是成绩驱动者。总结性评价者高兴地认为获得考试成绩就是社会的现实。我们生活在一个竞争激烈的社会。等级和分数有助于对学生进行区分。

　　拥有总结性评价思维模式的人将整理视为课堂评价的基本目的。他们认为，这些分数很客观，等级也易于转换，从考试中获得的量化数据更可靠，也因此更具有可归纳性。成绩是一种获得历史尊重的区分方法。

　　之后，总结性评价者在评价领域做出了很多承诺。他们引入了期中测评来说服政策制定者总结性评价数据可以形成性地使用。他们说道："我们能给教师提供有关学生能力水平的排名，来帮助教师更好地制定决策。"谢泼德（Shepard, L. A., 2009）以及其他学者（Herman, J. & Baker, E., 2005）在这个方向上对承诺和隐含的挑战阐述得更多。斯蒂金斯对促进学习的评价和学习的评价做了区分，也批评了将两者混淆的做法（Stiggins, R. J., 2002）。

　　我们想知道，要成为较好的形成性评价者，对标准化测验数据的使用方案进行辩解会受到多少阻力。很显然每个人关注的都是形成性评价对改进教学的承诺。对于这些将评价目的混为一谈的尝试，詹姆斯·波帕姆（James Popham）做出如下解释。

　　这些天这种定期实施的考试被商业机构大力宣传。这些商业机构通常给这类考试贴上形成性的标签，而其本身并不是形成性评价。这类典型性的考试有时被称为期中测评或者基准测评，或者作为区域考试的一部分，或者作为每隔几个月就实施一次的考试。上述这类考试在全校或全区范围的测评中也许很有用，也许能预测学生在后续的问责考试中的表现。但是当前并没有研究证据证实它们的价值。此外，将这类考试称为形成性评价，不是商业机构用语不严谨，就是赤裸裸的欺骗。

另外，形成性评价者强调根据口头、书面以及其他形式的反馈以承诺的形式推进后续的教学活动，并以此来宣传他们为什么提倡整理。形成性评价者指出，当反馈是积极的且不带评判时，学生的收益最大。不同于通过分数来沟通，形成性评价者看重的是对学生即时的反馈。这些反馈独特、及时，内容丰富以及触手可及。拥有形成性评价思维模式的人致力于坚守一个持续的承诺，即对"请继续说"和"下一步怎么样"的尊重。

形成性评价者知道等级是基于数学程序的抽象提取，通过考试获得的量化数据对于实现特定的教学目的通常效果甚微。形成性评价既没有告诉教师要不要重新教学，也不提醒教师停下来再回顾的时间，更没有提醒教师考查学生的先验知识水平再做出教学的安排。事实上，等级和分数等都不能提供微观和即时的反馈。在单元教学结束时，教师可以使用等级和分数来评定和统计成绩，但是不要指望它们能为教学流程提供具体、可触及的策略，或者促进日常教学的改善。

显然，形成性评价和总结性评价在目标、目的以及结果上存在显著不同。我们认为，评分式整理和反馈式整理的对立是大多数教育工作者在课堂中所体验到的。我们如何面对这种对立，对我们的学生、学校以及整个共同体都很重要。

当学习成为形成性评价者时，我们应运用不同种类的整理策略。在总结性评价目的和形成性评价目的之间找到平衡是一个挑战。我们需要有意识地、有策略地以及更公开化地去整理。

为此，我们希望本章可以做进一步的澄清，给大家提供一种前行的方式。

什么是整理？

整理就是查看证据（诸如学生的作业、言语、行动），并且根据一些组织原则来进行分类、组合以及归属证据。对于很多教师而言，组织原则的理念是如何区分正确答案和错误答案。我们的习惯是反思式地整理——认出、区分以及将学生的答案归类整理。这些整理方式具有不同的属性。但可以确定的是，我们在整理，这是我们思考的方式。

整理是一种解释性行为，最终的目的是对学生的理解做出评价。它基于观察中收集的课堂上的量化数据或质性数据。它存在于三角评价的第三个端点上，并能获得回溯以及标记策略的支持。当我们将学生的答案归类为"错误""重大误解"等的时候，我们是在整理。教师要做什么来评价学生的思考或表现情况，取决于教师自己。他们也许会为学生提供反馈，也许不会为学生提供反馈。关键是为了做出相关的教学决策，我们要对学生的所知和所能做出评判。

为了分解这一过程，即评判学生思维的质量，我们需要注意整理的特征。多年来我们观察到两种整理方式：一种隐蔽不分享，另一种公开且分享。

对学生的答案进行隐蔽性整理是私下的、神秘的，其他学生看不见。当教师使用隐蔽性整理方式时，学生不知道教师如何对他们的作业和表现进行评价。他们会猜测，会希望看到评分方案。但是大多数情况下只有教师自己知道采用哪种整理方式以及为什么采用。学生、家长甚至行政人员的困惑、争议以及怀疑会一直存在。

另外，对学生答案的公开性整理是开放的，是在教室学习环境中进行，是所有人都看得见的。教师和学生知道什么样的整理正在进行、如何进行以及为什么进行。学生也许会努力或者尝试赋予评价结果意义，但是没有人要求他们去思考为什么他们会得到这个成绩以及应当如何去改进。在学生、辅导员以及家长—教师联合会议上，教师对他们的评判标准非常清楚；他们拥有相关工具来展示他们如何以及为什么对学生的回答和表现做这样的区分。

两种立场、两种策略来解释学生的思考

目前，我们很高兴地看到当下出现了越来越多的整理案例。在形成性评价者看来，不能促进学生发展的任何整理方法都是无效的。

我们从文献中了解到很多教师都持有这种立场。他们已经看到了形成性评价对于转变学生学习环境的力量。但是学生的进步要比专家和形成性评价者预期的慢得多。评分式整理习惯已经深入人心。就社会和文化上的期待和压力而言，"给成绩"比"做反馈"更受青睐。

就教师而言，他们有意愿分享反馈式整理的策略。他们面临着持续的压力，力求实现形成性评价的目的：形成性评价面对所有人。我们也足够理性地发现：新手教师在起初阶段很难脱离开传统的为划分等级而打分的旧习惯，毕竟这种传统方法在学校中已经使用了数十载。

下一代教师因为有指导教师的指导，大有希望打赢形成性评价这场战役。我们有研究为基础，我们了解证据。我们认可他们工作的价值，给他们提出建议，允许他们重新说、重新做。现在是我们选择立场的时候了。

反馈式整理值得教师为之而奋斗。反馈式整理的本质是让整理公开化，因为这是教师采取行动帮助学生理解成功标准或者学习目标的自然结果。形成性评价的本质特征就是让学生明确他们前行的目的，以及用可操作的方法能够达成新的目标，让自身的潜力发挥出来。

当然，有些观点还有待陈述清楚：我们认为评分式整理是对学生的表现加以解剖，并依据分数忠实地提供成绩报告；而反馈式整理看重的是学生的进步并期待其变化和进步。评分式整理标记了知识本身以及学生掌握的领域，而反馈式整理则关注现实中活生生的学生以及学生个体在此时此刻的真实需求。评分式整理是总结性的，反馈式整理是形成性的。前者显示学生发展所处的位置，而后者显示学生发展的方向以及下一步发展的需求。

让我们真诚一点：反馈式整理的操作比评分式整理的操作难多了。前者需要一定的目标驱动和关注，而后者则不需要。周日晚上成堆的作业也许看起来让人吃惊，但是处理它们并评分不太困难。然而，如果周一早上决定如何编写下一份草案、如何提供评分标准和参考案例、如何预演一周各个时段的学生群体中同伴对同伴的反馈，那才是真正的挑战啊！

反馈式整理需要教师和学生之间有更多、更高层次的互动。为反馈式整理做准备的要求也非常高。这就好像在教室里，学生不习惯被当作作家、历史学家、科学家以及其他专家一样。以前没有人让他们像做会议报告一样写一份关于果蝇实验的文献草稿，或者让他们像计划在期刊上发表论文一样表现成同行评审专家。反馈式整理的开展，特别是引进了同行评价和自我评价的惯例后，对于教师来说需要很多练习。每个人都必须做好准备去迎接挑战，进而在实践中得到发展。

教师通常更习惯于评分式整理而不是反馈式整理。对于许多人来说，评分就等同于课堂评价。当我们问"当你听到'评价'一词时，什么首先进入你的脑海中"，大量的回答几乎异口同声："成绩"。但是评分与反馈不是一码事。

要成为形成性评价者，教师要用形成性反馈来进行整理——有意识地、有目的地以及专心致志地做。形成性评价对于学生的学习很重要（Hattie, J. & Timperley, H., 2007）。正如我们所知，随着长期的学习和我们个人经历的发展，形成性评价的确能够改变学生，让他们获得良好的教育。我们还记得有些教师相信能利用形成性评价给予学生指导，而不仅仅是提供总结性评价结果。

在思考本章独特的整理策略时，我们不想留下"一切取决于你"的印象。整理是一个教师让学生评价数据变得有意义的认知过程。站在整理的立场上，我们的元认知意识将变得更强。无论是对于教师还是对于学生来说，整理过程包含了复杂的文化学、历史学以及社会学角度的思考过程。

在宏观层面，在现实和历史情境中，整理策略无论是从现实角度看，还是从历史角度看，都是从我们习惯和接受的传统课堂评价实践中衍生出来的，就像是世代流传下来的工具一般。最终，我们无法忽略整理所处的现实环境。无论是评分式整理还是反馈式整理，它们是受学校环境以及更大的生态系统制约的。换言之，作为教育工作者，我们生活在民主的、高度竞争的社会中。

在微观层面，反馈式整理格外要求即时思考下一步行动的教师开展复杂的协作。为了提供更好的、更有效的即时整理策略，我们需要分析已有的和预处理的整理策略之间的关系，并且要面对不熟悉的策略以及如何思考的问题。

对学生的思考、技能以及习惯的评价发生在校内外的多个情境中。习惯、价值观以及所处的学习共同体很有可能会改变教师和学生对整理是否值得的期待：是为了谁的利益以及有什么好处？

最后，我们会发现成为形成性评价者的旅程带我们走上了两条路：一条是由我们在关于教育的公共利益的价值观的指导下铺就的；另一条是在充满着竞争需求的体系下我们克服困难而铺就的。

为什么要整理？为了谁的利益？有什么好处？

不像标记，整理的目的不只是描述和忠实地呈现学生的想法。通过整理，我们希望去评价和解释学生回答问题的质量和性质，以便更好地做出教学决策。整理策略是解锁我们定期收集的信息和质性数据的关键。不管是分分钟钟的记录，还是每天下课后的记录，整理要尽可能地显示出我们对学生发展潜力的理解。

如果我们主要关注评分式整理，那么我们的整理目标将会是基于准则的学生成绩。如果评分成为我们的关注点，那么我们的整理目标不是分等，就是排名，以让每一个学生分布在成绩曲线的某一个固定位置。如果我们关注反馈式整理，那么我们的整理目标会集中在学生进步的程度以及下一步如何让学生取得更多的进步，以促进学生理解水平和技能的提高。

作为已经研究过基于证据的学习实践类文献的形成性评价者，我们知道这些分数体系不能让我们走得更远。如果我们决定将促进学生的成长和进步放在优先位置，我们将会采用反馈式整理策略来明确支持学生各自的学习。这些需要通过一课又一课、一单元又一单元甚至一年又一年的教学来实现。我们知道特别的、及时的、可操作的、基于准则的评价，会让学生在学习的路途上走得更远。

反馈式整理试图可视化、持续性地支持学生的成长和学习，以学生的回答以及作业为证据来反馈。这里想传达的是，想要形成一个高效的、有意义的反馈链，对学生所给答案的反馈是整个反馈过程的一部分。这给学生传达了一个信息："需要去修改你的实验分析、你的作图方案，练习你的罚球投篮、你的发音、你的笔画，以及所有你的关于今天学习主题的初始答案以及思考。这就是我们课堂学习的方式！"

形成性评价者注意到了什么学习能够以及什么不能够帮助学生成长为称职的作家、科学家、数学家、艺术家、历史学家、音乐家、运动员以及中文翻译。作为一名教练或指导者，教师是在激发学生的潜能，能精准地意识到反馈会促进学生在一节课、一个单元中的发展。有一个微弱的但是持续的声音一直在提醒着形成性评价者：并不是所有反馈都是形成性的。

要通过形成性评价的考验，形成性评价者有时需要承认做得不够完美："这个部分重新再做一遍""再读一遍说明书""再好好地尝试下"。而传统的测评习惯是不会轻易退出历史舞台的。当然我们对学生的反馈并不都是形成性的。即便我们的评价不全是形成性评价，也没有关系。能知道什么时候是在应用形成性评价，什么时候没有应用，却是较为重要的事情。记住，我们的旅程才刚刚开始。

形成性评价小贴士

形成性评价强调的是，反馈需要被学生采用、理解以用来改进他们的学习，如此他们才能去实现后续的学习目标。

不是所有的反馈都是有效的。凯西就是其中的一个例子。她是一个六年级学生，采用了她九年级哥哥的"反馈"来改进她的作品。搜索和替换以及修正都不是形成性反馈。在凯西成为作家的这个发展阶段，她还需要更多的反馈。

一般来说，学生会在校内外听说过了很多没有效果的反馈。当然这些反馈的初衷都是好的。但是，正如格兰特·威金斯（Grant Wiggins）就有效的反馈提醒我们，建议、评价都没有为学生提供促进他们达成目标的相关描述性信息。

让形成性反馈更有效？

教师评价和教师专业发展方面的专家达成了共识，即对学生有效的反馈既不是原则性的建议，也不是赞扬。格兰特·威金斯将有效的形成性反馈的特点归纳如下（Wiggins，G.，2012，p. 13）。

- 目标参照。
- 可感知和易懂。

- 可操作。
- 用户友好型。
- 及时。
- 不断发展。
- 前后一致。

尽管反馈式整理是有效的，但是如果它比评分式整理的操作困难得多，为什么还要进行反馈式整理呢？这是因为反馈式整理的反馈会激励学生的学习。从这种反馈背后隐含的故事中可以看到，学生的学习充满反思。学校、教师都重视反馈以及根据学习轨迹为学生重新思考和活动创设空间。其他不这么做的学校和教师会给学生传递完全不同的信息。当然，在教室里，要对任务和想法再做思考，是一件非常有挑战性的事情。因此这需要所有人共同参与，为反馈提建议、做贡献。

要做好反馈，就必须为创设学习环境制定规则，给学生提供学习必需的支持。如此学习上的反馈才会越来越普遍，进而成为学校的惯例。中央公园东部中学就是一个典范。

中央公园东部中学成为典范的主要原因是，其整体工作的目的就是给学生提供支持，即帮助学生学会思考的方法，并为他们实际操作、相互分享及完善作品提供机会。正如我们在第二章中所述，中央公园东部中学为学生参与提供了明确的规则、清楚明白的脚手架以及其他支持。它确定了全校范围的学习目标，这些目标是经过训练可以达成的，是能够不断完善的。教师运用思维五步法确保了学生参与和再度参与的积极性。通过提供说明、评分准则以及对当前方案的很多反馈，中央公园东部中学的学生和教师可以就上述学习目标达成共识。

在这所学校，每个人都明白这是一个可以让自己改进、成长以及超越自己的地方。

形成性评价小贴士

当已经选择开展形成性评价时，我们鼓励再修正、再加工、再反思，再做和再写一遍。我们要意识到一个学习共同体的成员不仅要一起工作，而且要在学习过程中不断提升自己。其下一步一定是变得更专业、更博学。日复一日，周复一周，年复一年，形成性评价不是一次就能完成的。它需要教师终身学习，这是对终身教育的承诺。

——梅利莎，领导型教师，阿斯托里亚联合学区，奥尔根公立学校

整理是意义建构

整理过程能够帮助教师对课堂上有关学生学习的原始数据进行加工。为了解决数据太多的问题，也为了赋予数据意义，我们必须对学生的学习情况加以归类、解释。

教师可以通过小测验、实验报告、考试结果和项目完成情况以及学生的表达、评论、肢体语言和动作来了解学生。教师不是海绵，不能将一天内在课堂上所有与学生有关的信息和数据都吸纳进来。教师在整理过程中的想法、感觉和理解各有不同，在具体评价过程中也需要考虑到发展性、情感性以及意向性的因素。

整理过程也需要控制好课堂教学的秩序，避免可能出现的秩序混乱问题。

教师不能在每次课堂讨论时就匆忙地进行整理。当我们在教室里来回走动时，可能不知道哪个学生需要支持、需要哪种支持以及何时需要支持。然而，我们可以退回到事先建立的流程上来，根据流程来整理学生的作业，掌控学生相关信息的变化情况。我们可以加盖印章，添加分数，赋予等级。

传统的课堂评价方法有巨大的优势，能帮助我们为完全开放的学生回答空间建立秩序和边界。考试和随堂测验都是很有效的。借助考试，我们可以放缓测评行动，控制测评环节以及了解哪个学生掌握了现在所学的内容。

不管是大学教授还是幼儿园教师，大家都渴望快速而有效地进行整理，这种渴求是强烈的。他们设计出了一些广泛适用的整理方法。具体内容如下。

- 回答要点。
- 评分要点。
- 评分指南。
- 评分规则。

随着我们对整理策略的深入挖掘，我们需要考虑这些方法的便利性和局限性。我们需要知道不同的工具、目的、行动以及流程与不同的整理立场是相关的。表 7-1 为整理的流程。它有助于我们进行整理工作，迎接当前的挑战。

表 7-1　整理的流程

流程	方法	内容	特征
未开始	各种活动	速写；上课结束时快速追问，如"告诉我们你仍然在思考的一件事"	变化，非系统性

续表

流程	方法	内容	特征
阶段一	核查清单	确定学习任务，如"开始做作业了吗"	检查分数，使用便笺纸或印章等
阶段二	回答要点	观点的构成或者掌握程度考查（如考试题）	二分法评分：正确或不正确
阶段三	评分要点或者评分指南	多维表现（如过程以及概念理解的流畅度）	至少有 3 个层次的分类评分（如 0，0.5，1）
阶段四、五	评分规则	复杂的多维表现（实验、研究论文、网球、单人小提琴表演）	展现 4～5 类学分计算方法以及 4～5 个基于标准或学习目标的学习指标；也许会包含分数变量

整理策略及其在三角评价中的位置

在三角评价框架的修正版中，整理被称为解释端点的核心，如图 7-1 所示。对于形成性评价者来说，对课堂上产生的学生学习数据的解释效度在很大程度上取决于回溯—标记—整理策略的质量。如果行动一致，这些形成性评价策略就能够帮助我们提高从质性数据中得到的结论的信度。具有弹性的整理策略配合有效的回溯和标记策略，将会优化我们的决策水平，帮助我们更好地了解学生当前课程学习的进度，把握其未来发展的方向。这样做更有可能把学生掌握知识和发展能力的过程变得更加公开、可视化。

如果三角评价中的认知端点意味着协助设置清楚易懂的、有价值的学习目标，观察端点意味着成为收集学生学习证据的公共区域，那么解释端点是整理学生的答案来评价学生是否达到了学习目标或者我们是否需要对教学做出调整。

回溯和标记策略致力于忠实地呈现学生的答案，而整理策略致力于帮助我们系统化、秩序化地建构学生答案的意义。形成性评价能够帮助决定教学的下一步行动，但前提是我们能有效地理解数据的意义。从这个意义上说，形成性评价的效果取决于整理策略的价值和精准程度。如果我们基于起初的学习目标和可靠的观察策略来整理学生的回答情况，那么我们可以期待这会改进课堂教学评价工作。

形成性评价者知道将整理策略和评价准则相联结是没有捷径可走的。展现在三角评价中的逻辑不仅是教育评价专家应遵循的，而且是我们开展评价的指路向导。我们必须意识到，整理行动的弹性化、战略性和适应性强等特征才是关键。

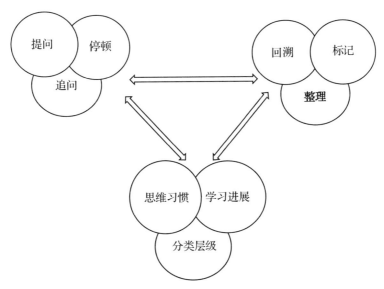

图 7-1 利用三角评价进行整理

研究是怎么说的

关于教师怎样才能更好地整理的相关研究很少。我们知道教师倾向于整理学生的成绩，当这种策略不能产生最优结果时他们会面临很多问题（Guskey，T. R.，2004）。我们不知道教师为什么要使用这些整理方式（支持他们运用这些方式的思维模式、先入为主的偏见以及信念等）。我们了解反馈策略，特别了解影响反馈的因素、反馈的思维方式以及教师课堂实践中反馈方式的普遍性。但是再一次让我们感到好奇的是，为什么一些教师在反馈式整理上表现得卓越，而其他人则做不好。也许我们需要更多的研究来探讨教师整理技能的学习进程：整理既是一种思维模式，也是一种认知工具。同时，它也是一种社会认可的与工作奖惩有关的操作办法，甚至是一种文化工具，蕴含着深刻的符号价值和仪式价值。

评分式整理

传统教育可能影响教师的整理方式，促使学生把评分式整理看作学习的首要目的。大部分学校盛行的课堂评价模式已经表明成绩已经被广泛视为商品。正如温格等人所指出，如果整理加速了成绩作为商品的趋势而不是用于学习性反思，那么我们将会看到我们的动机和行动都偏离了正确的方向（Winger，T.，2005）。

很多新手教师会说：学生想要成绩，他们并不关心教师的建议，他们只是想要 A 等级。成绩的问题在许多文献中已经被很好地阐述了。我们对此也有很长时间的研究。

• 学习和成绩是不相关联的。成绩既能反映教师在意的东西，也可能反映不出。温格指出，成绩通常能反映出勤率、服从程度、课堂参与度以及家庭作业完成度。

• 成绩对于教学或学校来说都不是最为重要的。家庭和社区成员帮助孩子学习重要的生活技能，并没有给予分数。我们对此都深信不疑。弗里斯比和沃尔特曼（Frisbie，D. A. & Waltman，K. K.，1992）以及古斯克（Guskey，T. R.，1994）用大量的研究证实了我们的认识。但是，在大多数学校，学生、家长以及校长都期待将分数作为学生评价的依据。因此，辅导员、教练、（外）祖父母、兄弟姐妹、朋友、大学招生老师以及未来的雇主也都看重分数。

• 没有一种评分方法能适用于所有的评价目的。奥斯汀和麦卡恩（Austin，S. & McCann，R.，1992）以及古斯克（Guskey，T. R.，1994）争辩道，当学校试图用分数来呈现学生的成绩，给学生鼓励，支持学生自我评价，筛选学生以及评价课程的有效性时，它们最终都没能很好地达成评价目的。

• 成绩本质上是主观的评价。教师对学生的深入了解会转换成对学生所学的精准描述。但是主观的评价也会成为一个问题。希尔斯指出，主观的评价经常出现。比如，男孩的成绩由于教师对其行为的不满意而受到负面影响（Hills，J. R.，1991）。斯威德勒-布朗发现糟糕的书写会影响教师对学生作业的评判。让我们感到担心的是，教师一般会奖赏自己喜欢的学生（Sweedler-Brown，C. O.，1992）。

在开始讨论我们所了解的反馈式整理前，值得注意的是，对学生进行等级评分是一种新的文化现象（Zhang，W.，2008）。20 世纪初，美国改革家开始寻求将全国范围内的学校报告系统标准化（Johnson，R. H.，1918；Rugg，H. O.，1918）。学校等级评分以及随后出现的整个评价系统，作为现代国家学校评价体系中的一部分，开始强调问责和认证（Ball，S. J.，2013）。现代学校行政系统看起来非常热衷于成绩评定。

当然还有一些例外的现象。但是这些评价体系并不能满足社会的文化发展要求。在叙事性评价体系中，教师写下评论的同时也附带学习合格或不合格的标记。一些公立或私立的大学在 20 世纪 60 年代和 70 年代推行了这种叙事性评价体系。但是叙事性评价体系并没有在公立学校立足。正如温格写道，在公立学校，"商品"必须被"交易"。中央公园东部中学推行了一种叙事性评价体系，将其用于学生或家长会议，但是它最终也为大学提供了成绩单作为评价依据。

公立学校中的等级评分系统不能容忍少数派有关评价的意见，也不能容忍另类的评估方法——它需要的是一致性。历史学家拉里·库班（Larry Cuban）指出，美国公立学校评价体系重视成绩反映了一个世纪以来整个社会的价值观。

反馈式整理

正如斯蒂金斯等学者所指出，分数不是一种形成性评价者用来指导学生学习的反馈类型（Stiggins，R. J.，2002）。如果教师尝试为了学习而评价而不是对学习做评价，那么他们不能将等级评分与后续的学习改进加以区分。

每年都有一批新手教师加入我们的职前教师项目学习。对于我们有关评价的主张，他们会问有没有证据支撑。起初他们会用问题来反击我们：为什么我不能同时给学生提供分数和反馈？当我告诉一名学生她得了 C+，并给她提供了论文修改的建议时，这有什么不对？诸如此类。

原因是当一起给出分数和评语的时候，学生通常只关注分数而忽视评语（Butler，R.，1988；Black，P.，Harrison，C.，& Lee，C.，et al.，2003a，2003b；Pulfrey，C.，Buch，D.，& Butera，F.，2011）。当学生看到论文、实验报告或者项目报告布满评语时，他们会有将其扔进垃圾箱的冲动。这里是比喻的说法。学生很少会说："天啊，我得了一个'F'。我得看一看为什么以及如何去改进。"形成性评价者需要正视这些事实。

多年来我们已经了解到，在所有影响学生成绩的因素中，形成性评价是较为重要的因素。众所周知的约翰·哈蒂的研究表明，一些诸如目标驱使的、基于规则的、支架引导型的反馈方法比其他方法的影响力更大（Hattie，J.，1992，2009，2012）。形成性评价者需要探索新的评价策略，以激励学生接受和使用形成性评价方法。但需要明确的是，如果没有进行准备，运用反馈式整理策略时也可能会失败。

克鲁格和丹尼斯在对反馈研究进行综述后发现，反馈能提升学生的学业水平（Kluger，A. N. & DeNisi，A.，1996）。保罗·布莱克和其他研究者指出，反馈之所以不起作用，都是因为反馈变成了单一的评分和没有指出如何改进的评语。换句话说，这种反馈不是有效的反馈。根据威金斯的界定，错误的反馈产生无效性后果的案例已经有很多了（Wiggins，G.，2012）。

毫不奇怪，学习的困难程度也影响形成性评价的效果。舒特发现学生的先验知识、任务维度，结合反馈的特质，复杂地影响形成性评价"成功促进学习"的效果（Shute，V. J.，2008）。相反，学生需要更多的练习、任务以及支持学习的脚手架、工具及专业语言等来提升他们对认知要求较高的内容的处理水平。用奖励和惩罚等来控制课堂教学并不能对学生的学习造成显著的影响。只有与内容以及学习目标相关的反馈才能达到这个效果。

常识告诉我们，在美国的课堂上，社会经济地位、种族、性别和文化会对学生的形成性评价体验产生影响。现有的研究支持性别差异影响反馈式整理策略产生效果的说法。德威克和布什指出在接受了成人负面的反馈后，相较于男孩，女孩的表现更容易趋向恶化（Dweck，C. & Bush，E.，1976）。有意思的是，安德雷德（Andrade）指出，当同伴（相对于教师）给出"失败的反馈"，"男孩将失败归结于能力的缺失并展现出糟糕的问题解决能力，而女孩则更多将同伴的反馈看作努力的信号并且展现出改进的表现"（Andrade，H. L.，2013，p. 28）。尤尔达巴坎做了一个有关四年级学生的研究，发现相较于男孩，女孩对同学的学业水平和团队作业中的贡献所做的评估，更为接近教师的评判（Yurdabakan，I.，2011）。

种族因素可能会对构建形成性评价文化产生影响，但是这方面的研究非常少。在一个长期调查中，布拉奇福德审视了性别和种族因素对有关学业成绩的自我评价的影响（Blatchford，P.，1997）。布拉奇福德发现，"当学生长大，相较于黑人学生，白人学生（特别是女生）对学业成绩的自我测评越来越不自信和不准确"。布拉奇福德在研究中选取的学生来自伦敦市中心多种族学校，大多有工薪家庭背景。

我们注意到美国和加拿大的学校在种族、语言以及人口统计上与英国的学校存在差异。我们需要更多的跨文化研究来探讨形成性评价对不同学生群体的不同影响，以确保我们没有以偏概全或掩盖整理策略的复杂性。

很多研究将反馈分为教师引领的、学生主导的或同伴小组评价的反馈。它们对何种反馈、何种结构以及哪些学科对学生的成绩影响更大都没有形成共识。

形成性评价小贴士

科尔诺和斯诺合作开展了一项研究，很多资深教师也都有同感：打断一个学生独自解决问题和完成任务的那种沉浸式状态会阻碍学生学习（Corno，I. & Snow，R. E.，1986）。想成为形成性评价者的人请记住：有时在搭建脚手架和监督学习进展之前，教师要保持一个安全的距离。教师不急于给沉浸在自己思考之中的学生提供反馈，往往能取得良好的评价效果。教师应尝试给学生提供足够的时间去独立活动，等他们准备好后再策略性地引导他们寻找提示，支持其下一步的行动。

有时我们会利用关于整理策略的研究来引导教师更好地改进形成性评价方法。其他时候我们需要依赖一些对于教师来说较为重要的教学案例，即便研究者还没有测评出这些教学行为的有效性，或者这些教学行为是否可以迁移到其他学习情境中。研究者不会使我们从测评实践的责任中解脱出来。学生在等待我们的评判。他们需要我们去帮助评价他们的发展。我们想要教给学生的是潜在技能。我们应诚实而专注地使用和审视我们的整理策略。毕竟，日复一日，我们有能力会让一切变得不同。

深入挖掘整理策略

形成性评价者应能识别出如下方法：回答要点、评分要点、评分规则、评分指南、核查清单等。教师也许不清楚每一种方法的优点和局限性。本章为大家审视整理策略，包括已熟悉的或不那么熟悉的策略（正如维果茨基所给概念"思维工具"）提供了机会，因此我们能够公开地审视这些策略并更全面地谈论它们。

我们的聚焦点自然是在反馈式整理上，并关注这个策略能在多大程度上对学生的思考和表现产生正面的影响。不过，我们也认可其中的一些方法对评分式整理同样有用，毕竟很多教师具有丰富的想象力。只要学生学习有进步，我们就可以尝试更多的方法。至于哪一种整理策略属于形成性评价，我们要具体问题具体对待。

回答要点

在处理传统课堂测验或考试数据时，很多教师采用回答要点的方法。它能帮助界定评价结果并设置排序。回答要点指的是一整套预先设定的正确的和错误的答案。我们能够迅速而高效地评价学生的学业成绩。这里有一个有关社会学科或地理学科考试的典型的例子。相关回答要点提供了两种答案：正确的和错误的。

哪个是德国的首都？

A. 柏林（正确）

B. 伯恩（错误）

C. 布鲁塞尔（错误）

D. 约翰内斯堡（错误）

E. 上面都不对（错误）

回答要点的方法使这类问题很容易被评分。当对分数进行整理时，教师只需要操作、分类并整理学生回答的数据。很多学校都用这种方法来处理课堂测验和考试数据。答案的数字化非常适用于总结性评价。

评分要点

评分要点是回答要点的修正版，对学生的其他答案的开放部分认可。这可以提醒教师发现学生的错误认识。比如，在课堂上采用形成性评价，教师就会在周五整理和归类学生的错误认识，会在下周一调整教学，并且会在单元测试之前在下一周设计新课程活动时强化某个概念（或事实）。让我们用上述的那个例子来解释。对于学生而言，这里仍然有 5 个选项，但评分要点的方法是依据每个选项的独特要点进行整理。

哪个是德国的首都？
A. 柏林（正确，因为是当前的首都）
B. 伯恩（部分错误，因为是统一之前的历史首都）
C. 布鲁塞尔（完全错误，因为是邻国的首都）
D. 约翰内斯堡（主要错误，因为是不在欧洲大陆但有个类似德国发音的名字）
E. 上面都不对（不正确，因为是有猜测的可能性）

不像前面的例子，依据评分要点，教师可以运用多种整理方式。编制多选题的兴奋基于对标准化数据更好使用的承诺。教师可以在教学时利用这些题型以及收集的数据来调整教学内容。这里成功的关键在于了解了学生潜在的想法，包括他们的错误认识以及评价专家认为有意义的干扰因素。

一些教师原则上喜欢运用评分要点这个方法，但是在教学中却纠结于上述例子的评分效果。他们没看到每一种答案其实引出了关于学生当前理解水平的信息以及对不同思维模式评价的争论。尽管研究者能够并且将评分行为和评分流程区分开，但是大多数教师并没有做到。一线教师倾向于强调分数以及谁应该得到更高的分或更低的分。即便在分享这种案例的时候，我们也很难去重新设定对反馈式整理的期待。

不过，对于那些学习构建和践行形成性评价实践的教师来说，这正是脱离关于"得了多少分"或者"谁应该得到更高的分"的争辩的时候。如果我们决定要用课堂测验考查学生的理解水平，那么我们就要写出所有答案，再把学生的错误答案整理出来，从而去探究，寻求解释或给出理由。我们需要看看这样能否更好地了解学生的思维发展情况，或者是出于尊重，或者是让思维活跃。在课堂教学中，当我们对评价结果进行陈述时，我们至少有可能进行一种有价值的对话。

评分规则

当面对学生能力表现测评的数据时，在英语、艺术、科学、历史、音乐、体育、世界语言甚至数学学科上，教师根据评分规则来给学生进行排序并且为多样的开放性问题的回答赋予意义。能力表现测评可以用不同的方式评分，其共同点都是包含一个评分规则，由一套预设的标准构成。评分规则除了提供学习标准外，还需要提供表现等级。表现等级暗示着技能的划分。这里有一个矩阵表的例子，用来对学生科学实验结果进行整理，如表 7-2 所示。

表 7-2　学生科学实验结果整理

流程	需要改进	合格	专业	优秀
假设或研究问题				
实验建立或流程				
证据或数据收集				
结果分析或结论				

同评分要点一样，评分规则是一个用来帮助教师评价学习标准、技能、表现水平以及评分的工具。评分规则同教育领域的矩阵一样，允许我们去加工、分类、整理有关学生回答的数据。这些典型的矩阵的分类都是以评分规则为依据的（部分案例中是基于标准的）。

学生在设定的流程（如实验建立或流程、结果分析或结论等）中获得分数。理论上，这些评分规则帮助我们区分学生发展所处的位置以及确定他们下一步需要怎样努力，以便他们都能有所进步。学生也许事先就拿到了这个评分规则表。如此，他们知道所做的作业或项目的评分和反馈流程。我们从整理体系中看到另外的一个没有任何演绎理由的评价框架，如 A＝优秀；B＝专业；C＝合格；D＝需要改进；F＝不合格。现在，让我们把注意力转回到这个解析规则暗示了什么以及期望教师做什么上来。

教师需要花费更多时间来将学生的作业精准地分类。这种方法是一种更为快速且更为有效的整理方法。许多人表示评分规则会提供一种公正和可信的总结性指标（如字母等级等）。尽管它们在研究者和教师群体中很受欢迎，但还是有一些问题需要指出的：评分规则实际上有多少形成性的成分？是为了谁而整理？有什么条件限制？我们如何得知它们的反馈更有效？是否确保和支持了学生的理解？在改进过程中是否确实产生了不同的效果？

评分指南

评分指南是另外一种形式的规则。对于教师而言，它是一种简单的整理策略，并且和评分规则一样可以用于学生的自我评价和同伴评价。评分指南包含的元素不那么晦涩和不可操作，不会让学生陷入困境（Popham，W.J.，1997）。评分指南像评分要点一样，是一个很好的评分工具。当教师需要考查学生的理解水平时，它对整理学生的反馈情况有着巨大的潜力。表 7-3 为评分指南示例。

表 7-3　评分指南示例

3 级	准确完成
2 级	包含至少一个主要的错误概念、错误陈述或有遗漏
1 级	尝试回答，但是有较多错误或者遗漏
0 级	未作答或者离题
评论/解释	

同使用评分规则一样，教师可以对学生的反馈进行分类，可以将学生回答的数据进行整理。评分指南也可以提供一个清晰明确的理由对结构性的作答任务、简答题或临时性教学活动情况进行评分。

这里有一些具有代表性的案例，介绍了学生通过使用评分指南阐述评分过程并更为清晰地表达了对教学改进的期待（Roberts，L.，Wilson，M.，& Draney，K.，1997）。在本章，我们还会探讨这些案例，现在更重要的是如何将其作为整理的工具来理解。为了保持持续的影响，为了方便学生在自我评价和同伴评价时使用，我们将聚焦点放在等级上，而非分数上。使用评分指南的教师能够通过评分对应的等级来对当前学生的理解水平做出判断。

评分指南不倾向于把关注点放在基本规则或标准的分类上来构建课堂评价框架（相较于评分规则），倾向于将关注点与课程的发展变量保持一致。评分指南能够允许学生用一种新的方式来整理自己的作品、表现、初稿，没有等级的评价，重点放在学生的学习改进上。

核查清单

核查清单不是评分规则，也不是评分指南。它更像是整理策略中的结合体。它能快速、高效地提供原始分数。但是它也有模糊性和不确定的特点，不太能和高阶思维产生关联，也不太能评价和区分技能的发展情况。

我们在物理学、科学以及语言艺术学科中能看到核查清单的运用。我们可以选上记号将其转换成分数，再将分数转换成成绩。整理过程虽然是闭合的，但核查清单的效用是有限的。它能够给予每个人相应的得分，但是效果不如任务管理好（如果任务管理在一开始就揭示了一个很有价值的学习目标，它可以变成很好的学习策略)。

我们认为每一种整理策略和工具都有其优点和局限性。正如教育评价专家所知,一个评价程序或工具旨在保证使用的效度。整理策略也不例外。我们可以将评分指南用于整理活动,最终是进行形成性评价还是进行总结性评价完全由我们自己来决定。

不存在一个放之四海而皆准的评价学生思考情况的课堂测评方案。我们需要仔细挑选我们使用的评价工具和程序。

为了重新启动我们的整理行动,我们可以尝试利用反馈式整理来开发单元章节中的后续课程。我们首先需要思考(我们如何整理学生的反馈情况),然后行动(我们如何选用特定的工具开展反馈式整理),再回顾思考我们课堂上哪些行动是有效的,哪些行动是无效的(我们如何更有效率地开展反馈式整理来缩小学生的学习差距)。一旦我们开启并运作反馈式整理,我们需要考虑整理过程中的细微变化和挑战。毕竟有些学生可能还没有准备好接受基于形成性评价的课堂文化。

作为形成性评价者,我们必须意识到每一种测评行为(以及相对应的整理方法)都是不断完善的。这意味着我们需要考察我们的测评流程以及工具并定期地重新讨论它们的目的和有效性。

比如,使用评分规则时,如果我们要发挥其形成性评价的效果,就需要不断地论证其效度。通常情况下,我们把评分规则扔给大家,把评分规则看成回答要点。这种方法利用规则来提供成绩,而不是采用及时且有针对性的反馈来为后续改进提供下一步的规划。可见,这种方法(伴随相应得分点)相对于形成性评价目的的实现来说是无效的。评分、划分等级都不是形成性评价,也不是专家认可的测评方式。

当我们决定采用某种整理方法时,如下问题值得思考。

• 所谓正确或专业性整理到底服务于谁的利益?

• 整理有什么好处(如持续的改进)?

• 哪种整理方法能够最大限度地改善学习的习惯?谁做决定?

• 整理方法有没有显著的客观效果?对象是谁?是怎样呈现出来的?

如果评分要点这种方法有助于识别学生思维的发展趋势的话,那么它可以辅助形成性评价者进行评价。如果评分规则能提供现实的有关学生作业的改进机会,那么它就能支持完善学习的评价目标。如果评分指南能在教学过程中对学生开展的具有针对性的、可操作的且集合后续步骤的反馈进行指导,那么它就能启动挑战性任务的分解工作。

形成性评价小贴士

在考虑我们的整理工具和支持时，我们需要优先考虑反馈，弄清楚整理工具是如何支持反馈的。

尽管学生可以自主决定下一步的学习目标，可以加深自己的理解，但是教师要主动为全班学生提供反馈：反馈过程展现了施和受、作用与反作用、反馈者与被反馈者等相关证据。

越能让整理这个过程可视化，它越会受到教师的重视。反之亦然。

——雷塔·多兰，课程督学

为长远目的而整理

在反馈过程中如果只着眼于对学科内容的交流或者质性教育研究者所称的轮流讨论，那么学生的学习投入是不够的。如果学生与学生以及学生与教师之间的主题对话只停留在表面，只涉及内容的对错（像研究者经常展现的一样），那么学生的学习还不是深度学习。本书所指的深度学习的要求则更高。

学生需要和教师乃至于同学进行各种互动，以此来支持他们对所学内容所做的学科化思考。科学家是如何思考证据的（科学证据是对某个科学理论或科学假设的论证，还是证伪）？数学家是怎样论证的（函数的论证是一种特殊的输入，还是被称为自变量）？音乐家是如何阐述的（音乐阐述是音乐思想的扩展，还是主题的扩展？）

对于教师而言，特别是中小学教师，成为一名形成性评价者并不意味着能理解自身学科领域的专家是如何进行学科化思考的。形成性评价者还需要组织整个教室的学习空间，让学生在尝试投入上述类型的思考的时候，给予学生脚手架式的辅助，且保证学生的学习过程是可视化的。

如果我们教授的是世界历史课并开展形成性评价，这意味着我们需要为学生提供现实的辩论，权衡真实的证据，整合实际的资料，并且在教学过程中呈现不同的历史观点，给予学生相关的解释。

在提问、停顿、追问的时候，教师不能停留于表面，只测评历史学科的内容。教师不要设置简单的选择题来测评学生的学习情况。形成性评价的逻辑以及测评的原则都要求教师能激发学生的好奇心和提升学生的质疑精神，而不是只接受正确答案。这和科研共同体中专家要求探寻相关问题或寻找更多的证据的情况没有什么不同。形成性评价者需要坚持一个批判者的立场。

教师在整理的过程中应当摒弃传统的"正确""部分正确""主要错误"或者"离题"等旧观念。（我们承认依赖于这些被过度使用的整理策略能够让我们进行评价活动；现在是时候挖掘得更深入些，来探讨每门学科能在什么方面促进学生进步）。教师不要去查找答错的答案，也不要困扰于给学生提供分数，而是直接在测评流程中要求学生学会像历史学家一样工作。在总结展示长廊活动时，教师要和学生一起思考：对于历史学家而言什么是好的论点？在撰写这段历史时"我们"是谁？哪种证据体现出的合法性问题最多（如假新闻、宣传片和官方声明）？"我们"的视角（以及偏见）是如何影响呈现的证据的？如何区分可信的资料来源和不可信的资料来源？

当我们反复提问时，我们很有可能测评出学生有关事实性知识的表述情况，以及当他们学习对历史学构建论点时评价他们对事实性知识的使用情况。

告诫之词

如果我们仅仅重犯总结性评价者的错误，不能抓住学习的本质，那么即便我们名义上成为一名形成性评价者，但并不会给学生的学习带来什么好处。停留在表面，匆忙地问一些琐碎的问题不能促进学生思维习惯的养成。就各自学科而言，我们需要时间、资源以及相关支持来帮助学生进行深度挖掘，进入我们现在称为高阶思维的整理阶段。STEM 学科领域的教学会产生一种探查学生学习情况的视角，这可以帮助我们绘制形成性评价融入教学的路线图（Alonzo，A. C. & Steedle，J. T.，2009；Black，P.，Wilson，M.，& Yao，S. Y.，2011；Lehrer，R.，Kim，M.，& Schauble，L.，2007；Lehrer，R.，Kim，M. J.，& Ayers，E.，et al.，2014）。对于大多数人来说，我们需要提供更合适的、更具有实质意义的且更周到的整理策略。形成性评价可以帮助我们做到这一点。

如果我们期待利用形成性评价来支持学生的学术和职业发展，那么我们需要将学生的学习推向更深一层，让他们成长为科学家、历史学家、音乐家、作家、工程师、律师、电脑科学家、护士、咨询员等专业从业者。提出更好的问题，为获得更深入的反思、停顿，探寻问题解决的更为深刻的思路，才是我们应该努力的方向。但是我们需要其他学科专家以及资深实践者来帮助我们确定什么是一个好问题以及如何把这些好问题融入教学。

当下面临的问题是很多学科专家并不足够了解课堂教学实践。他们的想法虽然很好，却很少能为形成性评价者所应用；很多教师也不曾接触到最新的研究成果，也不知道如何将其整合至形成性评价中。我们希望不同的群体要加强对话、促进合作。现在，我们应关注那些教师教育工作者在一个多样化的教师培养项目中所做的具体工作。

要做好整理工作，需要投入时间

学会整理是需要时间的。我们观察学生的视角很有限，我们只能观察学生每天生活的一个小片段。尽管我们能观察到学生发展过程中零零散散的片段，但是对于 6 岁、11 岁甚至 15 岁的学生，我们不能确定他们长大成人后可以胜任什么职业。整个教育系统也许鼓励教师对学生进地不同等级的划分，然后按照学生各自的轨道来培养。但是这样可行吗？

这里有一个问题：我们并不知道学生未来要走什么路或选择什么职业。对于特定的学生未来如何发展，我们几乎从不具备足够充分的证据，更别提对学生整个学业规划和未来的生活做判断。我们在预测，但我们只能是预测。

在更多的时候，我们假设等级和分数可以预测学生的未来，预测学生上什么大学、选择什么工作以及在社会上取得哪些成功。有研究尝试将过去的成绩和将来的成功联结起来，但是这种相关关系并不等同于因果关系。过去的成绩和将来的成功之间并没有必然的联系，这是英国哲学家戴维·休谟（David Hume）给我们的提醒。

作为课堂评价人员，我们尝试假设评分规则（我们已经赋予了分数）设定了学生在某个项目、任务以及作业上表现的真实水平。我们容易陷入分数计算以及利用整理策略来评价学生学习的幻想。这些矩阵和图像组织图给了我们一种安慰；我们能够对学生发展到了什么位置有所了解，并获得成就感。但是相较于尽情地使用这些评分工具，我们不是更应该放慢脚步吗？

常识告诉我们，使用评分规则时会存在偏见，并且将其用于学生作业评价时会出现判断不一致的情况。评分者在提醒我们人为判断的不可靠性。形成性评价者同总结性评价者一样，在对学生展开评价时，需要解决概率问题，而不是不确定性问题。

我们无法完美地预测哪些反馈式整理策略的运用会成功。比如，当形成性评价未在学生身上产生预期的效果时，我们可能会感到绝望。

• 学生怎么能拒绝我的建议？

• 为什么有人不再需要更多的机会来改善排名呢？

• 当学生的作业完成不到一半时，他们期待从这个作业中获得什么？

• 如果学生没有重新修改和再次提交作业的机会，那么他们怎么能有进步呢？

一如往常，在我们整理学生的思维发展数据和作业时，他们可能会强有力地支持我们，也可能会阻碍我们。他们反抗；他们退缩；他们抵制分类或分等。

教师每天都在总结学生的发展情况，这个事实应该不会让人感到惊讶。他们对学生进行分类，评判学生。多年来，学生早已了解了教师的工作特点，即先总结他们的发展情况，然后追问。学生有可能会对形成性评价没有信任感。

正如形成性评价者回应道："这都是为了学习。看一下我的反馈，聚焦到下一步的任务。直到学期结束，我们才给你们分出等级来。"

案例研究

反馈式整理：中学数学与科学课堂的案例

中央公园东部中学是一所城市高中，它的创始人是戴比·迈耶（Debbie Meier）。这所学校提醒我们，公立教育有很多目标，其中之一便是使学生能很好地运用他们的思维。戴比和其他许多学校里的领导型教师一样，坚定不移地致力于学生的成功。思维习惯训练在学校愿景中占有重要位置。形成性反馈也重视学生的思维习惯训练。由于该校教师已习惯于很好地运用他们的思维，因此教师将整理策略用于学生学习改进、下一步学习任务的确定以及发展学生的技能上。

根据该校学生制作的有关档案袋的视频，我们有机会了解到一位数学与科学教师的世界（Gold，J. & Lanzoni，M.，1993）。她同时也是一名专家型形成性评价者。我们看到她进入教室，在物理单元主题教学过程中提供即时的形成性反馈。有的学生在电脑前，有的学生在黑板前，有的学生参与小组学习，完成有关课程的目标和任务。

这位教师甚至知道什么时候允许学生有困惑，什么时候暂停她自己的评论，什么时候使用脚手架以及什么时候不使用。她对学生不屈尊俯就，也不溺爱娇惯。她对教学非常专业、专注和执着。她的提问很直接。她会对学生的回答发起追问。她很有耐心，很积极，也很坚定。

当和我们的教师候选人分享这个视频时，我们经常停下来展开一些反思。这个视频案例中的学生给大家提供了丰富的形成性反馈事实。我们看见贝蒂给她的同桌丹妮就作业的手写初稿提供了有针对性的、积极的、任务导向的反馈。当丹妮准备写满作业纸时，贝蒂提醒她的同伴不要扔掉初稿："你可以就用那个，只是修改措辞而已。"

当丹妮努力地投入主题活动时，她也为自己提供了反馈："我只是想放松并为我自己解释。"当她产生挫败感时，她学会了如何调整自己。在整个被记录下来的对话环节，她持续使用大量的专业一级和二级学术语言。因此，对于旁观者来说，这既让人费心思，又让人兴奋。这是因为我们可以看到学生在发展的过程中遵循了自己的步调。教师一定会觉得十分兴奋，因为他们看到了形成性评价的真实过程。特别是这些学生在这种环境下面对的是如此难学的内容。

每位教师都会有这种让教学变得如此有意义的经历。我们希望在形成性评价过程中有更多这样的经历，但是如果没有来自学校领导、学区官员以及政策制定者的支持，这样的经历将很难获得。时代在变化，要将形成性评价行动融入 21 世纪的课程，时间规划、专业发展资源以及支持跳出固有思维的领导力仍然非常必要。

我们如何让更多的形成性反馈贯穿于教学中？在我们的科学课堂，谁是贝蒂和丹妮？他们是如何在其他学科课堂中互动的？在其他学科教学中，是否存在基于形成性反馈的小组分享和同桌讨论？作为教职人员，我们对这两位学生以及其他愿意分享如何解方程以及如何撰写初稿的学生了解多少？指导建议、支架引导以及支持促进学生养成讨论、使用专业词语以及尝试弄懂较难理解的学习内容的习惯，需要付出的代价是什么？

我们坚信课堂测验、考试以及家庭作业作为工具可以帮助我们清楚地了解学生的理解能力和课堂学习情况。这样的信念其实愚弄了我们。上述测评工具没有一个能呈现学生的语篇理解水平或展现出学生复杂理解能力。当然，中央公园东部中学有其他相关基础设施来支持学生的学习。不过，让贝蒂和丹妮这两位学生之间的对话如此特别的原因，我们认为是这位教师的教学实践中融入了大量普通的形成性评价行动。

新的教育标准伴随着政策制定者的大力推广，承诺有较之前更真实的方法来评价诸如贝蒂和丹妮那样的学生。宣传者告诉我们基于新的教育标准的考试将利用更好的题型来测评学生在学科上的所知和所能，譬如科学和数学学科的考试。这些考试的支持者宣称我们越来越接近明智的、公平的、21 世纪的测量。

回到我们的思维五步法上，我们很好奇这些大胆新式的总结性评价能否测评个体的理解能力以及技能的流畅程度。这些总结性评价者真的能够展现出纽约东哈莱姆地区的这些学生所知道的知识和所掌握的技能吗？这些新型改良的考试题型在测量复杂理解能力、技能运用或者非认知型结果（譬如毅力）方面，比传统标准化测验更有效的证据是什么？这些新型大数据测验的研发、市场化以及运作到底是为了谁的利益？或许重要的是，谁来决定什么是有效的、可靠的或者公平的？

与此同时，当这些总结性评价以及定期测评的改革者与政客和政策制定者脱离学生评价实践时，我们应回到促进学生发展的测评上，对反馈进行整理，并进而支持课堂探究的循环流程。让我们审视更多的形成性评价的例子来展现整理策略的运用。

原则、程序和实践

我们可以通过加州伯克利大学劳伦斯科学馆的课程研发者、教育研究院的测评研发专家，以及工作在肯塔基学区的参与一线测评的教师和学生特别合作的一份研究成果，对反馈式整理做清晰的阐述。同时，作为科学教育的公共理解力（Science Education for Public Understanding Program，SEPUP）项目的一部分，上述项目团队设计了一套为期一年的中学科学课程，将其命名为"问题、证据以及你"（Issues，Evidence，and You，IEY），引入了一个全面、整合的体系来测评、解释和监控学生的学业表现。这个由联邦资助的项目有很多"第一次"的创新。我们注意到，为促进学生学习所采用的整理策略，对于教师、学生和家长来说都是有直接的借鉴作用的。

IEY课程强调学生的自我决策、证据的使用以及如何评价科学论断。我们注意到，这种课程至少比所谓下一代科学标准课程要超前20年。正如我们在本章开头所讨论，教师和学生进行的反馈式整理，与之前教师在给学生进行作业评分和划分等级时的操作截然不同。突然间，为什么对学生的作业做这样的价值判定和评分变成了一场公开的讨论——为了学生的利益并由学生参与谈论！

参与上述项目的教师起初协助了对学生作业的评分，后来逐渐地将评分过程交给学生自己。当学生能够合理地给出和解释他们所赋分值的正当理由时，他们变得非常了解这个课程主题。这个过程让他们能够详尽阐述并与课程建立更有价值的联系。

进行反馈式整理时，教师和学生要知道什么类型的整理策略正在使用、如何使用以及为什么使用。整理流程具有社交的性质并且在整个课堂学习空间中较为常见。反馈式整理，如同这个项目所揭示的，通常在小组活动中有较好的效果：教师提供及时的脚手架和指导学生完成作业以及讨论为什么不同的作业适用于不同的整理策略。当看着学生努力成为课堂中的形成性评价者，依据评分指南提问为什么这个回答赋值"3"或者赋值"4"，或者下一步要做什么才能做到那一步时，那是非常令人感到震撼的。在每一个教学转换的节点，我们观察到教师和学生会投入这样的调整过程，这被专家称为"评价性调整"（assessment moderation）（Wilson，M. & Sloane，K.，2000）。

评价性调整或者反馈式整理，与传统的课堂评分场景，诸如进行考试、纠正错题或课堂测评回顾是完全不同的。IEY团队在命名为"一切为了调整：课堂的行为"（Moderation in All Things：A Class Act）的视频中做出如下解释（Roberts，L. & Sipusic，M.，1999）。

传统而言，评分等一直与学生无关，是教师私密的事，伴随着教师写出来的评语。尽管私密化评分可以让尴尬状况降至最少，但是它也模糊了教师对学生作业进行价值判断的过程。由于掩盖在隐私的面纱下，学生可能不会完全明白教师在对他们的作业进行评分时所采用的等级标准是什么。

在引入了反馈式整理后，视频的解说者做出如下解释。

我们通过推广公开讨论学生表现的流程，揭开了教师评分的神秘面纱。在评审中，教师相互讨论对学生作业的评分指南。教师采用评分指南中的特定标准，对于每篇文章合理的得分达成了一致意见。

当我们与实习教师讨论这个视频时，我们提醒他们评分指南是课堂讨论的根基。它使反馈有着一个特定的和明确的目标指向。它为学生之间的反馈提供了脚手架，使学生因此在形成性反馈行动中有着更为清晰的准则。表 7-4 是一份评分指南样本，用来评估 IEY 课程中概念理解的学习目标。

表 7-4　评分指南样本

分数	认出相关内容	运用相关内容
4	识别和描述出与特定问题或主题相关的科学信息	在新的情景下使用相关的科学信息，如解决问题或处理争议
3	精准和完整地识别和描述出相关的科学信息	精准和完整地使用科学信息来解决问题或处理争议
2	识别和描述出科学信息有部分遗漏	展现出使用科学信息的意图，但是解释不完整，同时还有少许错误
1	识别和描述出科学信息不正确	不能正确使用科学信息，并且提供了不正确的科学信息；或者提供了正确的科学信息，但是不会使用
0	遗漏，难以辨认，不相关或离题	遗漏，难以辨认，不相关或离题
X	学生没有机会回答	

研究者对教师群体中有关评价性调整的讨论的看法如下（Roberts，L. & Sipusic，M.，1999）。

当教师将同一个科学活动中的教学方法相互比较时，课堂创新便产生了。除此之外，教师发现经常让学生参与评审很有帮助。整个过程起初的目的是让教师受益……而在评审过程中学生因参与其中也同样受益。

　　现在当我们倾听并且观看 SEPUP 项目的视频时，肯塔基州的这些学校中出现的众多课堂评价创新以及这个 SEPUP 项目是如何预见几十年后的科学标准使我们感到震惊。这份视频的证据显示，反馈式整理策略已经在这些中学课堂上普遍使用了。教师不仅确立了对常规、价值观以及评价性调整和同伴反馈的标准，而且不断地完善这些标准。他们启发了我们，同时也为我们做了很好的示范，即成为形成性评价者究竟意味着什么。

　　我们应通过深入地研究课堂互动来厘清如下行为。在视频中，我们看到一个中学生小组在讨论作业样本。起初，教师确定了这个体验活动的流程和目的。学生已经分小组一起检查了作业，准备在全班讨论中进行分享。

　　每个小组对作业样本给出了分数；他们采用评分指南来赋予 X，0，1，2，3，4。他们所给的分数存在差异。教师提醒他们，同伴评价的目的是通过讨论解决分数差异问题。通过讨论来解决分数差异问题，如同专家所告知的，是评价性调整的基本要素，起初只是为了改进评分一致性（可靠性）而发展起来的。正如教师所指出，课堂教学中的这些评审环节，是一个很有影响力的同伴反馈的形式，用来帮助学生修正他们的作业并加以改进。

　　如下教学片段来自一节科学课。学生按照教师的要求提供了各种反馈。

　　活动 16：一名学生做了一个调查来探究哪个样本的浓度更高。他发现需要 4 滴酸才能中和 1 滴碱。那么到底哪一个样本的浓度更高呢？是酸样本还是碱样本？解释你的答案。你也许需要利用一些图表来解释。

　　教师（准备中）：重要的是陈述清楚依据评分指南来如此赋分的理由。告诉我为什么你想要看作答范例。

　　学生：好的，作为一个小组，我们给它赋值 3 分，但是我曾给它赋值 2 分。这是因为我认为，虽然它用图来解释，但是解释得不很清楚。所以我认为它还没有达到 3 分的要求……杰夫想的和我一样，但是另外两位同伴认为它能得 3 分。

　　教师（追问）：不用告诉我它为什么不能得 3 分，告诉我为什么你给它 2 分，用评分指南来说明。

　　弗朗辛：它不像其他得 3 分和 4 分的回答那样给出了充足的信息。

　　教师（预备—提问）：好，让我们来看一看。依据评分指南，他们有一些遗漏。你觉得他们遗漏了什么？在你读范例或评分指南之前你想到了什么？当你开始回答这些问题时你觉得你遗漏了什么？

弗朗辛：我的意思是……我刚刚想……（打了个手势）……

教师（追问—预备—停顿）：你需要告诉我做这道题的同学遗漏了什么，这样他们就能……如果我说我不知道，但是你需要在你的文章中加一些东西……如果我不告诉你具体内容，你将如何改进你的文章？那么，你需要告知这个人——或者我们——如何改进？他们遗漏了什么？

弗朗辛：好，没有谈到粒子以及其他东西……（停顿）。

教师（回溯）：让艾米丽来帮你，因为艾米丽举手了……

艾米丽：他们没有说到碱的浓度是酸的4倍，我认为他们需要提到。他们展示在图上……这张图（图7-2）告诉我们什么？

教师（回溯）：好的，你的论据提得好……还有其他人有……杰夫？

杰夫：好的，作者实际上没有提及。他们说碱的浓度更高，它需要4滴酸才能中和。但是他们没有说明为什么需要滴4滴。为什么需要滴4滴，而不是更多？

教师（再次预备）：我们碰到困难了，是不是？

弗朗辛：我们能换另一份作业吗？

教师：当然可以，哪一份？

学生作答

这两份样本看起来像这样

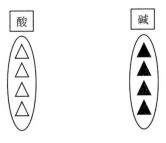

这份碱需要4份酸来中和，像这样

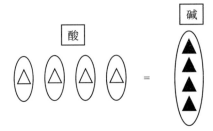

图 7-2　科学任务的作答样本

在另一个教学片段中，SEPUP 项目视频中的学生坐在桌子旁，试图给出一份作业样本赋值 1 分的理由。他们采用评分指南来确认所给分值的正当性。学生你来我往的讨论让我们怀念起我们是如何通过证据确定观点来展开论证的。这些讨论所蕴含的价值体现出，反馈式整理不是无缘无故地出现的，分数并不能告诉我们关于学生作答的质量情况。作为形成性评价者，我们必须发现成绩背后的意义所在。

通过检查同学的作业——拆开、分解、再组合回去，学生对自己的理解能力有了一定的认识。不过，作为课堂和学科期待的一部分，脚手架、工具以及约定都需要融入教学。教师和学生都要在整理之前做好准备。他们对彼此认真负责，不会出现"因为我想这么说"的尴尬情况。

评价性调整是一个强有力的过程。在此过程中，教师小组聚在一起，充分讨论，给学生评分。这个过程服务于两个目的。第一，它指向了对学生思考的质量进行更可信的评判（这是三角评价所传递的关键信息之一）。教师之间就学生个体回答应得的合适分值达成一致，利用关联一系列的学生表现标准来形成共识。第二，它提供了一个强有力的专业发展工具。教师可以在课堂上用其进行内容的转承，并且和学生分享。

评价审核同专业领域里的同行评审过程一样，给学生上了极其宝贵的一课。在现实世界，专业人员一起确立卓越的标准。他们和在同一领域工作的同行依据一定的规则展开互动，以此来开展科学的、学术的以及专业的评价——这是值得借鉴的。这样的共同体实践帮助参与的所有成员开展社交活动，并带来持续的、积极的改善。罗伯茨、威尔逊以及德雷尼做出如下解释（Roberts, L., Wilson, M., & Draney, K., 1997）。

短期的教师专业提升被一次又一次证明无法满足我们动态教育系统内的教师发展需求，真正有效的专业提升必须是深入和长期的（Fullan, M.G., 1990; Loucks-Horsley, S., Carlson, M.O., & Brink, L.H., et al., 1989; St. John, M., 1991）。改变测评行为与推广和支持测评一样困难，但是我们相信评价性评调整为达成这个目的给教师提供了持续性的支持（Roberts, L., 1996, 1997; Roberts, L., Sloane, K., & Wilson, M., 1996; Wilson, M. & Sloane, K., 2000, p.15）。

在学校，我们看见第三方来操作评价性调整。评价性调整强调整理行动所扮演的角色，并且要求我们区分促进学习的评价与为评价而做的评价。要让课堂学习过程中的反馈变得明晰和公开，教师、学生以及工作人员需要分析暂定的分数的意义。评审是促进而不是阻碍在一种学习环境中开展的真实的课堂评价。在那种环境下，我们都需要时间来处理并且需要获得更多集体思考的时间来进行深入探究。

当我们问及参与 SEPUP 项目的学生知道不知道课堂实践中的规范和期待时，每个学生已通过预备阶段了解到如何将形成性反馈融合到他们的学习过程中了。教师也因为通过持续性、可视化的形成性评价，诸如反馈式整理，给学生留下了持久的印象。在后期访谈中，两位中学生做出如下解释。

学生 1：D 女士是那种老师。如果我们不明白，就像现在有不少人不明白一样，她会坐在桌子旁，然后一步一步地分析解决这个问题的全部流程。然后我们就明白了，因此我们理解了概念，并且知道我们被期待要做什么。

访谈者：你如何看待班级中的评分指南？

学生 2：它有帮助，真的很有帮助，因为就好像……它为我们需要完成的作业做了完美的解释。

学生 1：老师给了我们机会去回顾我们哪些地方做错了，并且给我们机会重做……然后，如果遇到了困难，那么我们可以真正地弄明白我们要做的实验（根据老师的反馈）。我们所做的作业……一旦我们花费足够多的时间去思考，我们终究会弄明白。并且那时候我认为我们的最终成绩显示我们确实明白了，因为我们已经复习好多次了。

我们被 SEPUP 项目将学习空间变成思想交流场所的案例鼓舞。在这些案例中，教师和学生坚持认为形成性评价是持续性的、可视化的。学生期待的是具体的、基于事实的以及"我下一步做什么"的反馈。真正的工作始于评审环节，修正过程紧随其后。由这些案例可见，这种的工作理念获得了推崇，并将学习者推至下一个发展阶段。

我们之所以分享这些案例，是因为我们知道我们一定会遇到批评，批评我们的朋友仍然对我们的形成性评价行动持怀疑态度。在用已证实的结果进行促进学习的评价的 STEM 课堂上，是否存在更好的反馈案例？也许有。从雇主和大学教职员工的视角来看，我们能不能要求从学前教育机构到高中对学科知识传授和程序性技能培养给予更多的投入？当然可以。

在科学课堂上，学生和教师都尝试开展形成性评价（让赋值有正当的理由）。通过在课堂学习过程中让思考变得可视化，我们看到这些学生正在做的与我们所期望的联系更加紧密，让我们离学科的本质和实践更近。

显然，我们需要更多的科学家、工程师和数学家。但是公民也需要有这样互动的场所。在这里，他们能相互学习和交流思想，暂时停歇去寻找证据，尝试为他人坚守的信念找到合法性理由，更为重要的是发现正在影响我们这个社会的案例、计划、政策或者项目的好处。

肯塔基州的这些师生和中央公园东部中学的师生一样，已深深地投入评价促进学习的过程。这个过程让总结性评价与形成性评价的差异一览无遗。无论是在农村、城市还是在郊区，掌握形成性评价的方法没有多大区别。每位形成性评价者都能在他们自己的学校找到这些学科的具体学习路径。但是他们需要从学校领导者那里获得支持，诸如给予鼓励，提供合作时间和资源。

我们从文献和案例所强调的这类形成性评价工作中提炼出来一些经验。

关于为什么我们在这个单元进行反馈性评审，这里有一些关于评审的优点可以和大家进行分享。如果家长或者校长要求提供更多的传统评分方案，超过了在 SEPUP 项目中讨论的评分等级，我们可以请他们参加预备过程。教师可以通过预备与学生沟通，让学生能够在丰富的反馈性评审活动中学习并且明白如下内容。

- 在一个有脚手架支持的对话中使用专业术语。
- 所辩论的观点是基于书面文字和图表形成的。
- 提高倾听技能。
- 体验课堂学习共同体的构建，用诸如"你的证据是什么"和"我明白这个观点，但是我认为……"此种句式表达自己的观点。
- 对于自己的进步获得及时的信息。
- 能了解同班同学不同时期取得进步的情况。
- 发展认知理解能力和培养沟通技能。

教师示范反馈性评审时需要做到如下。

- 与学生分享反馈流程的内容。
- 利用课堂时间来监督学生个体和群体的进步。
- 评价教学是否成功。
- 基于这些观察改进教学。
- 基于当前的标准促进科学和数学学科教学的改善。
- 通过与同事合作，促进自身的专业发展。

形成性评价小贴士
为下一个单元增加一个调整目标

为了创设一个真实世界的情境，我们创建了一种"天才学校"或"公共展示廊"的模拟场景。我们首先需要解释科学家、作家、音乐家、艺术家、翻译以

203

及其他专业人士工作任务完成前的工作状态。通常，教师需要在很短的周转期就给予项目反馈，指定项目团队，提醒每个人、每组都有任务在身，需要为作业样本提供一两条积极可行的建议；将范例呈现在墙上，建设一条展示长廊。速记员使用技术设备来获取下一步行动的反馈。小组的领导者展现他们观察到的可以改进的地方以及整个班级要达成的目标。

反馈式整理最终需要每个人形成共识。无论是在哪个学科领域，修正都是很重要的。不再是只有教授英语语言艺术课或体育课的教师才需要修正式教学。很多时候"修正"的概念只与重写文章或围绕田径轨道再跑一圈有关联，这种理解是不正确的。

反馈式整理的效果取决于我们所有人的努力。修正是一个再做、再思考以及再定位的过程，也就是修改学生的初稿或者作业的初次反馈。形成性评价框架扩展了课堂评价的视角：它更多关注学生发展的过程而不是一个事件。

那些在强化反馈上达成一致意见的学校，诸如使用相关修改策略、工具以及完成任务所必需的脚手架，在学科内外都会给予形成性评价者更多的支持。从大局思考，从小处入手，在教师和其同事之间开启一个有关反馈式整理的对话。

将反馈式整理的信念带至光亮处

尽管学生和教师还未明确地表达过反馈式整理这个概念，但他们对于反馈式整理已经有所了解。比如，学生可能会认为，反馈总会带来不好的结果。或者反馈只会有两种结果：不是积极的，就是消极的。教师也许相信成绩能提供反馈，因为如果学生得到 F 等级，这表明学生下一次还需要努力。

形成性评价者应该开展行动来消除这些错误观念。不过，我们之前也说过，没有人生下来就是专家。教师也同学生一样，需要去了解学科，也需要机会来发现有关某个主题或领域的先入之见和错误观念。我们在大学教师培养项目的课堂上，尊重新手教师的理念和经历。作为教师教育者，我们的职责就是将问题公开呈现出来，与教师一起探讨。

更重要的是，我们不会假装我们持有全部答案。如果初学者问我们如下问题，那也是合理的：当我们反馈时，如果总是让学生感到痛苦，那么我们能获得什么？什么时候痛苦能消除掉？为谁而消除？如果我们是和敏感的学生一起活动，我们怎么能增加学生（包括我们自己）对建设性批评的容忍度？

要解决这些问题，我们还需要构建支持反馈的学习共同体。需要提醒大家的是，如果没有修正（或者反思），反馈式整理就很难取得成功。为了揭示教师对反馈信念的坚持程度，我们可以为教师提供一个工具，如表 7-5 所示。

表 7-5 反馈信念的坚持程度测量

内隐的传统理念：	外显的价值观和共识：
反馈很伤人	反馈很重要
建设性批评很少具有建设性	规则提供指导，但不提供下一步的目标
我的反馈不如××(插入权威人物)重要	你可以选择接受反馈的方法
规则、分数比下一步的目标更重要	我们的修正是为了成长；而我们成长也是因
反馈过程是完全自由放任的	为我们有修正
只有学生从反馈过程中有所收获，教师	面对面的会谈的确有助于打破沉默
和家长都没有收获	无论什么时候进行修正都不迟
如果某人尝试帮助，他们有收获，而我	修正的一部分含义就是学会学习
没有收获	在反馈时遇到困难也是难免的

当学生表现出内驱力去学习和尽他们最大努力完成任务时，他们在学校情境下给出和接受反馈都与情感联结在一起。所有学生在一定程度上都需要参与反馈，并根据反馈来修正作业。

教师应尝试帮助学生理解为什么要参与反馈以及如何进入反馈流程。在他们第一次尝试不那么顺利时，教师应给他们提供指导，让他们集中精力回到为什么要这么做的方向上。

当把教学置于形成性评价中时，这里就不存在"假评价"了。这些评价从本质上讲，不仅有很高的认知要求，而且体现了社交和情感的复杂性。当开展教学和考查学生的理解能力时，我们几乎看不到我们自身的盲点。是时间太赶？将所有公开的整理行动协调一致，可能会产生一些困惑？

幸运的是，大多数情况下，学生对待我们是宽容的，尤其是当我们带着尊重和真诚的祝愿接近他们，去了解他们的经验和好奇心时。

案例研究

整理：凯拉的案例

作为一名中学科学教师，我的大部分工作是开展和我上学时不一样的教学活动。在我看来，不同的是我们在班上进行开放式讨论，涉及学生作业是怎么获得分值以及为什么会获得那个分值。我们总是强调改进和再改进。

当我是一名学生时，分数是私密的。只有两种情况是例外的：教师将考试和测验结果按照降序排列时，最高分最先，最低分最后；或者教师把我们的成绩公布在公告牌上。

我对照州教育标准，领着学生检查匿名的作业，根据评分指南评价作业的质量，一起讨论作业被赋予的分值。换句话说，我试图带着他们体验真实的科学研究，对科学发现进行讨论，模拟同行评审。这些都是 21 世纪需要具备的技能。

自然地，学生不认同作业评分等级。那正是有趣的地方，并且也是学习的开始。学生仔细消化我给他们提供的作业考评标准。当我们讨论时，他们开始依据评分指南理解不同评分等级之间的差异。当学生不断地交谈，不断地提问，交流越来越多时，转变便发生了。这种转变是观念的转变：他们从寻找"我的"规则，转向寻求一种标准，即类似于科学共同体所认可的实验报告或者对化学反应的解释标准。

当然，八年级的学生在学期初并没有将评分指南称为"规则"。到了学期末，他们意识到参考评分指南评分并不是给出分数和划分等级的游戏。我们并不害怕使用专业术语，因为这样做可以赋予学生提升元认知能力的机会。

学生热爱评分的权利。评分者对于他们而言是一种全新的角色。要理解这种权利不能随意支配，本身也是非常重要的体验。他们生活中的很多事情对于他们来说似乎还是一个谜。很多对他们产生深远影响的决定看起来都不一定合情合理。与此同时，他们由此产生的公正感发展得比任何时候都要好。因此，他们已经准备好基于证据开展讨论。我认为，当学生开始明白如何做和为什么要做背后的价值时，学习的意义才会体现出来。这就是基于证据的讨论。

在整个评价专家评审的过程中，学生从体验中学会了解；从假设到挑战假设，从讨论到相互交流，理解能力逐渐增强。部分学生认为这样的意义构建较容易。但是大部分学生需要必要的脚手架来帮助自己参与其中。对于他们来说，整个自我评价和同伴评价过程都是全新的。

评审在开始的时候有点抽象，但是它让学生形成倾听和使用专业术语的习惯。当开始评审时，同伴评价让学生分析和应用教师在课上讨论的概念。

不过我们是在评价科学解释以及交叉概念（诸如对证据的分析），而不是讨论学生喜欢的运动队、电子游戏或者社交媒介等。因此，我必须和学生一起做很多预备。我们围绕以下问题进行讨论，达成共同约定，诸如轮流发言、做记录、在整个班级分享之前做书面和口头演练、提供论证、使用开场白、对第一次使用专业术语的给予鼓励等。

因为学生的作业已经匿名，所以怎么评论也不会伤害当事人的感情。有时学生的发言直截了当、不留情面，但这和伤害感情是两码事。

整个评审过程是形成性评价的核心，对于学生和我来说都是如此。学生通过检查其他同学的作业，对自己的理解能力有了一定的认识。我在教室里观察学生是如何进行评判的，并注意他们有没有运用评分指南。

由于被"强迫"给匿名的同学评判作业并提出如何改进的针对性建议，学生开始了解形成性反馈的艺术。虽然他们一开始给出建议时语速非常快，逻辑上很松散，但他们尝试进行形成性反馈这一举动是非常重要的。这是他们学习的方式，也是他们逐渐习惯于改进文化的方式。这就是我所强调的科学行为。所有重要的科学发现都需要接受同行评议。

改进至关重要，对于我的学生如此，对于整个科学共同体来说也如此。"改进"就是我们一起努力在做的事情。我们要讨论，要提问，要反馈。反馈要尽可能地具体，要基于证据而反馈。调整环节对于开启这项工作很关键。我们先做调整，然后进入评判改进环节。和学生一样，我一路走来，对于反馈式整理策略的使用越来越熟练。

误解和挑战

误解警告

如果要以总结性评价为目的，那么对学生作业进行整理的结果只有两种：正确的或错误的。这种二元分类框架可能主宰了我们的整理行为。

在很多时候，当我们为课堂测验或单元考试编制多选题时，我们在脑海中已经有了正确或错误的答案。这其中包含一些很有道理的答案。给定的正确答案或错误答案大部分情况下可能取决于我们的参考框架。

即便是形成性评价者，在编制他们的测评工具时，也会被困在二元分类框架下。如果我们对学生课堂即时学习的理解程度进行整理，依靠的是这些二元分类框架，那么我们很有可能会陷入困境。从学生的角度来看，被告知这个答案是错误的并不能解释为什么这么做以及下一步要怎么做。卷面上得了 0 分并不能展现这个学生是如何解答以及为什么这样解答的。收获一个"对钩"或者"星星"仅仅表示学生对任务的参与，但不表示学生的理解水平。

采用整理方法而不进一步调查是对科学理解原则的违背。形成性评价者将改变这一观点，构建我们如何思考的新的思维框架（Gardner，H.，1983）。

传统测验不能阻止我们探索思考和智力的不同特质所带来的意义。多层分类的整理策略鼓励的是学生细微的变化。形成性评价者感受到了二元分类和多元分类思维模式之间的张力，但是要做好二者的调和，也是很有挑战性的。

有效的整理箱提供下一步行动的信息

一些整理箱能够提供下一步行动的信息。多数情况下，有些整理箱没有提供下一步行动的具体信息，以便让学生获得发展。毕竟，它们只是图像组织图以及矩阵，只用来妥善收集学生的答案。我们希望这些整理箱能提供重要的学习目标并且帮助我们更好地开展评价。但这不是自我证明的。整理箱是为教师和学生服务的，是使作业变得有意义的手段。正如形成性评价者所知，它们为下一步做什么启动了对话的平台。剩下的行动就取决于我们了。

形成性评价小贴士
整理箱不能孤立地告知我们下一步行动的目标

对于引导我们走向反馈这一重要目标，某些整理箱会比其他整理箱更有效。不过，整理箱的运用还需要很多相关支持。我们需要一对一地练习反馈式整理。如果我们使用的整理策略不能带来具有丰富反馈性质的课堂文化，那么我们就有必要重新调整这些整理策略。

将挑战转变成机遇

我们观察到，在实施形成性评价的过程中，我们要熟练掌握反馈式整理策略可能面临三大挑战。我们确信教师会有很多新的发现，教师也愿意与其他行走在这条道路上的同行一起分享。当前，我们应先考虑极有可能将挑战转变成机遇的方面。这是因为只有清除一些潜在的阻碍，成功方能出现。

首先，当我们为学生提供的反馈及其效果与学生的期待和经历相冲突时，误解很有可能随之产生。事实上，这一误解是不可避免的。整理的目标对于教师来说需要包含对这些工具的可视化。教师要在尽可能的范围内为整理、反馈和反馈式整理提供支持的框架、方案。每一个概念都是新的，对新概念的接受可能会遇到抗拒。不过，抗拒的时间不会太长。

其次，反馈式整理策略的掌握受制于时间和课程资源等因素。新手教师采用评分指南来分析学生的作业、掌握反馈式整理策略时，遇到的真正挑战就是其他教师对他们的态度以及得不到学校和社会的大力支持。

最后，运用调整和调节的方法审视学生及其表现以及教师教学，不仅是认知挑战，而且是情感挑战。我们需要构建整理箱，然后相互分享，期待稍后得到反馈，最后再回过头来进行调节。当总结性评价影响学生的大学学习和职业前景的时候，学生以及他们的父母也许会对形成性评价的过程感到困惑、焦虑。面对这两种评价的激烈竞争，我们要弄清楚什么时候该稍许放松，并给予学生体验出错和调整的机会。这样的挑战有时也是优秀教师难以轻松应对的。

我们能否明确地分析反馈式整理这一策略，讲清楚教育的目的和意义，对于反馈式整理来说至关重要。

回顾：反思刚刚教授的课程

斯泰西是认证项目中的学员。她富有激情，勤奋努力，并且对她的学生很有耐心。她的两份教师实习工作都是服务于处境不利学生群体。她希望将来教授美国历史和心理学课程。她知道当前求职竞争非常激烈，特别是在历史和社会学科领域中。

斯泰西比参与这个认证项目的大多数人都要更早地学习形成性评价行动框架。在第一阶段，她的指导教师邀请、指导、支持她开展备课，使用问题导图，利用脚手架以及其他相关流程工作，以便为预备、提问、停顿、追问、回溯、标记和整理创造空间。她的指导教师尽管在一开始对早期引入形成性评价持怀疑态度，但还是支持斯泰西努力准备好要提问的问题，开展小组分享活动让学生有更多的思考时间，用词语网络引导学生回答，考查学生的先验知识并确定他们的错误认识。

斯泰西后来承担了历史课的教学工作，她在形成性评价上进步很快。她与其他教师一起开发了一套规则并为展示任务研究了形成性反馈策略。她向学生介绍教学是一个整体。她还学习如何将课堂管理技术、学习理论以及形成性评价融合起来开展有关公民权利运动的教学。

夏季过去了，斯泰西进入第二阶段——秋季的教学实习阶段。在新的情境下，教学负担较之前更大，事情看起来和感受起来也有一些不同。在对评分等级的反思中，斯泰西是这么描写她的教学体验的。

有了分级的整理箱，我们能够将学生对特定任务的完成结果进行分类，或者将其他根据古斯克的《零分是你的最终武器吗？》(*Are Zeroes Your Ultimate Weapon*)提出的那些界定模糊的内容进行分类。作为一名未来的教师，当我利用分级的整理箱检查学生的作业时，我尝试将评分聚焦在改进以及能力上。的确，这几乎和其他界定模糊的内容一样，也同样充满问题。我知道我需要给出成绩。我希望我有时间给学生很多的反馈。

在进入第三阶段后，斯泰西看起来像生活在保罗·布莱克的无人岛上。我们发现形成性评价和总结性评价之间的较量激烈。在实习期，斯泰西谈论了她的真实感受。她不确定应该如何平衡现在和她想象的未来。

从分级的整理过程的好处是我们不需要和新系统的应用结果进行比较。我一直在用盖印章而不是评分的方式来评价，只提供反馈，不提供任何结果。当然，学生会追着我问他们到底得了多少分，盖印章的意义是什么。我解释我在提供一种反馈，以便让他们知道他们处于学习的什么位置，向他们提出需要改进的建议。但是我的这些解释却不是他们想要的。他们仍然向我施压：我们以后会得到成绩吗？

在我的学生中，优秀的学生知道如何在学校取得成功，他们受益于分级的整理策略。他们知道要做什么以及如何去调整自己的学习。

评价形成性反馈的质量没有依据可以参考。虽然威金斯和斯蒂金斯的有关阅读和讨论课程的建议涉及了评价的全部内容，但是这个建议并未得到有效采纳。斯泰西没有努力探索提供有针对性的、及时和可行的以及下一步有关学生作业修改的具体的反馈，而是采用盖印章的方法进行评价。作为新手教师，斯泰西的意图情有可原，她确实关心学生的进步。但是现实情况与形成性评价者所追求的理想相互冲突。

整体而言，学习英语语言课程和个别教育计划课程的学生非常纠结于评分式整理方法。有一个学生学习很刻苦，但他没有展现出自己需要改进的地方。我尝试尽可能为他提供反馈，但当他得知成绩时，他还是感到有些无能为力。

斯泰西知道学校管理者和她的指导教师都期望她能够每天晚上公布学生的成绩，具体涉及作业、考试、课堂测验以及工作表。她在职位描述中提到需要为所有学生提供成绩。反馈，按照斯泰西的理解，只是一种选择。她的一段声明说明了一切。

非常坦率地说，我不认为任何人会从 F 等级中受益。那么我是否会给学生F 等级？我是会给的，因为我不知道还有什么其他能给的。可能今天下课后我能想出一种更好的方法或整理策略来。在一定程度上，我喜欢给一个未完成的评定，并且要求学生回头去修正。F 等级代表着失败，不是没有做好，就是没有理解。没有做好或没有理解就是彻彻底底地不会吗？我认为不是这样的。学生只是需要重新回顾相关的内容或者约定的规则。至少目前我认为我应该把 F 等级换成 I 评定（待完成）。学生必须修正他们的作业任务并且和我交谈。这样我可以找出差距在哪里，来纠正他们的错误认识，并设定一个新的作业提交的日期。现在的问题是，如果学生不接受我提供的第二次机会，我该做什么？给一个 I 评定就可以了吗？

我们认为，有一部分教师是非常乐意维持等级评分的现状的。但其他教师，像斯泰西，仍然努力在总结性评价和形成性评价、评分需求和反馈需求之间寻求平衡，以及努力根据他们的职业认同和专业行为做正确的事。

新手教师不只是受到外在施加的对工作绩效的强制要求的影响。的确，有些州和地区在继续鼓吹经济学家有关增值的观点，以及教师的产出由学生在标准化测验中的表现来决定的看法。教育机构总是将需求强加在教师身上。有关社会通过教育机构来矫正行为的历史可以追溯到柏拉图学院时代。

不过，那些希望成为形成性评价者的教师在内心深处进行着强烈的争论：到底应该选择哪条路径来开展评价？与学生应该达成什么样的约定？到底如何整理？给出分数，还是给予反馈？这些是下一代教师面临的历史性挑战。社交媒介、技术以及大数据分析技术的加速发展给形成性评价者带来了巨大压力。用技术来评价学生学习的好处充斥在学校内外。教师可以引领这个趋势，也可以被这些趋势左右。时间会告诉我们一切。

现在，斯泰西是一名考虑周全、精力充沛、努力工作的公立学校教师。作为学校中专注于学业成绩和提升准备项目的活跃分子，斯泰西明白学生需要各科成绩的平均积点（GPA），需要通过考试来升入大学。她见过处境不利和低收入背景的学生是如何为进入大学而苦苦挣扎的。作为一名白人女性，她尊重进步主义教育家，也接受保守派教育家的言论。她并不想假装成绩不重要而跌入"低期待的盲从"陷阱。她的学生需要努力学习、提高成绩来获得大学的录取通知；从高中顺利毕业，在未来找到工作。除此之外，正如她所告知我们，从她在一所州立大学的学习经验来看，教授在他们的评价行为中并没有提供足够的形成性反馈。教授只花费很有限的时间和资源于期中和期末的评分上。斯泰西里越来越意识到，学生需要掌握学校的游戏规则。

放弃努力似乎更容易。评分式整理是课堂评价的主导模式。尽管我们对形成性评价共同体有较好的期望，但是当斯泰西说"盖印章是我能应对 150 名学生作业的唯一方式"，我们又能说些什么呢？

有些学校，诸如中央公园东部中学，为总结性评价和形成性评价都提供了空间和资源。这些学校重新确定了教师的工作任务，并为两种评价重组了资源。它们提供了思考时间，调整了教学工作量，并让资源用于实现两种评价的平衡。琳达·达林-哈蒙德（Linda Darling-Hammond）和其他同事记录了初、高中阶段为整合形成性评价和总结性评价目标对学校进行重构的成本和收益。有关这些学校的改革方式，达林-哈蒙德做出如下解释。

在城市学校大规模地开展有效的教学是可行的，这在很多州和学区已经得到验证。相关案例表明，投资可以在提升学生成绩方面产生引人注目的增长。但是这些案例对当前的规则来说都是例外。

对于有意进行改革的教育政策制定者来说，可以获得大量有关教育机构改革的经验和案例研究的指导建议（Chittenden，E. & Wallace，V. 1991；Miles，K. H. & Darling-Hammond，L.，1997；Darling-Hammond，L.，Ancess，J.，& Ort，S.，2002）。但是，正如斯泰西通过她自己的课堂教学而体会到的一样，教师和政客对这个议题的看法是对立的。并且，美国教育改革者是健忘的，其健忘甚至比我们想象得还要糟糕。对于择校的推广，正如布莱克和威廉姆所说，它模糊了对课堂评价的考查的必要性。如果家长选择的学校并不能真正地开展真实的形成性评价，这样的选择又有什么价值？如果选择的这些学校都不雇佣形成性评价者，也就是能够为学生带来较好的、可持续性产出的教师，这样的选择又有多大的价值呢？

基于考试、课堂测验以及家庭作业这三大支柱的传统课堂评价意味着定期地给学生排名。正如斯蒂金斯承认，经验告诉我们传统课堂评价能发挥作用（Stiggins，R.J.，2002）。一些学生能上大学，而另一些学生则上不了。一些学生的大学先修课程成绩十分优秀，而另一些学生则没有通过考试。在一个注重传统课堂评价的世界里，不可能所有人都是赢家。评分式整理有着悠久的传统，它已经存在很长时间了。毕竟没有什么事比成功更重要。

即便如此，我们仍然要斗争下去。我们不知道斯泰西将如何以及何时反思她大学期间有关形成性评价影响力的课程。她需要做出很大的努力来获得资格证书。在工作面试时，可能有人会问她："你会提供形成性反馈吗？"她会回答"是的"。也许他们会问她为什么，她会引用相关证据来支持这种行为。

同时，我们作为教师教育者会提醒斯泰西，她需要为她的形成性评价行为提供证据，以完成资格证书项目中的档案袋任务。我们相信她会为我们这些大学教职人员找到提供证据的方式，并且去反思这些证据的意义以及她下一步将要如何开展工作，以更好地实施这些复杂的形成性评价。

在我们看来，更大的挑战来自斯泰西的指导教师。他们都是她学科组里的资深教师，是项目导入阶段的支持者，负责为她提供有关准入资格情况的形成性反馈。指导她成长为一名形成性评价者是她的指导教师的职责。我们也和这些指导教师保持联系，并随时提供协助。在她以及参与这个认证项目的其他教师的职业生涯发展中，我们一直为他们提供畅通的沟通渠道。

有一件事情是确定的：斯泰西会成为一名正式教师。我们确信她将会改变她的教学和评价行为。如果她认为形成性评价是有意义的，她会思考形成性评价，采用形成性评价策略和技术。我们也很想知道她学到了什么以及她获得了哪些启发。我们会让她给我们下一个形成性评价者的班级分享她的故事。到那时，她肯定有了 150 多名学生。学校也会期待她每天报告课堂测验的成绩和在网上公布成绩；期待她采用等级评价的方法来满足学生、家长、管理者以及大学招生团队的需求。

随着时间的推进，斯泰西也许会越来越感到困惑。她可能会发现，有关预备、提问、停顿、追问、回溯、标记以及整理的思想理念固然十分有意义，但与她日常的工作越来越没有多大关系了。如果形成性评价没有成为学校的常态，或者形成性评价没有成为专业共同体的常规话语，斯泰西很可能会退回到已经习惯的成绩评价模式，像其他教师一样不进则退。谁又能怪罪她呢？毕竟，她只是不想与众不同或者制造麻烦。

汇 总

要求教师评价、编码、解释以及决定他们的课堂下一步要做什么都是一回事；而在一个不太熟悉的流程中支持和指导教师去做解释，去解码那些针对特定年级和特定课程情境下的特定学生开展的整理所必需的宏观或微观行动则是另一回事。

相关研究反复地告诉我们：形成性反馈来自我们自己、我们的同事，以及我们的老师，即行动开始的地方。不过，想要把形成性评价做好需要花费时间和大量练习，更不用说和他人一起合作来完成。当然，使用等级、评分等方法就容易多了。但是，形成性评价专家需要宣传有效的反馈。这是因为进行形成性评价不仅工作量大，而且需要各种帮助。

从教师教育者的视角来看，我们感兴趣的很显然是新手教师从哪里真正开始其形成性评价，以及如何通过形成性评价促进自身的职业生涯发展。我们对他们的观察是日复一日的，能发现他们在认证项目中所听到的与他们在课堂实习中所看到的之间的差距。对于很多人来说，他们如何选择自己的整理策略，很大程度上是由他们在实习时所看到的来决定的："我的指导教师不这么做，我为什么要这么做？"对于其他人来说，整理策略是给非终身制教师带来焦虑的源头："当我在教室里无法随心所欲地去做我想做的事情的时候，你怎么能期待我选择成为一名形成性评价者呢？"还有一些人似乎总在抱怨："你在谈论基于证据的评价，而我每天都在为生存而煎熬。"不要忘记，教师需要应对不同的人：从期盼成绩的政客到推销产品的商人，再加上要求越来越苛刻的家长和纳税人。可以理解，教师在这样的压力下不得不让步屈服，而遑论研究者的研究

213

成果。

尽管我们正在通过培训使教师成为形成性评价者，很多教师努力开展自己的形成性评价，但我们必须承认课堂评价中存在的斗争是激烈的。形成性评价专家（包括我们自己）必须面对评分式整理对每个人的支配力量，即便是对那些希望选择另一条路径的人来说也是如此。我们必须面对和处理如下两者之间的对立问题：是选择评分式整理，还是选择反馈式整理；是使用量化数据，还是使用质性数据；选择在教育市场上可以交易的"商品"，还是选择不能交易的东西。

在我们要结束一章的学习并且思考下一章的内容时，我们会提出一些建议。有些建议有助于解决看起来十分棘手的问题。还有一些建议则要求职前和在职的利益相关者一起合作，将职前准备、在职培训以及专业发展连续体中的专业能力集中起来培养。这一点十分重要。明智地处理与这些利益相关者关联的教师学习进展问题，需要详细的协同计划以及后续的跟进。一些大学研究项目由于没有注重这种关联而受挫。

如果教育研究者能够自由地分享最新的有关学习进步的研究成果——不仅包括指导学生如何学习，还包括指导教师如何学习，这会对形成性评价者有很大的帮助。如果我们能获取基础教育阶段中有关学习进步的汇编资料，这些资料很可能会用于指导教学和评价。幸运的是，我们在 STEM 教育领域有一些推广性很强的案例。比如，科学课程中关于为什么东西会下沉或上浮的处理方法，教师会去分析学生在质量、体积和密度方面的共同的错误认识。在化学课上，当不同学段的学生面对比较难懂的内容时，我们更有把握去提升他们的理解能力。

但是，请不要对学生和教师过分颂扬学习进步的案例。事实表明，我们对于音乐教师、体育教师、外语教师、艺术教师、社会科学教师以及历史教师知之甚少，或者说没有与他们分享任何有关学习进步的研究。尽管相关教育机构已尽了最大努力，但我们还没有获得具体的整理策略帮助学生和教师进行形成性评价。

让教师掌握学生的背景知识以及学生学习进展的知识，进而在此基础上进行形成性评价，仍然是巨大挑战之一。由于未能整理出潜在的有效答案（如基于对科学学科领域的"错误认识""成见"的研究），我们还不能说我们可以通过形成性评价的影响力来揭示阻碍学生理解的瓶颈问题。我们也同意，教师需要接受实践培训和仔细关注学生的思考情况以及丰富的课堂学习经历。也就是说，教师需要了解学生经常会在哪里遇到困难以及为什么会遇到困难。这需要教师花费更多的时间在课堂和校园中收集有关信息，寻找各种因素之间的关联性，进而运用一定的模式来提高评价的水平。

年复一年的教学探索辅以校内反思性专业发展，更有可能帮助教师发现学生的学习规律。赫尔曼（Herman）以及同事发现教师的学科教学知识和形成性评价行为之间存在正相关关系。因此，在职前教师培养和教师专业发展过程中，增强形成性评价的作用还是大有希望的。不同领域的学科专家和教学专家通过提供有关整理策略的资源，也可以提供很多帮助。我们需要开发更多有效的整理策略。我们不可能使用现成的解决方案去解决教学与评价这一复杂的问题，除非我们知道这个方案正在起作用，以及哪些方法还有待继续观察。对于发展形成性评价事业来说，资金很重要，培训以及相关支持也很重要。

在本章，我们探讨了整理的方式、工具以及操作，以便教师能反思自己的评价和教学实践。我们将一部分注意力放在评分式整理上。另外，我们对反馈式整理关注得更多，并且尝试提供具有辅助作用的行动案例，以便将反馈式整理策略发扬光大。

检查理解程度

我们可以改进发生在学习环境中的整理行为。有思想的实践会对教师有很大帮助。如下内容能够指导教师个体或共同体的行为，使教师对反馈式整理技术的运用更上一层楼。教师可以将热身提示中的相关要点作为自我提醒，采用即时尝试性任务中的想法作为沟通的开端和组织个人或小组活动练习。

热身提示

• 为什么要整理？采用词语网络说明。

• 学生是否需要理解整理的不同目的（诸如评分式整理和反馈式整理）？如果需要，我们如何为两种整理方式的任何一种的使用做好预备，且将它们区分开？如何让学生知道每一种方式的目标和期待是什么？什么时候开始实施这两种整理方式以及为什么？

• 描述评分式整理和反馈式整理之间的差异。采用文氏图说明。

• 什么是形成性反馈的质量？采用词语网络说明。接着探查每一个词语网络节点的意义（及时的或具体的）。

• 分级的反馈有没有作用？引用相关证据来支持你的回答。

• 不分级的反馈有没有作用？引用相关证据来支持你的回答。

即时尝试性任务

• 在白板中间写下"成绩"一词，问你的学生："当听到'成绩'一词时，什么出现在你的脑海里?"将学生的答案标记在白板上(用 30 秒或更少的时间)。

• 在白板中间写下"反馈"一词，问你的学生："当听到'反馈'一词时，什么出现在你的脑海里?"将学生的答案标记在白板上(用 30 秒或更少的时间)。

• 词语网络活动的时间到了。提醒每个人，词语网络用来帮助我们思考相关主题。给每个人两张便笺纸，让其分别就"成绩"和"反馈"这两个概念写下脑海里对应出现的词。让学生把他们的便笺纸张贴在关联的概念旁边，反思两组词语网络中的共同点和不同点。

• 回忆一次你在课堂测验或考试中获得 F 等级的经历。成绩是否给你提供了反馈? 是如何提供的? 基于这个成绩，你的下一步行动是如何开展的? 请描述得具体些。

• 举例说明本周你所进行的反馈式整理。什么方面做得比较好? 什么方面做得不太好? 列出一个有关后续一到两步的工作清单，以便更好地准备对反馈进行整理。挑选一个 5 分钟之内就能做的活动，让学生和同伴练习相互反馈。考虑采用脚手架，譬如使用评分指南做引导。

• 向每个小组解释这个活动的目标是让所有学生了解形成性反馈的价值。具有指导性的问题是，这个学年对反馈进行整理需要做什么准备?

要点 1：有关反馈式整理的热身活动和破冰活动。

要点 2：支持反馈式整理所需的工具、脚手架以及技术。

要点 3：为反馈式整理做铺垫的工具。

要点 4：有关反馈式整理的价值和理念。

每个小组指定一位领导者和记录员，提供一个相关主题要点的案例清单。(比如，你要使用评分指南吗? 你要使用评价准则?)每个小组将四份案例清单合成一份资料并进行讨论。当学习共同体遇到困难、进展不顺或忘记约定时，明确讨论的内容。

挑战性任务：每个小组中的一个学生解释为什么一个特别的流程能支持有效的准备，从而在班级展开形成性反馈。另一个学生进行反驳，并且说明为什么这些行动没法推行。

结　语

基础教育课堂中的形成性评价包括现行评价、投票，甚至包括小测验。但形成性评价不是一个临时评价活动，更不是所谓"比谁都更有效"的评分工具。

在本书中，我们注意到教师有这样观点。他们认为为形成性评价而计划和反思，才是成为形成性评价者的核心。在思考课堂评价实践时，形成性评价者重视的是如何做，而不是如何说。我们可以看到他们在课堂上引导学生理解。他们让学生充分参与口语和听力活动，在课堂学习环境中寻找合作和交流理解。

形成性评价者采用一系列行动来揭示学生的先验知识，检验学生的理解水平，深入研究学生的错误观念，而不只是指出这个错误观念。形成性评价者要预计出学习瓶颈，发现难以理解的材料。他们将形成性评价行动框架视为一种使学习可视化的有效方式，尤其是在文化、语言和经济背景多样化的课堂上。

形成性评价者是乐观主义者和现实主义者。形成性评价要求教师既能看到所有学生能够深入理解内容的潜力，也能看到他们自身引导学生理解内容的潜力。在成为形成性评价者的道路上，教师需要有意识地、长期地运用多种策略，不断地进行实践和探索。他们不仅要熟练掌握形成性评价，而且要最终提高学生的学习成效。

下一步行动

形成性评价方法代表了教师和学生在特定教室、特定教学中所展现的学习可能性。形成性评价开展得如何，完全取决于教师的设计。

没有人可以限定或预测教师在形成性评价过程中到底会怎样，也没法描述教师每天在学校具体操作时会是什么样。我们没有告诉教师具体应该怎么做，但我们努力与教师分享迄今为止我们所了解到的其他教师、指导教师和同行的发展经历。

形成性评价始终与教学活动交织在一起。它将成为积极的、开放的、公平的课堂学习环境的一部分。教师可以从教育心理学和学习科学中获得启发，长时间地努力探索形成性评价方法，使其成为教师成长过程中不可或缺的一部分。

我们的立场

保罗·布莱克和他的同事写道："总体而言，教师似乎被困在一个'无人区'——他们处于刚刚迈入的形成性评价与外部监测系统的地带之间"。他补充道："他们对总结性评价的形成性使用使他们能够显著地跨越了评价的边界，但是要踏入新评价领域的深处似乎举步维艰。"

我们相信，未来会有新的评价和学习策略。我们没有理由被困在"无人区"，也没有理由被困在形成性评价和总结性评价之间。当我们面对现实，面对形成性评价与高风险测试的选择时，我们可能要经历乐观、消极等不同情绪的循环或起起落落。对分数的重视以及对正态分布和基准条形图的崇拜无处不在。所谓更好、更快、更低耗的评价技术和评价解决方案在整个教育系统中越来越流行。但是，这些趋势无法遮蔽我们的想象力，也阻挡不了我们为学生的课堂学习进步而做的持续性努力。

面对社会上和政治上强加于学校的压力，还有很多方法去应对这本书的出版。我们不是要大家学会愤世嫉俗或自满自得，而是提醒大家，要正视自己前方真正的工作：采取行动，永不放弃！

本书以"整理"为最后一章，部分原因是提醒大家，形成性评价的力量在于产生和维持学习反馈。我们认为评分式整理和反馈式整理都是我们每天在做的工作。在某种程度上，这些都在我们直接掌控的范围之内。学会两者兼顾且都做得很好，维持这个平衡将是我们面临的一个挑战；我们希望本书能有助于这个问题的解决。

当前，关于课堂中如何建立、培育和维持形成性评价文化的文献还较为缺乏。我们需要更多的证据来支持形成性评价，需要与教师和学生学习轨迹相关的进度图，开展不同主题内容中每个策略的细微差别和风格的案例研究，以及获得更多来自教师的关于形成性评价实践中学生发展的证据。

我们还有更多的工作要做。关于教师和教学，我们有很多需要研究的地方。要成为形成性评价者，这些都是至关重要的。

在地平线上能看到什么

在启动成为形成性评价者之旅的时候，我们就承诺我们不会让教师淹没在一堆"如何做"的列表和公式里。因此，我们没有告诉教师该做什么或尝试做什么，而是和教师一起分享了我们多年来在不同学科领域与一起探索的同行的亲身经历。

在应用教师学习进度框架的过程中，我们这些教师教育工作者和科研人员可以选择将注意力集中在哪里。当教师从感叹学生不能做的事情转变为专注于改变自己的想法和行为时，作为形成性评价者，他们就已经是大踏步前进了。

我们的一致意见是，要成为形成性评价者，我们的旅程才刚刚开始。我们还有很多机会，要在特定实践中做得更深入、更好。并且，我们也可以为学生树立榜样。作为专业人士，我们每天也都在学习进步。

增量变化是好的。持续致力于改进我们的教学实践，会让一课更比一课好。

如果形成性评价方法就像"初稿"一样怎么办？如果开始改进形成性评价实践需要社区中其他人（教师教育者、学校管理人员、教育政策制定者）的承认，教师该怎么办？如果教育中的所有利益相关者都开始将教师视为潜在的形成性评价者，并就下一步教学计划如何修订提供建议，是否可以使其从积极的、具体的、及时的、和内容相关的反馈中受益？这种范式转变能提醒我们最终值得奋斗的目标是什么：促进教师和学生的成长。

形成性评价是一个不断收集学习证据的系统过程。给教师贴上"新手""无效""需要改进"的标签，不太可能让教师在教学实践中有太多的改进。我们应该利用关于教师作为学习者的数据——不是为了总结性评价，而是为了改进教学——来确定教师当前的学习水平并帮助教师与其他人一起达成预期的学习目标。

掌握形成性评价是教师富有价值的职业目标。它基于循证研究，研究到底是什么导致了学生成绩的提升。在倡导形成性评价文化的学校，教师与指导教师、同事都是积极的参与者。他们乐于分享专业学习目标，了解自己的学习进展情况、下一步需要采取的措施以及在学习共同体中实现目标的途径。

我们认可萨德勒的见解，即形成性评价的真正目的是寻找缩小教师当前的教学水平与他们经过培训和指导后教学水平的差距的办法，也就是缩小现实发展与潜在发展的差距。在维果茨基提出的最近发展区概念的基础上，萨德勒有先见之明地提出如下观点（Sadler，D. R.，1989）。

如果学生和教师认为目标太大，则目标几乎无法实现，从而增加了学生和教师的失败感和沮丧感。同样，如果目标被认为太小，则目标的实现可能不需太多的努力。因此，形成性评价是一个需要明确"恰到好处的差距"的过程。

　　为了缩短教学中的差距，教师必须在课堂上迈出一大步，并将这些形成性评价策略融入教学。一方面，本书作为行动指南，揭示了学生的思维发展情况，展现了学生的思想、信念和感受，并努力解开学习的秘密；另一方面，一切都取决于教师的行动，那就是实现教师的理想目标——成为形成性评价者。

参考文献

Abedi,J. (2010). Research and recommendations for formative assessment with ELLs. In H. L. Andrade & G. J. Cizek (Eds.),Handbook of formative assessment (pp. 181-197). New York:Routledge.

Abedi,J. & Herman,J. (2010). Assessing English language learners' opportunity to learn mathematics:Issues and limitations. Teachers College Record,112(3),723-746.

Aguirre-Munoz,Z. & Baker,E. L. (1997). Improving the equity and validity of assessment-based information systems(Report No. 462). Los Angeles: National Center for Research on Evaluation,Standards,and Student Testing.

Airasian,P. W. (1991). Perspectives on measurement instruction. Educational Measurement:Issues and Practice,10(1),13-16.

Alexander,R. J. (2006). Towards dialogic teaching:Rethinking classroom talk (3rd ed.). Thirsk:Dialogos.

Alonzo,A. C. & Steedle,J. T. (2009). Developing and assessing a force and motion learning progression. Science Education,93(3),389-421.

Andrade,H. L. (2013). Classroom assessment in the context of learning theory and research. In J. McMillan (Ed.),SAGE handbook of research of classroom assessment (pp. 17-34). Thousand Oaks,CA:SAGE.

Anyon,Jean. (1980). Social class and the hidden curriculum of work. Journal of Education,162(1),67-92.

Apple,M. W. (1979). What correspondence theories of the hidden curriculum miss. The Review of Education Pedagogy Cultural Studies,5(2),101-112.

Apple,M. W. (2004). Ideology and curriculum (3rd ed.) New York:Routledge.

Armendariz,F. & Umbreit,J. (1999). Using active responding to reduce disruptive behavior in a general education classroom. Journal of Positive Behavior Interventions,1(3),152-158.

Artino,A. R. Jr. (2008). Cognitive load theory and the role of learner experience：An abbreviated review for educational practitioners. AACE Journal，16(4)，425-439.

Ateh，C. M. (2015). Science teachers' elicitation practices：Insights for formative assessment. Educational Assessment，20(2)，112-131.

Atwell，N. (1987). In the middle：Writing，reading，and learning with adolescents. Portsmouth，NH：Heinemann.

Austin，S. & McCann，R. (1992). Here's another arbitrary grade for your collection：A statewide study of grading policies. [Monograph].

Ball，D. L. (1993). With an eye on the mathematical horizon：Dilemmas of teaching elementary school mathematics. The Elementary School Journal，93(4)，373-397.

Ball，D. L. & Cohen，D. K. (1999). Developing practice，developing practitioners：Toward a practice-based theory of professional education. In L. Darling-Hammond & G. Sykes (Eds.)，Teaching as the Learning Profession (pp. 3-31). San Francisco：Jossey-Bass.

Ball，D. L. & Forzani，F. M. (2011). Teaching skillful teaching. The Effective Educator，68(4)，40-46.

Ball，D. L. ，Thames，M. ，& Phelps，G. (2008). Content knowledge for teaching：What makes it special? Journal of Teacher Education，59(5)，389-407.

Ball，S. J. (2013). Foucault and education：Disciplines and knowledge. London：Routledge.

Barnes，J. (1982). Aristotle. Oxford：Oxford University Press.

Barnette，J. J. ，Walsh，J. A. ，& Orletsky，S. R. ，et al. (1995). Staff development for improved classroom questioning and learning. Research in the Schools，2(1)，1-10.

Bennett，R. E. (2011). Formative assessment：A critical review. Assessment in Education：Principles，Policy & Practice，18(1)，5-25.

Bennett，R. E. (2014). Preparing for the future：What educational assessment must do. Teachers College Record，116(11)，1-18.

Bensman，D. (2000). Central Park East and its graduates：Learning by heart. New York：Teachers College Press.

Biggs，J. & Collis，K. (1982). A system for evaluating learning outcomes：The SOLO taxonomy. New York：Academic Press.

Black,P. ,Harrison,C. ,& Lee,C. ,et al. (2003a). Assessment for learning: Putting it into practice. London:Open University Press.

Black,P. ,Harrison,C. ,& Lee,C. ,et al. (2003b). The nature of value of formative assessment for learning. Improving schools,6(3),7-22.

Black,P. ,Harrison,C. ,& Lee,C. ,et al. (2004a). Working inside the black box:Assessment for learning in the classroom. London:Kings College.

Black,P. ,Harrison,C. ,& Lee,C. ,et al. (2004b). Working inside the black box:Assessment for learning in the classroom. Phi Delta Kappan,86(1), 8-21.

Black,P. & Wiliam,D. (1998). Assessment and classroom learning. Assessment in education,5(1),7-74.

Black,P. & Wiliam,D. (2009). Developing the theory of formative assessment. Educational Assessment,Evaluation and Accountability(formerly:Journal of Personnel Evaluation in Education),21(1),5-31.

Black,P. ,Wilson,M. ,& Yao,S. Y. (2011). Road maps for learning:A guide to the navigation of learning progressions. Measurement: Interdisciplinary Research & Perspective,9(2-3),71-123.

Blatchford,P. (1997). Pupils' self assessments of academic attainment at 7,11 and 16 years:Effects of sex and ethnic group. British Journal of Educational Psychology,67(2),169-184.

Bloom,B. S. ,Hastings,J. T. ,& Madaus,G. F. (1971). Handbook on the formative and summative evaluation of student learning. New York:McGraw-Hill.

Boaler,J. (2002). Learning from teaching:Exploring the relationship between reform curriculum and equity. Journal for Research In Mathematics Education,33(4),239-258.

Boaler,J. & Humphreys,C. (2005). Connecting mathematical ideas:Middle school video cases to support teaching and learning(Vol. 1). Portsmouth, NH:Heinemann.

Bodrova,E. & Leong,D. J. (2007). Tools of the mind. Columbus,OH:Prentice Hall.

Boniecki,K. A. & Moore,S. (2003). Breaking the silence:Using a token economy to reinforce classroom participation. Teaching of Psychology,30(3), 224-227.

Bridges, D. (1979). Education, democracy & discussion. Albany, NY: Delmar.

Briggs, D. C., Alonzo, A. C., & Schwab, C., et al. (2006). Diagnostic assessment with ordered multiple-choice items. Educational Assessment, 11(1), 33-63.

Brookhart, S. M. & Nitko, A. J. (2006). Educational assessment of students. (5th ed.) New York: Pearson.

Brophy, J. E. & Evertson, C. M. (1976). Learning from teaching: A developmental perspective. New York: Pearson, Allyn and Bacon.

Brophy, J. & Good, T. (1985). Teacher behavior and student achievement. In M. C. Wittrock (Ed.), Third handbook of research on teaching. New York: Macmillan.

Brown, A. L. & Campione, J. C. (1998). Designing a community of young learners: Theoretical and practical lessons. In N. Lambert & B. McCombs (Eds.), How students learn: Reforming schools through learner-centered education. (pp. 153-186). Washington, DC: American Psychological Association.

Burns, D. D. (1980). Feeling good: The new mood therapy. New York: Avon Books.

Butler, R. (1988). Enhancing and undermining intrinsic motivation. British Journal of Educational Psychology, 58(1), 1-14.

Carlsen, W. S. (1992). Closing down the conversation: Discouraging student talk on unfamiliar science content. Journal of Classroom Interaction, 27(2), 15-21.

Carlsen, W. S. (2015). Closing down the conversation: Discouraging student talk on unfamiliar science content. Journal of Classroom Interaction, 50(1), 73-84.

Casteel, J. D. & Stahl, R. J. (1973). The social science observation record: Theoretical construct and pilot studies. [Monograph].

Cervone, B. & Cushman, K. (2014). Learning by heart: The power of social-emotional learning in secondary schools. Executive summary: What kids can do.

Chin, C. & Osborne, J. (2010). Students' questions and discursive interaction: Their impact on argumentation during collaborative group discussions in science. Journal of Research in Science Teaching, 47(7), 883-908.

Chinn,C. & Anderson,R. (1998). The structure of discussions intended to promote reasoning. Teachers College Record,100(2),315-368.

Chittenden,E. & Wallace,V. (1991). Reforming School Assessment Practices: The Case of Central Park East. Planning and Changing,22,141-146.

Christenbury,L. & Kelly,P. P. (1983). Questioning:A path to critical thinking [Monograph].

Clark,C. , Gage, N. , & Marx, R. , et al. (1979). A factorial experiment on teacher structuring,soliciting and reacting. Journal of Education Psychology,71(4),534-552.

Clements,D. H. & Sarama,J. (2014). Learning and teaching early math:The learning trajectories approach. London:Routledge.

Coffey,J. E. ,Edwards,A. R. , & Finkelstein,C. (2010). Dynamics of disciplinary understandings and practices of attending to student thinking in elementary teacher education. In Proceedings of the 9th International Conference of the Learning Sciences,Volume 1(pp. 1040-1047).

Coffey,J. E. ,Hammer,D. , ,& Levin,D. M. ,et al. (2011). The missing disciplinary substance of formative assessment. Journal of Research in Science Teaching,48(10),1109-1136.

Common Core State Standards Initiative (CCSSI). (2010). Common Core State Standards for Mathematics. Washington,DC:National Governors Association Center for Best Practices and the Council of Chief State School Officers.

Cora,R. & Liyan,S. (2013). The impact of using clickers technology on classroom instruction:Students'and teachers' perspectives. Canadian Journal of Action Research,14(1),21-37.

Corbett,H. D. & Wilson,B. L. (1991). Testing, reform, and rebellion. Norwood,NJ:Ablex.

Corno,L. & Snow, R. E. (1986). Adapting teaching to individual differences among learners. In M. C. Wittrock (Ed.),Handbook of research on teaching (3rd ed. ,pp. 605-629). New York:Macmillan.

Cuban,L. (1990). Reforming again,again,and again. Educational Researcher, 19(1),3-13.

Cuban,L. (1993). How teachers taught:Constancy and change in American classrooms, 1890-1990. Research on Teaching Monograph Series. New

York:Teachers College Press.

Cuban,L. (2009). Oversold and underused:Computers in the classroom. Cambridge,MA:Harvard University Press.

Dallimore,E. J. ,Hertenstein,J. H. ,& Platt,M. B. (2012). Impact of cold-calling on student voluntary participation. Journal of Management Education, 37(3),305-341.

Damon,W. (2008). The path to purpose:Helping our children find their calling in life. New York:Free Press.

Darling-Hammond,L. (1996). The right to learn and the advancement of teaching:Research, policy, and practice for democratic education. Educational Researcher,25(6),5-17.

Darling-Hammond, L. (1997). The right to learn:A blueprint for creating schools that work. San Francisco:Jossey-Bass.

Darling-Hammond,L. (2006). Securing the right to learn:Policy and practice for powerful teaching and learning. Educational Researcher,35(7),13-24.

Darling-Hammond,L. ,Ancess,J. ,& Falk,B. (1995). Authentic assessment in action:Studies of schools and students at work. New York:Teachers College Press.

Darling-Hammond,L. ,Ancess,J. ,& Ort,S. (2002). Reinventing high school: Outcomes of the Coalition Campus Schools Project. American Educational Research Journal,39(3) 639-673.

Davis,B. (1997). Listening for differences:An evolving conception of mathematics teaching. Journal for Research in Mathematics Education,28(3), 355.

Dawson,T. L. & University of California-Berkeley. (1998). "A good education is…":A life-span investigation of developmental and conceptual features of evaluative reasoning about education. Retrieved from ProQuest Dissertations and Theses Full Text:The Humanities and Social Sciences Collection (Order No. 9922801).

Deci,E. L. & Ryan,R. M. (2000). The "what" and "why" of goal pursuits:Human needs and the self-determination of behavior. Psychological Inquiry, 11(4),227-268.

Delpit,L. (1988). The silenced dialogue:Power and pedagogy in educating other people's children. Harvard Educational Review,58(3),280-299.

Delpit, L. (1995). Other people's children: Cultural conflict in the classroom. New York: The New Press.

Dewey, J. (1900). The school and society. Chicago: University of Chicago Press.

Dewey, J. (1902). The child and the curriculum. Chicago: University of Chicago Press.

Dewey, J. (1916). Democracy and education. New York: Macmillan.

Dewey, J. (1920). Reconstruction in philosophy. New York: H. Holt and Company.

Dillon, J. T. (1978). Using questions to depress student thought. The School Review, 87(1), 50-63.

Dillon, J. T. (1979). Alternatives to questioning. The High School Journal, 62(5), 217-222.

Dillon, J. T. (1981). To question and not to question during discussion: II. Non-questioning techniques. Journal of Teacher Education, 32(6), 15-20.

Dillon, J. T. (1983). Teaching and the art of questioning [Monograph].

Dillon, J. T. (1984). Research on questioning and discussion. Educational Leadership, 42(3), 50-56.

DiSessa, A. A. (1983). Phenomenology and the evolution of intuition. In D. Gentner & L. Albert (Eds.), Mental models (pp. 15-33). New York: Psychology Press.

Dobbs, D. (2011). Beautiful brains. National Geographic, 220(4), 36-59.

Duckor, B. (2017). Got grit? Maybe … Phi Delta Kappan, 98(7), 61-66.

Duckor, B. & Holmberg, C. (in press). Increasing students' academic language acquisition and use: A case for supporting teachers to code instructional video through a "formative assessment moves" lens. In S. B. Martens & M. M. Caskey (Series Ed.), The Handbook of Research in Middle Level Education: Preparing middle level educators for 21st century schools: Enduring beliefs, changing times, evolving practices. Washington, DC: AERA Press.

Duckor, B., Holmberg, C., & Rossi Becker, J. (2017). Making moves: Formative assessment in mathematics. Mathematics Teaching in the Middle School, 22(6), 334-342.

Duckor, B. & Perlstein, D. (2014). Assessing habits of mind: Teaching to the test at Central Park East Secondary School. Teachers College Record,116 (2),1-33.

Duhigg,C. (2012). The power of habit:Why we do what we do in life and business. London:Random House.

Dweck,C. & Bush,E. (1976). Sex differences in learned helplessness:I. Differential debilitation with peer and adult evaluators. Developmental Psychology,12(2),147-156.

Dweck,C. S. (2010). Mind-sets. Principal Leadership,10(5),26-29.

Easton,L. B. (2009). Protocols for professional learning. Alexandria,VA:ASCD.

Eccles,J. ,Lord,S. ,& Midgley,C. (1991). What are we doing to early adolescents? The impact of educational contexts on early adolescents. American Journal of Education,99(4),521-542.

Eccles,J. , Midgley,C. , & Adler, T. F. (1984). Grade-related changes in the school environment:Effects on achievement motivation. In J. G. Nicholls (Ed.),The development of achievement motivation(pp. 283-331). Greenwich,CT:JAI Press.

Elias,M. (2004). Strategies to infuse social and emotional learning into academics. In J. Zins,R. Weissberg,M. Wang,& H. Walberg (Eds.),Building academic success on social emotional learning: What does research say? (pp. 113-134). New York:Teachers College Press.

Erdogan,I. & Campbell, T. (2008). Teacher questioning and interaction patterns in classrooms facilitated with differing levels of constructivist teaching practices. International Journal of Science Education, 30 (14), 1891-1914.

Farrington,C. A. ,Roderick,M. , & Allensworth,E. , et al. (2012). Teaching adolescents to become learners. The role of noncognitive factors in shaping school performance:A critical literature review. Chicago:University of Chicago Consortium on Chicago School Research.

Finn,J. D. & Cox,D. (1992). Participation and withdrawal among fourth-grade pupils. American Educational Research Journal,29(1),141-162.

Flavell,J. H. (2004). Theory of mind development:Retrospect and prospect. Merrill-Palmer Quarterly,50(3),274-290.

Fliegel,S. (1994). Debbie Meier and the dawn of Central Park East. City Journal.

Francis, E. (1982). Learning to discuss. Edinburgh: Moray House College of Education.

Franke, M. L. & Kazemi, E. (2001). Learning to teach mathematics: Focus on student thinking. Theory into Practice, 40(2), 102-109.

Freire, P. (1970). Pedagogy of the oppressed. New York: Continuum.

Frisbie, D. A. & Waltman, K. K. (1992). Developing a personal grading plan. Educational Measurement: Issues and Practice, 11(3), 35-42.

Frykholm, J. A. (1999). The impact of reform: Challenges for mathematics teacher preparation. Journal of Mathematics Teacher Education, 2(1), 79-105.

Fullan, M. G. (1990). Change processes in secondary schools: Toward a more fundamental agenda. In M. W. McLaughlin, J. E. Talbert, & N. Bascia (Eds.), The contexts of teaching in secondary schools: Teachers' realities (pp. 224-255). New York: Teachers College Press.

Furtak, E. M., Ruiz-Primo, M. A., & Shemwell, J. T., et al. (2008). On the fidelity of implementing embedded formative assessment and its relation to student learning. Applied Measurement in Education, 21(4), 360-389.

Gall, M. (1984). Synthesis of research on teachers' questioning. Educational Leadership, 42(3), 40-47.

Gall, M. D., Ward, B. A., & Berliner, D. C., et al. (1978). Effects of questioning techniques and recitation on student learning. American Educational Research Journal, 15(2), 175-199.

Gardner, H. (1983). Frames of mind: The theory of multiple intelligences. New York: Basic Books.

Gardner, H. (1985). The mind's new science: A history of the cognitive revolution. New York: Basic Books.

Garmston, R. & Wellman, B. (1999). The adaptive school: A sourcebook for developing collaborative groups. Norwood, MA: Christopher Gordon.

Gay, G. (2010). Culturally responsive teaching: Theory, research, and practice. Teachers College Press.

Gayle, B. M., Preiss, R. W., & Burrell, N., et al. (2009). Classroom communication and instructional processes: Advances through meta-analysis. London: Routledge.

Gladwell,M. (2008). Outliers:The secret of success. New York:Little Brown.

Glaser, R. , Chudowsky, N. , & Pellegrino, J. W. (2001). Knowing what students know:The science and design of educational assessment. Washington,DC:National Academy Press.

Glover,D. ,Miller,D. , & Averis,D. ,et al. (2007). The evolution of an effective pedagogy for teachers using the interactive whiteboard in mathematics and modern languages:An empirical analysis from the secondary sector. Learning,Media and Technology,32(1),5-20.

Goffman,E. (1974). Frame analysis:An essay on the organization of experience. Cambridge,MA:Harvard University Press.

Gold,J. & Lanzoni,M. (1993). Graduation by portfolio:Central Park East Secondary School[Motion picture]. Available from New York Post Production,29th Street Video Inc.

Grant,M. ,Tamim,S. , & Brown,D. ,et al. (2015). Teaching and learning with mobile computing devices:Case study in K-12 classrooms. Techtrends:Linking Research & Practice to Improve Learning,59(4),32-45.

Gray,L. S. (1993). Large group discussion in a 3rd/4th grade classroom:A sociolinguistic case study. Retrieved from ProQuest Dissertations and Theses Full Text:The Humanities and Social Sciences Collection (Order No. 9318201).

Graybill,O. & Easton,L. B. (2015,April). "The art of dialogue. "Educational Leadership,72(7).

Grossman,P. L. (2005). Research on pedagogical approaches in teacher education. In M. Cochran-Smith & K. Zeichner (Eds.),Studying teacher education (pp. 425-476). Washington,DC:American Educational Research Association.

Grossman,P. & McDonald,M. (2008). Back to the future:Directions for research in teaching and teacher education. American Educational Research Journal,45(1),184-205.

Guskey,T. R. (1994). Making the grade:What benefits students? Educational Leadership,52(2),14-20.

Guskey,T. R. (2002). Computerized gradebooks and the myth of objectivity. Phi Delta Kappan,83(10),775.

Guskey,T. R. (2004). Are zeros your ultimate weapon? Education Digest:Essential Readings Condensed for Quick Review,70(3),31-35.

Gutiérrez,K. & Rogoff,B. (2003). Cultural ways of learning. Educational Researcher,35(5),19-25.

Hakuta,K. (2013). Assessment of content and language in light of the new standards:Challenges and opportunities for English learners. Princeton, NJ:The Gordon Commission on the Future of Assessment in Education.

Hammer,D. (1997). Discovery teaching,discovery learning. Cognition and Instruction,15(4),485-529.

Harmin,M. (1998). Strategies to inspire active learning:Complete handbook. White Plains,NY:Inspiring Strategy Institute.

Harris,L. R. ,Brown,G. T. ,& Harnett,J. A. (2015). Analysis of New Zealand primary and secondary student peer and self-assessment comments:Applying Hattie and Timperley's feedback model. Assessment in Education: Principles,Policy & Practice,22(2),265-281.

Hattie,J. (1992). Measuring the effects of schooling. Australian Journal of Education,36(1),5-13.

Hattie,J. (2009). Visible learning:A synthesis of over 800 meta-analyses relating to achievement. New York:Routledge.

Hattie,J. (2012). Visible learning for teachers:Maximizing impact on learning. London:Routledge.

Hattie,J. ,Biggs,J. ,& Purdie,N. (1996). Effects of learning skills interventions on student learning:A meta-analysis. Review of Educational Research,66(2),99-136.

Hattie,J. & Timperley,H. (2007). The power of feedback. Review of Educational Research,77(1),81-112.

Hemphill,L. (1986). Context and conversation style:A reappraisal of social class differences in speech. Retrieved from ProQuest Dissertations and Theses Full Text:The Humanities and Social Sciences Collection (Order No. 8620703).

Henning,J. E. ,McKeny,T. ,& Foley,G. D. ,et al. (2012). Mathematics discussions by design:creating opportunities for purposeful participation. Journal of Mathematics Teacher Education,15(6),453-479.

Heritage,M. (2007). Formative assessment:What teachers need to do and know. Phi Delta Kappan,89(2),140-145.

Heritage, M. (2008). Learning progressions: Supporting instruction and formative assessment. Retrieved from Council of Chief State School Officers website.

Heritage, M. (2010). Formative assessment: Making it happen in the classroom. Thousand Oaks, CA: Corwin.

Herl, H. E. , Baker, E. L. , & Niemi, D. (1996). Construct validation of an approach to modeling cognitive structure of U. S. history knowledge. Journal of Educational Research, 89(4), 206-218.

Herman, J. & Baker, E. (2005). Making benchmark testing work. Educational Leadership, 63(3), 48-54.

Herman, J. , Osmundson, E. , & Ayala, C. , et al. (2006). The nature and impact of teachers' formative assessment practices. CSE Technical Report 703. National Center for Research on Evaluation, Standards, and Student Testing (CRESST).

Herman, J. , Osmundson, E. , & Dai, Y. , et al. (2015). Investigating the dynamics of formative assessment: Relationships between teacher knowledge, assessment practice and learning. Assessment in Education: Principles, Policy & Practice, 22(3), 344-367.

Higgins, S. , Beauchamp, G. , & Miller, D. (2007). Reviewing the literature on interactive whiteboards. Learning, Media and Technology, 32(3), 213-225.

Hills, J. R. (1991). Apathy concerning grading and testing. Phi Delta Kappan, 72(7), 540-545.

Hollander, E. & Marcia, J. (1970). Parental determinants of peer orientation and self-orientation among preadolescents. Developmental Psychology, 2 (2), 292-302.

Hollingsworth, P. M. (1982). Questioning: The heart of teaching. The Clearing House, 55(8), 350-352.

Hunsu, N. J. , Adesope, O. , & Baylyn, D. J. (2016). A meta-analysis of the effects of audience response systems (clicker-based technologies) on cognition and affect. Computers & Education, 94, 102-119.

Jackson, P. W. (1968). Life in classrooms. New York: Holt, Rinehart and Winston.

Jacobs, V. R. , Lamb, L. L. , & Philipp, R. A. (2010). Professional noticing of children's mathematical thinking. Journal for Research in Mathematics

Education,41(2),169-202.

James,W. (1890/1950). The principles of psychology. New York:Dover.

Jimenez-Alexiandre,M. P. ,Rodriguez,A. B. , & Duschl,R. (2000). "Doing the lesson" or "doing science":Argument in high school genetics. Science Education,84(6),757-792.

Johnson,R. H. (1918). Educational research and statistics: The coefficient marking system. School and Society,7(181),714-716.

Kay,R. H. & LeSage, A. (2009). Examining the benefits and challenges of using audience response systems:A review of the literature. Computers & Education,53(3),819-827.

Kaya,S. ,Kablan,Z. , & Rice,D. (2014). Examining question type and the timing of IRE pattern in elementary science classrooms. International Journal of Human Sciences,11(1),621-641.

Kazemi,E. , Franke, M. , & Lampert, M. (2009). Developing pedagogies in teacher education to support novice teachers' ability to enact ambitious instruction. In R. Hunter, B. Bicknell, & T. Burgess (Eds.),Crossing divides,proceedings of the 32nd annual conference of The Mathematics Education Research Group of Australasia, Vol. 1 (pp. 11-29). Palmerston North,New Zealand:Mathematics Education Research Group of Australasia.

Keeley, P. (2008). Science formative assessment: 75 practical strategies for linking assessment, instruction, and student learning. Arlington, VA: NSTA.

Kirschner,P. A. ,Sweller,J. , & Clark,R. E. (2006). Why minimal guidance during instruction does not work:An analysis of the failure of constructivist,discovery,problem-based,experiential,and inquiry-based teaching. Educational Psychologist,41(2),75-86.

Kliebard,H. M. (2004). The struggle for the American curriculum,1893-1958. (3rd ed.). New York:Routledge Falmer.

Kloss,R. J. (1988). Toward asking the right questions:The beautiful,the pretty,and the big messy ones. The Clearing House,61(6),245-248.

Kluger,A. N. & DeNisi,A. (1996). The effects of feedback interventions on performance:A historical review,a meta-analysis,and a preliminary feedback intervention theory. Psychological Bulletin,119(2),254-284.

Knight,P. , Pennant,J. , & Piggott,J. (2005). The power of the interactive whiteboard. Micromath,21(2),11.

Kohlberg,L. (1970). Stages of moral development as a basis for moral education. In. C. Beck & E. Sullivan (Eds.),Moral Education (pp. 23-92). Toronto:University of Toronto Press.

Ladson-Billings,G. (1995). Toward a theory of culturally relevant pedagogy. American Educational Research Journal,32(3),465-491.

Lampert,M. (2003). Teaching problems and the problems of teaching. New Haven,CT:Yale University Press.

Lampert,M. & Ball,D. L. (1998). Teaching,multimedia,and mathematics:Investigations of real practice. The practitioner inquiry series. New York:Teachers College Press.

Leahy,S. ,Lyon,C. ,& Thompson,M. ,et al. (2005). Classroom assessment minute by minute,day by day. Educational Leadership,63(3),18-24.

Lehrer,R. & Kim,M.J. (2009). Structuring variability by negotiating its measure. Mathematics Education Research Journal,21(2),116-133.

Lehrer,R. ,Kim,M.J. ,& Schauble,L. (2007). Supporting the development of conceptions of statistics by engaging students in measuring and modeling variability. International Journal of Computers for Mathematical Learning,12(3),195-216.

Lehrer,R. ,Kim, M.J. ,& Ayers,E. ,et al. (2014). Toward establishing a learning progression to support the development of statistical reasoning. In A. P. Maloney, H. Confrey, & K. H. Nguyen (Eds.),Learning over time:Learning trajectories in mathematics education (pp. 31-59). Charlotte,NC:Information Age Publishing.

Lehrer,R. & Schauble,L. (2012). Seeding evolutionary thinking by engaging children in modeling its foundations. Science Education,96(4),701-724.

Leinhardt,G. & Steele,M.D. (2005). Seeing the complexity of standing to the side:Instructional dialogues. Cognition and Instruction,23(1),87-163.

Lemke,J. (1990). Talking science:Language,learning and values. Norwood,NJ:Ablex Publishing Corporation.

Levin,D. M. ,Hammer,D. ,& Coffey,J. E. (2009). Novice teachers' attention to student thinking. Journal of Teacher Education,60(2),142-154.

Levin,D. M. & Richards,J. (2010). Exploring how novice teachers learn to attend to students'thinking in analyzing case studies of classroom teaching and learning. In Proceedings of the 9th International Conference of the Learning Sciences, Volume 1 (pp. 41-48).

Levin, T. & Long, R. (1981). Effective instruction. Alexandria, VA: ASCD.

Lieberman, A. (1995). The work of restructuring schools: Building from the ground up. New York: Teachers College Press.

Linquanti, R. (2014). Supporting formative assessment for deeper learning: A primer for policymakers. Washington, DC: CCSSO. Retrieved from CCSSO website.

Lortie, D. (1975). Schoolteacher: A sociologic study. Chicago: University of Chicago Press.

Loucks-Horsley, S., Carlson, M. O., & Brink, L. H., et al. (1989). Developing and supporting teachers for elementary school science education. Washington, DC: The National Center for Improving Science Education.

Lovell, J., Duckor, B., & Holmberg, C. (2015). Rewriting our teaching practices in our own voices. English Journal, 104(6), 55-60.

Marzano, R. J. (1991). Fostering thinking across the curriculum through knowledge restructuring. Journal of Reading, 34(7), 518-525.

Marzano, R. J., Pickering, D., & Pollock, J. E. (2001). Classroom instruction that works: Researchbased strategies for increasing student achievement. Alexandria, VA: ASCD.

Masters, G. N. & Wilson, M. (1997). Developmental assessment. BEAR Research Report, University of California-Berkeley.

McClain, K. & Cobb, P. (2001). An analysis of development of sociomathematical norms in one first-grade classroom. Journal for Research in Mathematics Education, 32(3), 236-266.

McCloughlin, T. J. & Matthews, P. C. (2012). Repertory grid analysis and concept mapping: Problems and issues. Problems of Education in the 21st Century, 48(1), 91-106.

McConville-Rae, D. (2015). The effect of higher-order questioning on pupil understanding, as assessed using mind maps and the SOLO taxonomy. The STEP Journal, 2(2), 5-18.

McCroskey, J. (2015). Quiet children in the classroom: On helping, not hurting.

McManus, S. M. M. Formative Assessment for Students and Teachers (Program), & Council of Chief State School Officers. (2008). Attributes of effective formative assessment. Washington, DC: Council of Chief State School Officers.

Mehan, H. (1979). Learning lessons. Cambridge, MA: Harvard University Press.

Meier, D. (1995). The power of their ideas: Lessons for America from a small school in Harlem. Boston: Beacon.

Meier, D. & Schwartz, P. (1995). Central Park East Secondary School: The hard part is making it happen. In M. Apple & J. Beane (Eds.), Democratic schools: Lessons in powerful education (pp. 26-40).

Mewborn, D. S. & Tyminski, A. M. (2006). Lortie's apprenticeship of observation revisited. For the Learning of Mathematics, 26(3), 23-32.

Miles, K. H. & Darling-Hammond, L. (1997). Rethinking the allocation of teaching resources: Some lessons from high-performing schools. Retrieved from Consortium for Policy Research in Education website.

Minstrell, J. (1992). Facets of students' knowledge and relevant instruction. In R. Duit, F. Goldberg & H. Niedderer (Eds.), Research in physics learning: Theoretical issues and empirical studies (pp. 110-128). Kiel, Germany: Kiel University, Institute for Educational Measurement Education.

Minstrell, J. (2000). Student thinking and related assessment: Creating a facet-based learning environment. In N. S. Raju, J. W. Pellegrino, M. W. Bertenthal, K. J. Mitchell, & L. R. Jones (Eds.), Grading the nation's report card: Research from the evaluation of NAEP (pp. 44-73). Washington, DC: National Academy Press.

Mok, J. (2011). A case study of students' perceptions of peer assessment in Hong Kong. ELT Journal, 65(3), 230-239.

Moyer, P. S. & Milewicz, E. (2002). Learning to question: Categories of questioning used by preservice teachers during diagnostic mathematics interviews. Journal of Mathematics Teacher Education, 5(4), 293-315.

Myhill, D. (2002). Bad boys and good girls? Patterns of interaction and response in whole class teaching. British Educational Research Journal, 28(3), 339-352.

Myhill, D. (2006). Talk, talk, talk: Teaching and learning in whole class discourse. Research Papers in Education, 21(1), 19-41.

National Council of Teachers of Mathematics (2000). Principles and standards for school mathematics. Reston,VA:Author.

National Research Council. (1999). How people learn:Brain,mind,experience, and school. Committee on Developments in the Science of Learning. J. D. Bransford,A. L. Brown,& R. R. Cocking (Eds.),Commission on Behavioral and Social Sciences and Education. Washington,DC:National Academy Press.

National Research Council. (2001). Knowing what students know:The science and design of educational assessment. In Committee on the Foundations of Assessment,J. Pellegrino,N. Chudowsky,& R. Glaser (Eds.). Board on Testing and Assessment,Division of Behavioral and Social Sciences and Education. Washington,DC:National Academy Press.

Natriello,G. (1987). The impact of evaluation processes on students. Educational Psychologist,22(2),155-175.

Newmann,F. M. (1988). A test of higher-order thinking in social studies:Persuasive writing on constitutional issues using NAEP approach. Social Education,54(4),369-373.

Newmann,F. M. (1996). Authentic achievement:Restructuring schools for intellectual quality. San Francisco:Jossey-Bass.

Newmann,F. M. ,Bryk,A. S. , & Nagaoka,J. (2001). Authentic intellectual work and standardized tests:Conflict or coexistence. Chicago:Consortium on Chicago School Research.

Noguera,P. (2008). The trouble with Black boys and other reflections on race, equity,and the future of public education. San Francisco:Jossey-Bass.

O'Connor,M. C. & Michaels,S. (1993). Aligning academic task and participation status through revoicing:Analysis of a classroom discourse strategy. Anthropology and Education Quarterly,24(4),318-335.

Oliveira,A. (2010). Improving teacher questioning in science inquiry discussions through professional development. Journal of Research in Science Teaching,47(4),422-453.

Palinscar,A. S. & Brown,A. L. (1984). Reciprocal teaching of comprehension-fostering and comprehension-monitoring activities. Cognition and Instruction,1(2),117-175.

Paris,D. (2012). Culturally sustaining pedagogy:A needed change in stance, terminology,and practice. Educational Researcher,41(3),93-97.

Perrenoud,P. (1991). Towards a pragmatic approach to formative evaluation. In P. Weston (Ed.),Assessment of pupil achievement：Motivation and school success(pp. 79-101). Amsterdam：Swets & Zeitlinger.

Piaget,J. (1936/1953). The Origins of Intelligence in the Child. (Margaret Cook,Trans.) London：Routledge & Kegan Paul；New York：International Universities Press.

Pierson,J. (2008). The relationship between patterns of classroom discourse and mathematics learning (Unpublished doctoral dissertation). University of Texas at Austin.

Pimentel,D. S. & McNeill,K. L. (2013). Conducting talk in secondary science classrooms：investigating instructional moves and teachers' beliefs. Science Education,97(3),367-394.

Pjanić,K. (2014). The origins and products of Japanese lesson study. Inovacije u Nastavi-časopis za Savremenu Nastavu,27(3),83-93.

Plaut,S. & Sharkey,N. S. (2003). Education policy and practice：bridging the divide (No. 37). Cambridge,MA：Harvard Educational Publishing Group.

Pope,D. (2001). "Doing School"：How we are creating a generation of stressed out,materialistic and miseducated students. New Haven,CT：Yale University Press.

Popelka,S. R. (2010). Now we're really clicking! Mathematics Teacher,104 (4),290-295.

Popham,W. J. (1997). What's wrong—and what's right—with rubrics. Educational Leadership,55(2),72.

Popham,W. J. (2008). Formative assessment：Seven stepping stones to success. Principal Leadership,9(4),16-20.

Powell,A. G. ,Farrar,E. ,& Cohen,D. K. (1985). The shopping mall high school. Boston：Houghton Mifflin Co.

Pulfrey,C. ,Buch,D. ,& Butera,F. (2011). Why grades engender performance avoidance goals. Journal of Educational Psychology,103(3),683-700.

Resnick,L. B. (1987). Education and learning to think. Washington,DC：National Academy Press.

Resnick,L. B. & Resnick,D. P. (1992). Assessing the thinking curriculum：New tools for educational reform. In B. R. Gifford & M. C. Connor

(Eds.), Changing assessments: Alternative views of aptitude, achievement, and instruction(pp. 37-75). Boston: Kluwer Academic.

Richmond, S. S., DeFranco, J. F., & Jablokow, K. (2014). A set of guidelines for the consistent assessment of concept maps. International Journal of Engineering Education, 30(5), 1072-1082.

Roberts, L. (1997). Using maps to produce meaningful evaluation measures: Evaluating middle school science teacher change in assessment, collegial and instructional practices. Paper presented at the ninth International Objective Measurement Workshop, Chicago, IL.

Roberts, L. & Sipusic, M. (1999). Moderation in all things: A class act [Film]. Available from the Berkeley Evaluation and Assessment Center, Graduate School of Education, University of California-Berkeley.

Roberts, L., Sloane, K., & Wilson, M. (1996, April). Local assessment moderation in SEPUP. Paper presented at the Annual Meeting of the American Educational Research Association, New York.

Roberts, L., Wilson, M., & Draney, K. (1997). The SEPUP assessment system: An overview. (BEAR report series. SA-97-1). Berkeley, CA: University of California.

Roberts, L. (1996). Methods of evaluation for a complex treatment and its effects on teacher professional development: A case study of the Science Education for Public Understanding Program (Unpublished dissertation). University of California-Berkeley.

Rogoff, B. (1998). Cognition as a collaborative process. In W. Damon (Ed.), Handbook of child psychology, Volume 2: Cognition, perception, and language(pp. 679-744). Hoboken, NJ: Wiley.

Rowe, M. B. (1974a). Pausing phenomena: Influence on the quality of instruction. Journal of Psycholinguistic Research, 3(3), 203-224.

Rowe, M. B. (1974b). Reflections on wait-time: Some methodological questions. Journal of Research in Science Teaching, 11(3), 263-279.

Rowe, M. B. (1974c). Wait-time and rewards as instructional variables, their influence on language, logic, and fate control: Part one: Wait-time. Journal of Research in Science Teaching, 11(2), 81-94.

Rugg, H. O. (1918). Teachers' marks and the reconstruction of the marking system. The Elementary School Journal, 18(9), 701-719.

Ruiz-Primo, M. A. & Shavelson, R. J. (1996). Problems and issues in the use of concept maps in science assessment. Journal of Science Teaching, 33, 569-600.

Rye, J. A. & Rubba, P. A. (2002). Scoring concept maps: An expert map-based scheme weighted for relationships. School Science & Mathematics, 102 (1), 33-44.

Sadler, D. R. (1989). Formative assessment and the design of instructional systems. Instructional Science, 18(2), 119-144.

Sahin, A. & Kulm, G. (2008). Sixth grade mathematics teachers' intentions and use of probing, guiding, and factual questions. Journal of Mathematics Teacher Education, 11(3), 221-241.

Schwarz, B. B. & Glassner, A. (2007). The role of floor control and of ontology in argumentative activities with discussion-based tools. International Journal of Computer-Supported Collaborative Learning, 2(4), 449-478.

Scriven, M. (1967). The methodology of evaluation. In R. W. Tyler, R. M. Gagne, & M. Scriven (Eds.), Perspectives of curriculum evaluation, (pp. 39-83). American Educational Research Association Monograph Series on Curriculum Evaluation, 1. Chicago: Rand McNally.

Shavelson, R. J., Moss, P., & Wilson, M., et al. (May, 2010). The promise of teacher learning progressions: Challenges and opportunities for articulating growth in the profession. Individual papers presented at the Teacher Learning Progressions symposium for Division D-Measurement and Research Methodology. Denver, CO: American Education Research Association.

Shavelson, R. J., Ruiz-Primo, M. A., & Wiley, E. W. (2005). Windows into the mind. Higher Education, 49(4), 413-430.

Shepard, L. A. (2000). The role of assessment in a learning culture. Educational Researcher, 29(7), 4-14.

Shepard, L. A. (2005). Linking formative assessment to scaffolding. Educational Leadership, 63(3), 66-70.

Shepard, L. A. (2009). Commentary: Evaluating the validity of formative and interim assessment. Educational Measurement: Issues and Practice, 28 (3), 32-37.

Shulman, L. (1987). Knowledge and teaching: Foundations of the new reform.

Harvard Educational Review,57(1),1-23.

Shulman,L. (1986). Those who understand:Knowledge growth in teaching. Educational Researcher,15(2),4-14.

Shute,V. J. (2008). Focus on formative feedback. Review of educational research,78(1),153-189.

Singer-Gabella,M. ,Cartier,J. ,& Forman,E. ,et al. (2009). Contextualizing learning progressions for prospective elementary teachers of mathematics and science. Paper presented at the Annual Meeting of the American Educational Research Association,San Diego.

Siskin,L. S. & Little,J. W. (Eds.). (1995). The subjects in question:Departmental organization and the high school. New York:Teachers College Press.

Sizer,T. R. (1984). Horace's compromise:The dilemma of the American high school. Boston:Houghton Mifflin.

Sizer,T. R. (1996). Horace's hope:What works for the American high school. Boston:Houghton Mifflin Co.

Sleep,L. & Boerst,T. A. (2012). Preparing beginning teachers to elicit and interpret students'mathematical thinking. Teaching and Teacher Education, 28(7),1038-1048.

Smith,F. ,Hardman,F. ,& Higgins,S. (2006). The impact of interactive whiteboards on teacher-pupil interaction in the National Literacy and Numeracy Strategies. British Educational Research Journal,32(3),443-457.

Smith,J. ,DiSessa,A. ,& Roschelle,J. (1993/1994). Misconceptions reconceived:A constructivist analysis of knowledge in transition. The Journal of the Learning Sciences,3(2),115-163.

Snyder,B. (1970). The hidden curriculum. New York:Knopf.

St. John,M. (1991). Science education for the 1990's:Strategies for change. Inverness,CA:Inverness Research Associates.

Stahl,R. J. (1990). Using 'Think-Time' behaviors to promote students' information processing, learning, and on-task participation:An instructional module. Tempe,AZ:Arizona State University.

Stake,R. E. (1976). Evaluating educational programmes:The need and the response:A collection of resource materials. Washington,DC:Organization for Economic Cooperation and Development.

Stiggins, R. J. (2002). Assessment crisis: The absence of assessment for learning. Phi Delta Kappan, 83(10), 758-765.

Stigler, J. W., & Hiebert, J. (1999). The teaching gap: Best ideas from the world's teachers for improving education in the classroom. New York: Free Press.

Sweedler-Brown, C. O. (1992). The effect of training on the appearance bias of holistic essay graders. Journal of Research and Development in Education, 26(1), 24-29.

Sweller, J. (1994). Cognitive load theory, learning difficulty, and instructional design. Learning and Instruction, 4, 295-312.

Takahashi, A. (2006). Characteristics of Japanese mathematics lessons. Tsukuba Journal of Educational Study in Mathematics, 25.

Tharp, R. G. & Gallimore, R. (1991). Rousing minds to life: Teaching, learning, and schooling in social context. Cambridge: Cambridge University Press.

Tobin, K. (1986). Effects of teacher wait time on discourse characteristics in mathematics and language arts classes. American Educational Research Journal, 23(2), 191-200.

Tobin, K. (1987). The role of wait time in higher cognitive level learning. Review of Educational Research, 57(1), 69-95.

Tobin, K. G. (1980). The effect of an extended teacher wait-time on science achievement. Journal of Research in Science Teaching, 17(5), 469-475.

Topping, K. J. (2013). Peers as a source of formative and summative assessment. In J. McMillan (Ed.), SAGE handbook of research of classroom assessment (pp. 395-412). Thousand Oaks, CA: SAGE.

Tyack, D. B. & Cuban, L. (1995). Tinkering toward utopia. Cambridge, MA: Harvard University Press.

van Zee, E. & Minstrell, J. (1997). Using questioning to guide student thinking. The Journal of the Learning Sciences, 6(2), 227-269.

Vygotsky, L. S. (1978). Mind in society: The development of higher mental process. Cambridge, MA: Harvard University Press.

Walsh, J. A. & Sattes, B. D. (2015). Questioning for classroom discussion: Purposeful speaking, engaged listening, deep thinking. Alexandria, VA: ASCD.

Walsh,J. A. & Sattes,B. D. (2016). Quality questioning:Research-based practice to engage every learner. Thousand Oaks,CA:Corwin.

Warren,B. ,Ballenger,C. ,& Ogonowski,M. ,et al. (2001). Rethinking diversity in learning science:The logic of everyday sense-making. Journal of Research in Science Teaching,38(5),529-552.

Warren,B. & Rosebery,A. S. (1995). "This question is just too,too easy!" Perspectives from the classroom on accountability in science. Santa Cruz, CA:National Center for Research on Cultural Diversity and Second Language Learning.

Wash,P. D. (2012). The power of a mouse! SRATE Journal,21(2),39-46.

Weil,M. & Murphy,J. (1982). Instructional processes. Encyclopedia of Educational Research (5th ed.). New York:Macmillan.

Wells,G. (1993). Reevaluating the IRF sequence:A proposal for the articulation of theories of activity and discourse for the analysis of teaching and learning in the classroom. Linguistics and Education,5(1),1-37.

Wiggins,G. (2012). Seven keys to effective feedback. Educational Leadership, 70(1),11-16.

Wiggins,G. P. & McTighe,J. (2005). Understanding by design (expanded 2nd ed.). Alexandria,VA:ASCD.

Wiliam,D. (2007). Keeping learning on track:Classroom assessment and the regulation of learning. In F. K. Lester (Ed.),Second handbook of research on mathematics teaching and learning:A project of the National Council of Teachers of Mathematics(pp. 1053-1098). Charlotte,NC:Information Age Publishing.

Wiliam,D. (2014). The right questions,the right way. Educational Leadership, 71(6),16-19.

Wiliam,D. & Black,P. (1996). Meanings and consequences:A basis for distinguishing formative and summative functions of assessment? British Educational Research Journal,22(5),537-548.

Wiliam,D. & Thompson,M. (2007). Integrating assessment with instruction: What will it take to make it work? In C. A. Dwyer (Ed.),The future of assessment:Shaping teaching and learning (pp. 53-82). Mahwah,NJ:Erlbaum.

Wilson,M. & Sloane,K. (2000). From principles to practice:An embedded assessment system. Applied Measurement in Education,13(2),181-208.

Wilson,P. H. ,Mojica, G. F. , & Confrey, J. (2013). Learning trajectories in teacher education：Supporting teachers' understandings of students' mathematical thinking. The Journal of Mathematical Behavior,32(2),103-121.

Windschitl,M. ,Thompson,J. ,& Braaten,M. (2011). Ambitious pedagogy by novice teachers? Who benefits from tool-supported collaborative inquiry into practice and why. Teachers College Record,113(7),1311-1360.

Winger,T. (2005). Grading to communicate. Educational Leadership,63(3), 61-65.

Wollman-Bonilla,J. (1991). Shouting from the tops of buildings：Teachers as learners and change in schools. Language Arts,68(2),114-120.

Wright,C. J. & Nuthall, G. (1970). Relationships between teacher behaviors and pupil achievement in three experimental elementary science lessons. American Educational Research Journal,7(4),477-491.

Wulf,S. (1997). Teach our children well (It can be done). Time.

Wylie,C. , Lyon, C. , & Formative Assessment for Students and Teachers (FAST) State Collaborative on Assessment and Student Standards. (SCASS). (2013). Using the formative assessment rubrics,reflection and observation tools to support professional reflection on practice. Washington,DC：Council of Chief State School Officers.

Yin,Y. , Tomita, M. K. , & Shavelson, R. J. (2008). Diagnosing and dealing with student misconceptions：Floating and sinking. Science Scope,31(8), 34-39.

Yin,Y. ,Vanides,J. ,& Ruiz-Primo,M. A. ,et al. (2005). Comparison of two concept-mapping techniques：Implications for scoring,interpretation,and use. Journal of Research in Science Teaching,42(2),166-184.

Yip,D. Y. (1999). Implications of students' questions for science teaching. School Science Review,81(294),49-53.

Yurdabakan,I. (2011). The investigation of peer assessment in primary school cooperative learning groups with respect to gender. Education 3-13, 39 (2),153-169.

Zhang,W. (2008). Conceptions of lifelong learning in Confucian culture：Their impact on adult learners. International Journal of Lifelong Education,27 (5),551-557.

Zwiers,J. (2007a). Teacher practices and perspectives for developing academic language. International Journal of Applied Linguistics,17(1),93-116.

Zwiers,J. (2007b). Building academic language:Essential practices for content classrooms. San Francisco:Jossey-Bass.

Zwiers,J. (2013). Building academic language:Essential practices for content classrooms,grades 5-12. Hoboken,NJ:Wiley.

后　记

　　《掌握形成性评价——促进学生学习的七种高支持性实践策略》终于付梓出版了。对于所有参与本书翻译工作的团队成员来说，这如同赢得一场战役的胜利一般。我想，最大的贡献要归功于作者布伦特·达克教授。我不知道他和出版社交涉了多少次，至少他和我的交流最后直截了当地变成了三句话："我的书什么时候能出版？""我的书到底还要多长时间才能出版？""我的书到底还能不能出版？"我相信，若他知道他的书终于可以与读者见面了，很难描绘他会狂喜到什么程度。做出贡献的还有北京师范大学出版社，特别是为本书组织翻译、协调版权问题、设计封面以及把关文字等方面做出贡献的鲍红玉老师。每一个阶段都体现出她非凡的领导力；每一次的担忧和麻烦，她都能找到办法化解。当然，每一次也是她把高兴的喜讯传达给我。我也想代表翻译组全体老师向她表示真诚的感谢。

　　这本书到底有哪些价值？从直观的角度来看可以表现在三个方面。其一，作者旗帜鲜明地高举维果茨基的大旗，以捍卫发展性教育原则为第一目的。有效的教育办法就是为儿童发展提供恰到好处的脚手架。有了脚手架，发展就能实现。没有脚手架，或者脚手架提供的时机不合时宜，抑或提供的是坏的脚手架，那么儿童的发展就会出现问题。作者在全书中反复强调，没有形成性评价就没有教育质量的根本性提高。他毫不掩饰他是维果茨基的忠实"信徒"。其二，本书体现了理论联系实际的思想。作者强调的是，无论评价模式多么科学、多么有用，只有让教师接受，让教师喜闻乐见，让教师掌握到得心应手的时候，它才是好工具。换言之，形成性评价工具不能被一线教师掌握，就很容易沦为口号。因此，本书的大部分内容都是一线教师的反思，或者至少可以看作教师培训工作者对一线教师教学评价的启发和激励。作者和被指导的一线教师一致反对传统性、行政主导式、成绩本位式教学评价。他们的共识是，没有形成性教学评价，就没有真正意义上的学生进步和学生发展。其三，把教师的教学评价过程较为完整地展现给了读者。当大学教师提供培训，指导一线教师开展形成性评价时，如果只是提供教师从不理解到接受的过程，那就没有多少新意了。本书意从形成性评价如何不为一线教师理解入手，让读者在阅读进程中，看到教师思想转变的细微之处以及他们触及形成性评价的魅力之处时的顿悟及喜悦。这是很多类似研究所没有做到的。在作者的心中，教育行政部门才是影响形成性评价顺利应用到课堂教学过程中的主要阻力。当然，谁是谁非，还是留给读者来做评价吧。

本书还要感谢的是我们的翻译团队。本书的翻译工作由洪成文负责；燕凌负责前言和第一章；余蓝负责第二章和第三章；关可心负责第四章和第五章；王绯烨负责第六章和第七章；洪成文负责全文译校。

本书虽然在教育理论部分没有多少深奥和艰涩之处，但在语言上有一些很难精细把握的地方。这是因为一线教师和学生的反思实录有口语化、地方话和个人化等语言特点。这些反思实录的分析对于翻译人员来说如同"喘天书"。所幸的是，作者特别有耐心，从来没有放过对任何疑问的解答。一些费解的文字，通过我与作者的沟通几乎被一一破解了。当然也要感现在非常便捷的通信工具，所以我俩可以随时联系。有时候头一天的问题，次日差不多都能得到回信，从来不会超过三五天。

翻译是一个良心活。一旦认真起来了，翻译想不好也很难。读起来顺眼和顺口，一定少不了认真二字。借用伟人的思想，说句我们的翻译体会：世界上怕就怕认真二字，搞翻译就最讲认真！当然，再认真的翻译也会有不足。本书如果说读起来还算通顺，领会上不那么艰涩，逻辑上比较通畅，学术上还能正确把握的话，那么都应该归功于四位年轻学者的努力和投入。我们真诚地欢迎各位读者帮我们找不足，以便今后有机会再版，再逐一更正和完善。出书不敢遑论出经典，但本翻译组誓把普通的翻译工作当作努力争取创作经典的事情去做。能不能接近经典，我们不好说，也不能说，一切都让读者来评判，让历史去评判吧。

洪成文

于北京师范大学英东教育楼 824